现代战舰百科

（图解导读版）

《深度文化》编委会 编著

清华大学出版社
北京

内 容 简 介

本书是介绍海外海军战舰的科普图书，书中以问答的形式介绍了战舰的历史演变、主要分类、船体结构、舰载武器、动力装置、侦搜设备、经典战术、后勤补给等内容，循序渐进地讲解了现代战舰的相关知识。除了介绍现代战舰本身，还对与之相关的知识体系，例如建造材料、焊接工艺等内容进行了详细分析与说明，能够提升读者对现代战舰的认知度。全书结构清晰，分章合理，排列有序，主次分明，各个层次的舰船爱好者均能从中获益。

本书定位于想要学习舰船入门知识的青少年读者，同时也适合舰船知识丰富的资深爱好者阅读和收藏。

图书在版编目（CIP）数据

现代战舰百科：图解导读版 /《深度文化》编委会编著．—北京：清华大学出版社，2023.9
（2024.11 重印）
（我的第一本科普入门书系列）
ISBN 978-7-302-64613-6

Ⅰ．①现… Ⅱ．①深… Ⅲ．①战舰—青少年读物 Ⅳ．① E925.6-49

中国国家版本馆 CIP 数据核字（2023）第 180950 号

责任编辑：李玉萍
封面设计：王晓武
责任校对：张彦彬
责任印制：刘海龙

出版发行：清华大学出版社

网　　址：https://www.tup.com.cn，https://www.wqxuetang.com
地　　址：北京清华大学学研大厦 A 座　　**邮　　编：**100084
社 总 机：010-83470000　　**邮　　购：**010-62786544
投稿与读者服务：010-62776969，c-service@tup.tsinghua.edu.cn
质 量 反 馈：010-62772015，zhiliang@tup.tsinghua.edu.cn

印 装 者：北京联兴盛业印刷股份有限公司
经　　销：全国新华书店
开　　本：146mm×210mm　　**印　　张：**10.25　　**字　　数：**328 千字
版　　次：2023 年 11 月第 1 版　　**印　　次：**2024 年 11 月第 2 次印刷
定　　价：69.80 元

产品编号：096044-01

前言

海军是一个古老的兵种，其历史可以追溯到公元前2000年前，当时建造的战船是桨船，以撞击作为基本战法。到17世纪中期，帆船舰队逐渐取代了桨船舰队，英国、法国、西班牙和荷兰开始建立常备海军。18世纪后半期，资本主义国家争夺殖民地的战争和北美殖民地的独立战争都加速了海军的发展。20世纪初期，一些海军大国开始建造潜艇和水上飞机，从此结束了水面舰艇是海军唯一装备的时代。海军开始成为以海制陆、空海一体、空地海天电磁一体为发展路线的多兵种合成军种。

目前，世界上拥有海军的国家和地区共有100多个，其编制各不相同。随着国际贸易和航运的日益扩大、海洋开发的扩展，国际海洋竞争日趋激烈。濒海国家都非常重视海军的建设和发展，不断运用新的科学技术成果，发展海军的新武器、新装备，提高统一指挥水平和快速反应、超视距作

战能力。海军大国注重核动力舰艇、舰载航空兵和具有核打击能力的兵种及远程海空预警部队的发展，并重视协调各兵种、舰种及支援保障勤务部队的均衡发展，以增强战略打击能力和在海洋上机动作战、夺取制海权的能力，提高濒海地区攻防作战能力和应急快速部署能力。其他濒海国家，多数注重加强海军近海攻防作战能力，少数国家拟进一步发展海军远洋作战能力。

本书是介绍海军舰艇的科普图书，精心挑选了160余个热点问题，从历史演变、主要分类、船体结构、建造材料、舰载武器、动力装置、侦搜设备、经典战术、后勤补给等多个角度切入，对现代海军舰艇进行了全方位的解读与说明。全书文字通俗易懂，并加入了大量示意图、实物图和表格，符合各个层次舰船爱好者的阅读需求。通过阅读本书，读者能对现代海军舰艇有一个全新的认识。

本书由《深度文化》编委会创作，参与编写的人员有丁念阳、阳晓瑜、陈利华、高丽秋、龚川、何海涛、贺强、胡姝婷、黄启华、黎安芝、黎琪、黎绍文、卢刚、罗于华等。对于广大资深舰船爱好者，以及有意了解国防知识的青少年来说，本书不失为极有价值的科普读物。希望读者朋友能够通过阅读本书，循序渐进地提高自己的国防素养。

目录

第 1 章
基 础 篇

地球上的 71% 的面积都被海水覆盖，而陆地则被海洋阻隔。海洋不仅是地球生命的摇篮，更在人类文明发展中起到了非常重要的作用。从大航海时代至今，数百年过去了，人类为了探索海洋、开发海洋、利用海洋，发展出了各种各样的舰船。本章主要就战舰的历史、种类、地位、定义、功能、建造方式等基础问题进行解答。

概 述

战舰的起源较早，埃及和希腊等地在公元前1200年就已经出现了以划桨为主要动力、以风帆为辅助动力的战舰。不过，由于古代科学技术不发达，战舰发展缓慢，木质桨帆舰一直延续了数千年。直到18世纪，蒸汽机的发明，冶金、机械和燃料工业的发展，才让战舰的材料、动力装置、武器装备和建造工艺发生了根本变革。战舰开始使用蒸汽机作为主动力装置，以明轮推进，同时甲板上设置有可旋转的平台和滑轨，使舰炮可以转动和移动。与同级的风帆舰相比，其机动性能和舰炮威力都大为提高。

17世纪晚期的荷兰风帆战舰

19世纪30年代，螺旋桨推进器问世。1849年，法国建成世界上第一艘以螺旋桨推进的蒸汽战列舰“拿破仑”号。此后，法国、英国、俄国等国海军都装备了蒸汽舰。到了19世纪70年代，许多国家的海军从帆船舰队向蒸汽舰队的过渡已基本完成，战舰日益向增大排水量、提高机动性、增强舰炮攻击力和加强装甲防护的方向发展，装甲舰，尤其是由战列舰和战列巡洋舰组成的主力舰，成为舰队的骨干力量。

20世纪初，使用柴油机-电动机双推进系统的潜艇研制成功，使潜艇具备了一定的实战能力并逐步成为海军的重要舰种。英国海军装备“无畏”级战列舰以后，海军发展进入“巨舰大炮主义”时代。英国、美国、法国、日本、意大利、德国等海军强国之间开展了以发展主力舰为主的海军军备竞赛。

截至1914年第一次世界大战（简称一战）爆发时，各主要参战国海军共拥有主力舰150余艘。20世纪20～30年代，航母开始崭露头角。到了第二次世界大战（简称二战）时期，焊接工艺、分段建造技术的广泛应用和机械、设备的标准化，保证了战时能快速、批量地建造舰艇。在战争中，战列舰和战列巡洋舰逐渐失去了主力舰的地位，而航母和潜艇发展迅速。航母编队或航母战斗群的机动作战、潜艇战和反潜艇战成为海战的重要形式，改变了传统的海战方式。与此同时，磁控管等电子元器件、微波技术、模拟计算机等关键技术的突破，推动了舰艇雷达、机电式指挥仪等新装备的出现，使水面舰艇攻防能力大为提高。

二战后，战舰发展再次迎来重要变革。在人类进入了核时代后，核导弹、核鱼雷、核水雷、核深水炸弹便相继出现，潜艇、航母向核动力化方向发展。20世纪50～60年代，喷气式超音速海军飞机搭载航母之后，垂直/短距起落飞机、直升机等又相继装舰，使大、中型舰艇普遍具有了海空立体作战能力。潜射弹道导弹、中远程巡航导弹、反舰导弹、反潜导弹、舰空导弹、自导鱼雷、制导炮弹等一系列精确制导武器装备各类战舰，进一步增强了现代海军的攻防作战、有限威慑和反威慑的能力。

20世纪70年代以后，军用卫星、数据链通信、相控阵雷达、水声监视系统、电子信息技术和电子计算机的广泛应用，使现代战舰逐步实现自动化、系统化，并向智能化方向发展。20世纪90年代，世界上拥有海军的国家和地区已达100多个。随着国际贸易和航运的日益扩大、海洋开发的扩展，国际海洋竞争日趋激烈。濒海国家都不断运用新的科学技术成果，发展各类新式战舰，提高海军的作战能力。

美国海军现役“朱姆沃尔特”级驱逐舰

发展蓝水海军需要克服哪些难题

海军的作战类型用海洋地理学进行区分，通常可细分为内河海军、黄水海军、绿水海军和蓝水海军四种类型。后三种类型的海军是现代海军的主体。

在最靠近陆地约200海里以内的海域，由于海水中混杂了泥土而呈现黄褐色，被国际海洋界冠以“黄水”或“褐水”的俗称。从黄水区域的终点向外延伸至数百海里的区域，海水较“黄水”纯净，故而被定义为“绿水”。黄水海军和绿水海军是指主要在“黄水”和“绿水”等靠近海岸的大陆架海域活动、依靠大陆基地支持的海军力量，主要任务是保卫本国海岸线安全，因此又被称为“沿岸防御型海军”和“近海防御型海军”。黄水海军和绿水海军装备以陆基武器和轻型舰船为主。

绿水区域以外的深海区域，包括《联合国海洋法公约》规定的专属经济区和毗连区，海水相对“黄水”和“绿水”较纯净，受陆地杂质影响少，海水基本呈蓝色或蓝黑色，因此被称为“蓝水”。以蓝水海域为战略重点的国家海军力量是蓝水海军。蓝水海军的主要任务是保护本国的海洋权益和海洋安全，同威胁本国海洋安全的敌对势力在外海较独立地进行作战。蓝水海军具有兵力投送的性质，可全球部署，规模庞大，自给能力较强，装备以大型水面舰艇为主，一般都拥有可实施水面、水下、空中立体火力打击和兵力投送能力的航母舰艇编队。

蓝水海军应具有对潜、对空、对面威胁的防御能力、长时间长距离的后勤补给能力，且在特殊环境下仍具有作战能力（如北极冰山群）。目前世界上仅有少数几个国家有蓝水海军，大部分国家的海军处于由绿水海军转为蓝水海军的阶段。

2017 年 7 月开始服役的美国海军“福特”号航母

发展蓝水海军要克服的难题是多方面的。仅就海上装备而言，首先要拥有相当数量可在远洋执行作战任务的舰艇。这些舰艇要具有很强的海上生存能力，也就是说，在当今空中、海上、水下立体威胁的情况下，至少要具备抵御中等强度空中威胁和确保敌方潜艇不敢靠近己方编队的能力，具有拦截来袭导弹和对抗水下鱼雷攻击的能力。另外，不仅要有可持续在海上航行的作战平台，还要有执行各种作战任务的武器系统、远程指挥控制系统。因此，发展蓝水海军离不开航母这种集各种作战能力于一身的装备。

舰艇编队的远洋行动离不开天基系统和岸上基地的信息支援，所以仅有海上作战平台，还不足以夺取远洋的控制权。此外，舰艇航行到哪里，后勤补给就必须跟到哪里。海上补给是必不可少的，并且要求也越来越高。随着装备的高技术化、复杂化，传统的补给方式和能力已不能适应信息化作战的需要。为保持持久的远洋存在，理想的状态是在全球重点海区建设永久性保障基地。基地保障通常比远洋补给舰更稳妥、更便捷，与其靠补给舰来回穿梭补给，还不如建设保障基地能更及时就近完成补给。

2017 年 12 月开始服役的英国海军“伊丽莎白女王”号航母

现代战舰种类为何越来越少

从 19 世纪到 20 世纪上半叶，各国海军先后装备过多种战舰，每种战舰又可细分为多个类别，例如巡洋舰可分为无防护巡洋舰、鱼雷巡洋舰、防护巡洋舰、装甲巡洋舰、轻巡洋舰、重巡洋舰、战列巡洋舰和航空巡洋舰等，航母可分为舰队航母、护航航母、辅助航母、攻击航母和反潜航母等。

二战结束以后，一些战舰彻底退出了历史舞台，海军装备的战舰种类越来越少，部分战舰之间的界限也越来越模糊，例如驱逐舰和护卫舰在构造和作战任务上已经没有太大的区别。这难免让人疑惑，为什么军事科技越来越发达，战舰种类反而越来越少？

美国海军“艾奥瓦”级战列舰主炮开火瞬间

其实，从战列舰被淘汰开始，战舰的种类就越来越少，细分程度也越来越粗略，这已经成为未来海上作战装备发展的一大趋势。究其原因，主要有两点：一是很多战舰不符合时代发展潮流与需求，被各国海军淘汰；二是现代战舰的单舰作战能力越来越全面，很多原来各司其职的战舰类型被合并。

以曾经的海上霸主战列舰为例，其以大口径舰炮为主要武器，具有很强的装甲防护能力和较强的突击威力。在二战结束前的数个世纪里，战列舰曾经称霸海洋世界，一直是各主要海军强国的主力舰种。二战结束后，战列舰的战略地位逐渐被航母和战略导弹核潜艇所取代。随着新型导弹和制导炮弹的出现，战列舰装备的大口径火炮已不再具有火力优势，而且战列舰拥有的吨位大、装甲厚等优点，在导弹时代也变成了弱点，极易成为敌方导弹攻击的活靶子。因此，绝大多数战列舰都在二战结束后退役并被拆解，有些则作为博物馆舰被保留下来。

与战列舰类似，巡洋舰虽然还没有彻底退出历史舞台，但是二战时期出现的战列巡洋舰、轻巡洋舰、重巡洋舰和航空巡洋舰等配备了大口径火炮的巡洋舰都已经消失，目前仅有极少数国家的海军装备着导弹巡洋舰。此外，还有一些舰艇属于特定历史条件下的产物，一旦进入新时期就不再适用。例如，二战时期美国和英国大量建造的护航航母是一种战时保护海上运输线的应急型移动机场，大多由民用舰船改造而来，动力系统和防护性能都比较落后，一旦被敌人盯上就很难逃脱被击沉的命运。因此，二战后没有国家再新造护航航母。

俄罗斯海军“基洛夫”级巡洋舰

冷战结束后战舰的多用途化风潮是战舰种类越来越少的又一大原因。随着军事科技的不断发展，战舰的作战能力越来越全面。以往一些只能由专职战舰执行的任务，现在一艘战舰就可以完成。例如，一艘驱逐舰或护卫舰，既可以发射中远程防空导弹进行区域防空作战，也能携带直升机与反潜导弹进行反潜作战，还能发射对陆打击巡航导弹进行精确对地攻击作战，同时通过装备反舰导弹和鱼雷保留了传统的反舰作战能力。也就是说，这样一艘战舰的作战能力是过去防空型驱护舰、反潜型驱护舰和导弹巡洋舰加起来才能具备的。

两栖攻击舰也是一个典型的例子。作为战舰中的后起之秀，它结合了两栖运输和两栖作战的功能，既能完成搭载登陆人员、装备的运输任务，也能进行两栖作战，派出垂直/短距起降战斗机、武装直升机进行对陆打击，掩护海军陆战队的登陆作战行动。

现代战舰的制造成本不断提高，维护费用也越来越高，既然一种战舰就能够完成多种任务，自然没有必要再花费大量军费去建造用途单一的专职战舰。

战舰建造完成后如何下水

下水，指的是战舰从造船厂的船台、船坞移动到水里的过程。目前，各国战舰的下水方式主要分为2类，共有5种方式。

第一类是船坞下水，包括2种方式。

（1）固定船坞式下水。固定船坞一般都建在水边，战舰在船坞里建好后，把水直接引进船坞，战舰依靠自身浮力浮起，然后利用外部动力将其拖出，下水就完成了。这种方式适合航母等大型战舰。2013年下水的美国海军“福特”号航母就采用了这种下水方式。

（2）浮船坞式下水。浮船坞构造特别，是一种构造特殊的槽形平底船，它有一个巨大的凹字形船舱，两侧有墙、前后端敞开。两侧的墙坞墙和坞底均为箱形结构，沿纵向和横向分隔为若干封闭的舱格，有的舱格称为水舱，用来灌水和排水，使船坞沉浮。战舰建造完毕后，往浮船坞水舱里灌满水，浮船坞便沉下，战舰自行驶出浮船坞。受浮船坞大小的限制，这种下水方式比较适合常规潜艇等小型舰艇。

第二类是船台下水，包括3种方式。

（1）倒退式。战舰首先在船台上建好，然后船尾向着海边，沿铺设好的滑道缓缓滑入水中，这样能产生更大的浮力，而且可以避免在下滑过程中碰伤船舵和螺旋桨等设备。这种下水方式比较适合护卫舰、驱逐舰等中型舰艇。

（2）侧滑式。战舰在船台上建好后，在其侧面铺设很短的横向滑道，然后对其施加外力。由于重力作用，战舰沿着滑道侧向滑入水中，依靠船身的浮力自动修正入水姿态。由于这种方式容易引起舰体变形或设备损坏，所以对战舰的设计和建造工艺都有很高的要求，一般适合小型舰艇。

（3）吊运式。战舰在船台上建好后，直接用大型起重机将其吊至水中，完成下水工作。这种方式主要适用于导弹艇类的小型舰艇。

采用固定船坞式下水方式的美国"福特"号航母

日本"摩耶"号驱逐舰下水仪式

巡洋舰、驱逐舰和护卫舰有何区别

在现代海军的各种战舰里，巡洋舰、驱逐舰和护卫舰是比较常见的三种舰艇。与航母相比，这三种战舰即便是小国也能轻松拥有。不过对很多军事爱好者来说，这三种战舰除了大小上有差异外，似乎功能和外观区别不大。但实际上三种战舰负责不同的工作，有着完善的分工。

历史上，巡洋舰、驱逐舰和护卫舰是三种完全不同的舰型。在这三种舰艇中，最先出现的是护卫舰。护卫舰从15世纪便开始在地中海地区使用，最初是指吨位小，无法加入战列线（一种舰队战斗阵型）进行舰队决战，但是具有高航速和良好操作性的小型舰艇。当时的护卫舰通常有1～2层火炮甲板。到18世纪，护卫舰开始用于执行护航和巡逻任务，并且被英国海军定义为"携带28门左右的火炮，有一层连续火炮甲板的军用舰艇"。即便到了19世纪，新出现的铁甲舰在一段时间内也被称为"装甲护卫舰"，因为它也是单层火炮甲板。

在护卫舰之后出现的是巡洋舰，早期的巡洋舰与护卫舰没有太大区别，同样负责执行辅助性的独立侦察、护航等任务。不过在19世纪，英国殖民地遍布世界，英国海军需要一种能快速前往殖民地的中型舰艇，巡洋舰才被赋予新的内涵。19世纪的巡洋舰需要承担舰队侦察、殖民地维护等一系列任务，并且会被编入舰队进行舰队决战，因此也出现了装甲巡洋舰、轻巡洋舰和重巡洋舰等更为详细的舰艇划分。而为了实现在远海对巡洋舰的猎杀，战列巡洋舰也在20世纪初应运而出。

驱逐舰是最后出现的舰种。19世纪中后期鱼雷出现后，相应的鱼雷艇也应运而生。鱼雷艇对主力舰造成了巨大威胁，笨重的主力舰很难应对来自灵巧的鱼雷艇的偷袭。因此，一种航速快、操作性好、装备鱼雷和火炮的新型舰艇出现了，这种舰艇主要用于驱逐和消灭鱼雷艇，以掩护己方主力舰，所以被称为驱逐舰。二战后，海军进入导弹时代，而导弹的小型化让驱逐舰具有了更强大的作战能力，驱逐舰的名称也被越来越大型的舰艇继承，进而形成了今日的名称格局。

俄罗斯“光荣”级巡洋舰

总体来说，护卫舰之前基本不会被编入主力舰队，主要承担二线军事任务。而巡洋舰和驱逐舰则在很长时间里都是主力舰队的成员。此外，由于航空兵的出现，水面作战方式发生了革命性变化，在处于航空兵威胁的环境下巡洋舰或驱逐舰单独使用在二战中已经被证明是不可取的。因此，巡洋舰和驱逐舰的核心任务都变成为航母进行护航，并承担部分对陆地和海上目标打击的任务，巡洋舰与驱逐舰在任务上没有了实质性的差别，吨位上的差距也越来越小，美国海军“朱姆沃尔特”级驱逐舰的排水量甚至已经超过“提康德罗加”级巡洋舰。在巡洋舰走向衰落的大背景下，驱逐舰和护卫舰之间的差别同样越来越小，都在向大型化、通用化的方向发展。

印度“加尔各答”级驱逐舰

英国“公爵”级护卫舰

驱逐舰和护卫舰为何越造越大

长期以来，舰艇的吨位一直随着其搭载的武器装备演进而变化，这在防空舰艇上体现得尤为明显。在二战前的火炮战舰时代，所谓的防空武器，主要是各类 127 毫米及以下的高平两用火炮以及相应的防空火控系统。由于这类火炮口径较小，对舰艇平台要求不高，理论上排水量千吨以上的舰艇都能搭载。

二战时期以及战后初期，随着飞机性能的提升，各种先进防空火控系统相继出现。当时的海军大国，开始建造专业的防空舰艇。这些舰艇在保持高航速的前提下，大多以4～6座乃至更多大口径双联装高炮作为主要火力，辅以大量中小口径高炮，并配备较为完备的对空搜索甚至火控雷达系统，从而成为舰队防空的核心。此时，防空驱逐舰的排水量在2000吨左右。

冷战时期，舰对空导弹作为一款全新的防空武器异军突起。它的出现大幅延伸了防空作战距离，也促使防空导弹舰迅速成为舰队防空核心。理论上，以无后坐力火箭发动机推动的防空导弹，大大降低了舰艇平台的适装要求，但早期防空导弹一方面为了追求射程普遍体积巨大，另一方面由于当时电子元器件可靠性较低，不少防空导弹在发射前需要在专门的场所进行组装和检测，合格后才能送上发射架。因此，当时的"黄铜骑士"远程舰对空导弹的整套双联装发射架及其配套弹库、检测设备的体积，甚至要大于一座巡洋舰的三联装主炮炮塔，再加上搜索雷达、照射雷达等附属设施的体积，这一时期的防空导弹舰所需要的吨位不仅没有减小，反而大大增加了。

由于早期远程舰对空导弹系统的技术难度高，体积大，成本高，且作战效能一般，因此，美国和苏联很快就终止了这类导弹的研发，而射程适中、技术难度相对较低，且适装性相对较好的中远程舰对空导弹得以继续研制，并取得一系列成果。这个时期，各国搭载中远程舰对空导弹的舰艇排水量一般为6000～8000吨。与此同时，为了增加舰队中防空导弹舰的数量，美国和苏联还研制了数款中程舰对空导弹，可用于装备排水量较小的驱逐舰。

随着技术的发展，远程三坐标预警雷达、舰对空导弹等武器设备的体积都大幅度缩小，类似美国"标准"Ⅰ舰对空导弹和MK 13单臂导弹发射架的组合，由于性能优良且系统轻便，在20世纪八九十年代一度成为北约国家4000吨级区域防空舰的标准配置。

不过，冷战后期出现的"宙斯盾"作战系统，改变了这种防空舰越造越小的趋势。该系统的AN/SPY-1相控阵雷达是一个庞然大物，该雷达有4面固定式阵面，每面重达6吨，而其后端处理设备同样有6吨的重量，沉重的雷达设备加上复杂的综合作战系统和对抗"饱和攻击"所需要的大量备弹，以及相应增大的动力系统，使得搭载“宙斯盾”系统的“阿利·伯克”级驱逐舰的排水量逼近了10 000吨。西班牙、韩国和日本等引进了“宙斯盾”系统的国家，也建造了类似的防空舰艇，吨位也都与“阿利·伯克”级驱逐舰相差不大。其他没有“宙斯盾”系统的海军强国，也纷纷研发了类似的作战系统，使得驱逐舰和护卫舰的吨位越来越大。

美国“阿利·伯克”级驱逐舰

西班牙“阿尔瓦罗·巴赞”级护卫舰

驱逐舰如何实现地位逆转

驱逐舰是19世纪90年代至今海军重要的舰种之一，现代的驱逐舰装备有防空、反潜、对海等多种武器，既能在海军舰艇编队担任进攻性的突击任务，又能承担作战编队的防空、反潜护卫任务，还可在登陆、反登陆作战中作为支援兵力，担任巡逻、警戒、侦察、海上封锁和海上救援任务以及提供无人舰载机的起飞和降落。它是海军舰队中突击力较强的中型舰艇之一。广泛的作战职能使驱逐舰成为现代海军中用途最广的舰艇，也因此被称为“多面手”。

英国“勇敢”级驱逐舰

事实上，驱逐舰最初只是海军舰队中的辅助性力量。19世纪70年代，欧洲列强海军中出现了一种以鱼雷为主要武器，主要对敌方大型舰艇实施鱼雷攻击作战的“鱼雷艇”。针对这种颇具威力的小型舰艇，英国于1893年建成了“哈沃克”号。该舰是一种被设计为“鱼雷艇驱逐舰”的军舰，设计航速26节，装有1座76毫米火炮和3座47毫米火炮，能在海上轻松捕获敌方鱼雷艇。此外，该舰还装有1座三联装450毫米鱼雷发射管，用于攻击敌方大型舰艇。除了英国海军外，德国海军也发展了类似的军舰，只不过英国海军将之称为“驱逐舰”，而德国海军将之称为“大型鱼雷艇”。

随着更多的驱逐舰进入各国海军服役，驱逐舰开始安装较重型的火炮和更大口径的鱼雷发射管，并采用蒸汽轮机作为动力。到20世纪初，全部由驱逐舰组成的鱼雷战舰艇编队已经成为海军舰队的主力基干兵力。驱逐舰不仅肩负着打击敌方鱼雷艇的任务，同时还要担负在主力舰决战前对敌方舰队实施鱼雷或水雷攻击，削弱敌方兵力的任务。

一战期间，驱逐舰携带鱼雷和水雷，频繁进行舰队警戒与护航、布雷以及保护补给线的行动，一部分驱逐舰还装备扫雷工具作为扫雷舰艇使用，甚至被直接用来支援两栖登陆作战。1917年德国发动无限制潜艇战，面对潜艇对交通线的绞杀，协约国几乎所有的驱逐舰都安装了深水炸弹以执行反潜任务。随着战争的发展，为了满足各种任务的需要，这时期的驱逐舰就已经具备了多用途性，并逐渐向大型化方向发展，装备的武器性能越变越强。至此，驱逐舰已由执行单一任务的小型舰艇演变成海军不可或缺的力量。

日本“秋月”级驱逐舰

到了二战期间，没有任何一种海军战斗舰艇的用途比驱逐舰更加广泛。战争期间的严重损耗使驱逐舰被大批建造，例如美国仅“弗莱彻”级驱逐舰就建造了175艘。在战争期间，战列舰的主力地位已经被航母和潜艇所取代。由于飞机已经成为重要的海上突击力量，驱逐舰装备了大量中小口径高射炮承担舰队防空警戒和雷达哨舰的任务，并且出现了加强防空火力的驱逐舰。此外，针对潜艇的威胁，还出现了以反潜为主要任务的护航驱逐舰。至此，驱逐舰逐渐成为名副其实的“多面手”。

巡逻舰和护卫舰有何区别

在某些国家，巡逻舰和护卫舰是两个相似的舰种。它们不仅排水量较为接近，在作战性能方面也有一定的重合。不过从本质上来说，巡逻舰和护卫舰还是存在较大区别的。

英国“河”级巡逻舰

巡逻舰在海军舰艇中是处于护卫舰以下一级的水面作战舰艇，也被称为轻型护卫舰，有时又被称为护卫艇、炮舰、炮艇。巡逻舰主要用于近海防御、日常巡逻和战斗支援，也可用于执行巡逻警戒、反潜反舰、扫雷防空、缉私救援、情报搜集等多种任务，具体功能视具体装备设计情况而定。

国际上对巡逻舰的分类存在多种标准，最典型的一种分类标准认为，轻型护卫舰的排水量在 1000 ～ 2500 吨、航速在 25 节以上，一般是在近海水域作战，不具备远洋作战能力。现代巡逻舰装备有速射自动炮、导弹、深水炸弹、声呐、雷达、鱼雷、红外线探测等设备，船体体积和设计特点也非常类似于沿海巡逻艇，只是比后者速度高、火力强、续航力大。有些巡逻舰甚至具有搭载直升机的能力。

目前，美国海岸警卫队、日本海上保安厅、韩国海洋警察厅、俄罗斯边防军等具有远洋活动能力的海岸警备部队，都装备有大型巡逻舰，舰上配备了机炮与大口径舰炮（部分配备了直升机）。其中，俄罗斯边防军的一部分巡逻舰就是由俄罗斯海军退役舰艇改造而成的。

由于巡逻舰具有造价低、运行维护简单、舰员编制少、作战能力较强的优点，因此备受那些无力建造大中型水面舰艇的中小国家海军的青睐。

西班牙“流星”级巡逻舰

濒海战斗舰缘何而生

濒海战斗舰是美国海军为取代“佩里”级护卫舰在20世纪90年代初期建造的SC-21水面战斗舰艇，是冷战后美国海军舰艇转型的一种体现，也是美国海军的军事战略由远洋走向近海的重要标志。

冷战结束后，美国面临的国际形势发生了重大变化，其主要对手的正规海、空军力量都不强，难以在海上直接威胁美国作战舰队。为此，美国海军计划研发一种低成本的小型多功能水面作战舰艇，以满足21世纪初期日趋多元的濒海作战以及美国本土海岸线的防卫需要，其结果就是濒海战斗舰。

濒海战斗舰的设计理念，是可以根据不同作战角色重新配置，包括反潜、扫雷、反舰、情报监视和侦察、国土防御、海上拦截、特种作战、后勤保障等，模块化设计使其能够替代目前的扫雷艇和攻击艇等多种舰艇。作为一种针对近海地区作战而设计的新型舰种，濒海战斗舰的体积比导弹驱逐舰更小，与国际上所指的巡防舰或护卫舰相仿，其主要任务是进行跨海近岸作战，为航母编队充当急先锋，夺取近海控制权，完成传统大型水面舰艇不能完成的作战任务。

濒海战斗舰分为两种构型，分别是洛克希德·马丁公司的“自由”级濒海战斗舰和通用动力公司的“独立”级濒海战斗舰，两种构型各有所长。两种构型均采用吃水浅的设计，船体大量采用铝合金等轻质材料，为实现高速化，两种构型都改用喷水推进器取代传统的螺旋桨推进器。由于喷水推进器可以改变向量，推进极为灵活，濒海战斗舰能够依靠自身迅速完成进出港作业，不需要借助拖船。尽管两种构型装备同样数量的喷水推进器，“独立”级还采用稳定性极佳的三体船结构，然而因为配置的引擎动力不同，“自由”级的最高航速仍要比“独立”级略快3节。

“自由”级和“独立”级濒海战斗舰的外型都采用了低可侦测性技术设计，以降低雷达侦搜对其造成的威胁。为了满足多种任务需要，两种构型都有完备的飞行甲板和机库，舰尾还设有小型的井围甲板，可供小艇或水上装备进出。

“自由”级和“独立”级濒海战斗舰的架构分为两种单元：核心系统为基本单元，包括舰体载台、动力与航行操作系统以及其他必备的基础系统等。任务套件能根据不同任务需要组装、搭配不同的武器模块系统并实现“即插即用”。目前，濒海战斗舰规划了3种任务套件，包括水雷作战、反潜作战及水面作战。

“自由”级濒海战斗舰

“独立”级濒海战斗舰

潜艇在现代海军中地位如何

在现代海军的各种战舰中，潜艇居于非常重要的地位。潜艇隐蔽性好，作战半径大，突击威力大，独立作战能力强。在海战中，潜艇不但是运输舰船的克星，也是大中型战斗舰艇，特别是航母的杀手。潜艇自问世以来，就在大大小小的海战中扮演着重要的角色。

在世界各国现有的海上作战行动中，水面舰艇、岸基航空兵均存在作战半径有限和生存能力弱等缺点，只有当航母进入其有效作战半径范围以内时才能对它发起攻击。航母编队凭借作战范围广、机动性能好的优点，在绝大多数作战行动中，都配置在距离作战目标较远的距离上，在这种情况下，潜艇是对航母进行突击的主要力量之一。

时至今日，尽管反潜兵力、兵器有了很大的发展，但是海水仍旧是潜艇隐蔽的有效屏障。即使是当代海军强国，对水下潜艇的发现、定位、攻击、消灭也不是一件容易的事情。正因为如此，世界上许多国家都非常重视潜艇的发展。

与此同时，弹道导弹核潜艇还是大国保持战略威慑的关键。一旦爆发大规模战争，甚至核战争，位于地面的战略导弹与战略轰炸机可能全都被摧毁。而隐蔽在大洋深处的核潜艇无法被一次性摧毁，可以对敌方进行毁灭性的核反击，这就是所谓的二次核打击力量。由此可见，弹道导弹核潜艇对维持一个国家基本安全具有重大意义。

美国“洛杉矶”级攻击型核潜艇

俄罗斯“台风”级弹道导弹核潜艇

第五代核潜艇为何主打变身

目前，俄罗斯正在对第四代“北风之神”级弹道导弹核潜艇和“亚森”级攻击型核潜艇进行改造，目标是在不久的未来建造出一种通过更换战斗模块就能具备上述两种潜艇功能的第五代核潜艇。

据悉，俄罗斯第五代核潜艇的代号为“哈士奇”，由孔雀石设计局于 2014 年 12 月开始研制。2016 年 8 月，俄罗斯国防部与军工单位签订了“哈士奇”级核潜艇研制协议。若项目按期完工，俄罗斯海军将先于美国海军配备第五代核潜艇。

“哈士奇”级核潜艇由核反应堆、推进器、防御系统和指挥中心组成，在艇身中部的指挥塔与艇艏之间有多个预留位置，每个位置均可装入舱段等模块系统。这些模块系统只需与艇上的指挥、通信及服务系统联通就能发挥功能。

有军事专家表示，战略导弹核潜艇负责执行远洋战斗值勤任务，携带巡航导弹的多用途攻击型核潜艇常用来执行监视任务。舰队通常每次派遣一种潜艇执行任务，因此如果一艘潜艇能通过更换战斗模块反复“变身”，就能显著减少对潜艇数量的要求，潜艇水兵及维修人员数量也随之减少，从而节约大笔经费。

俄罗斯海军现役“北风之神”级弹道导弹核潜艇

俄罗斯海军现役“亚森”级攻击型核潜艇

依据现有设计，排水量约1.2万吨的“哈士奇”级核潜艇将配备“锆石”高超音速反舰导弹。艇上将配有新式指挥、信息和声呐系统，能接入俄军统一的信息传输系统。核潜艇表面将使用由多层复合材料制成的消声蒙皮，使潜艇噪声水平与海洋自然噪声相同。潜艇的隐身水平也将比目前高一倍。一艘“哈士奇”级核潜艇预计可服役52年。

两栖攻击舰有哪些技术特点

冷战结束后，许多国家都认识到两栖攻击舰在未来战争和国际事务中的地位和作用，纷纷开始研制和建造两栖攻击舰，如法国“西北风”级、韩国“独岛”级、西班牙“胡安·卡洛斯一世”号等。它们的出现表明两栖攻击舰正朝着多样化的方向发展。那么，两栖攻击舰有哪些技术特点呢？

（1）快速机动立体投送

战争的经验表明：向岸上快速投送作战力量是完成两栖作战任务的关键。两栖作战舰艇最高效的力量投送方式是综合使用垂直和水平运载工具实施快速兵力投送。

目前，典型的“三位一体”投送装备是直升机或倾转旋翼机、两栖突击车、气垫登陆艇的组合。美军“超地平线攻击作战”的目的是提高登陆作战的突然性，“舰到目标机动”作战概念将原来的“三个机动”变为两个。这两个机动是海上机动和从舰直接到目标的机动，省略了舰到岸机动，使作战行动更具有突然性、作战节奏更加快捷。

两栖攻击舰搭载的直升机、倾转旋翼机，主要承担人员和装备的快速投送，垂直短距起降飞机承担空中火力支援任务，为登陆部队扫清障碍。以美国为例，只要条件许可，登陆部队应尽可能采取垂直登陆方式上岸，只有重型装备、装甲车辆和后勤补给物资等采取水平登陆方式。

（2）登陆装备和人员输送能力强大

现代大型两栖攻击舰与航母最大的区别在于其一般都设置有坞舱和车辆舱等大型装载空间，用于搭载各型登陆设备和作战人员，可承担陆战队成建制的投送任务。

美国“黄蜂”级两栖攻击舰可运送1894名海军陆战队远征部队作战人员，舰内设有面积达1200多平方米的坞舱，可装载3艘气垫登陆艇或2艘通用登陆艇或12艘机械化登陆艇。舰内还设有约1858平方米的车辆甲板，可用于装载5辆M1主战坦克、25辆两栖突击车、8门M198自行火炮、68辆卡车及12辆其他支持车辆。另外还设有2860平方米的货舱，内安装有运送滑轨，可将货物运送至登陆坞舱。

（3）后勤保障功能完备

两栖攻击舰搭载的海军陆战队、航空人员、登陆艇分队等人员的数量远远超过编制舰员，需要专门的居住、膳食和服务空间。因此，当代两栖攻击舰在舰内舱室设置布局上更加注重强调人员保障性，需要着重考虑如防火救生、安全舒适、医疗服务、生活垃圾处理等问题。此外，由于两栖登陆作战人员战伤情况比一般作战舰艇严重得多，因此，大型两栖攻击舰上往往配置功能齐全的医疗设施。

美国“黄蜂”级两栖攻击舰

以美国“黄蜂”级两栖攻击舰为例，该舰设有6间手术室、64个床位，还拥有X光检查室和血库等专业医疗舱室，可为近600名伤病员提供必要的战场医疗救护，堪称不可或缺的“二线医院船”。法国“西北风”级两栖攻击舰配置了2间手术室、1间X光室、69张病床，医疗设施相当于一个4万人的社区医院。

韩国“独岛”级两栖攻击舰

两栖攻击舰未来如何发展

21世纪以来，由于两栖攻击舰建造维护成本和技术要求相对较低，部署灵活，并可执行多种非战争军事行动，因此受到许多国家垂青。两栖攻击舰的发展总体上呈现大型化与多用途化的显著趋势，立体投送与综合性能不断提高，指挥控制功能进一步完善，整体水平明显提升。

（1）大型化、多用途化

近年来，海外主要海军国家发展的两栖攻击舰排水量普遍超过了2万吨。未来随着任务的多样化，两栖攻击舰将进一步大型化，以提升装载能力，同时扩大居住与医疗设施的空间，以提升舰员和登陆部队的居住性，同时满足反恐撤侨、维和救灾及人道主义援助等非战争军事行动的要求。

（2）由“均衡装载”向“能力均衡”转变

美国两栖攻击舰的发展思路已由过去的“均衡装载”演进为强调“能力均衡”。“均衡装载”仅从作战的角度强调要合理布局各类装备的搭载空间，成建制地运载作战力量。“能力均衡”是为了满足作战行动多样化的要求，强调两栖攻击舰要具备多种能力，即要能够独立部署，又要在两栖戒备大队中担任指挥舰，同时还要在两栖特混编队中发挥重要作用。

在任务能力方面，进一步优化装载与空中作战能力的配置，更高效地实施空中打击和作战支援，同时提升兵力投送的速度，满足作战行动多样化的需要。随着先进高速登陆艇、大型气垫船、重型舰载直升机、MV-22 倾转旋翼机和 F-35B 战斗机等装备的服役，综合作战能力将有大幅提升。

（3）执行多样化任务，任务领域进一步拓展

未来，两栖攻击舰不但要提升支援两栖作战的传统能力，还要承担机动海上基地、支援特种作战等任务，以及大量的非战争军事行动。现在美国海军的两栖作战舰艇已开始增加反水雷装备，具备一定的扫雷能力。未来，还将进一步增强信息战、情报战等的能力，装备无人潜航器提高水下监控能力。另外，法国“西北风”级两栖攻击舰也在计划集成陆军多管火箭炮，提升火力打击能力。

（4）加强远程精确打击能力

未来，美国两栖攻击舰最大的变化将是增加攻击能力，可在防区外对敌舰船和岸上目标实施超视距打击。现在的两栖攻击舰只装备近程防御武器，战时对岸火力压制只能依靠航母舰载机、装备远程打击武器的水面战斗舰艇和攻击型潜艇，而水面战斗舰艇大多装备“标准”Ⅱ、“标准”Ⅵ、“改进型海麻雀”等舰对空导弹，远程对海打击能力不能满足未来作战的要求。

美国海军在落实“分布式杀伤”作战概念的过程中，提出为两栖攻击舰加装垂直发射装置、防空反导雷达和“海军一体化火控－防空”等装备，使其可发射“远程反舰导弹”，同时利用“改进型海麻雀”导弹

拓展其防空能力。通过与“海军一体化火控-防空”系统联网，共享由F-35战斗机、E-2D预警机、中空长航时无人机等平台获取的目标数据。在不执行兵力投送任务时，两栖攻击舰还可与航母打击大队并肩作战，从防区外或从侧翼“跨域”提供精确火力打击，对敌方舰艇或陆地目标实施攻击。

美国“美利坚”级两栖攻击舰

法国“西北风”级两栖攻击舰

坦克登陆舰和船坞登陆舰有何区别

坦克登陆舰是用于运载坦克、装甲车辆等重型武器装备及登陆兵力到岸滩直接登陆的登陆作战舰艇。按排水量、运载能力与续航力大小，可分为大型坦克登陆舰和中型坦克登陆舰。大型坦克登陆舰的满载排水量为2000～10 000吨，能装载10～20辆坦克和数百名登陆士兵，装备有舰炮和远程防御系统，用于自卫、防空和登陆火力支援。续航力在3000海里以上，是实施远程由岸到岸登陆作战的重要舰种之一；中型坦克登陆舰的满载排水量为600～1000吨，能装载数辆坦克或200名登陆士兵，续航力在1000海里以上，可抵近海滩和在浅水区航行，适用于近程由岸到岸登陆，还可用于近海水域布雷。

坦克登陆舰多采用柴油机动力装置，航速12～20节。船型一般具有吃水浅、船艏肥钝、船底平坦、船宽较大等特点。船体的主要部分为装载舱，长度一般占舰长的60%以上，多为纵通式。装载舱内有斜坡板或升降平台、牵引绞车、通风系统和灭火系统等设施。舰艏有登滩卸载用的艏门和吊桥，舰艉设有协助退滩和保持船位的尾锚装置，还有压载水系统，以便在航行及登陆、退滩时调节艏艉吃水深度。

美国“圣安东尼奥”级船坞登陆舰

日本“大隅”级坦克登陆舰

船坞登陆舰是可以承载两栖登陆船、两栖坦克和气垫船的登陆作战舰艇。其船舱为半吃水状态以方便两栖登陆船、两栖坦克和气垫船的进出，就像船坞一样。其作战方式主要以承载为主，将参与两栖攻击的两栖登陆船、两栖坦克或气垫船送至距离海岸线最佳的距离。由于船坞登陆舰一般都比较大，满载排水量在10 000吨以上，因此可作为海上两栖攻击临时基地，为滩头补充弹药和给养。船坞登陆舰的武器一般以防空武器为主，必要时也可以对滩头进行射击。

顾名思义，船坞登陆舰的优势主要体现在坞舱中。它可以承载气垫艇和登陆艇，运载不能进行两栖泛水登陆的作战装备。此外，船坞登陆舰还可以使用大型舰载直升机，把作战部队远距离垂直投送过去。总而言之，船坞登陆舰的投送速度很快，可以携带大量兵力在远洋掌握战斗发起的主动权。因此，船坞登陆舰所带来的“立体登陆”作战方式已成为现代军队两栖作战的主要形式。而传统的坦克登陆舰，航速相对较慢，只有抵达滩头才能把装备卸下来，致使整个作战编队都处于敌方火力的打击范围之内，丝毫达不到作战的突然性。

气垫船如何成为力量倍增器

在两栖登陆作战中，坦克装甲车辆等重型作战装备的快速登陆投送，对于在战斗初期巩固滩头阵地、确保登陆场的控制有着重要的作用。为了提升装备物资和人员的冲滩效率，减少伤亡，气垫登陆艇这一全新的装备应运而生，成为两栖登陆作战的力量倍增器。

二战期间，大部分重型装备都要依靠坦克登陆舰运至滩头附近，再自行涉水登陆，对于坦克登陆舰和坦克装甲车辆的乘员而言，己方的目标太大，不但要冒着随时被敌方火力击中的危险，而且效率也偏低。

1959 年，由英国工程师克里斯托弗·科克莱尔发明的气垫船技术，为打破这一尴尬局面提供了契机。气垫船是依靠由鼓风机产生的高压空气，在船体与水面或地面之间形成气垫，使船体脱离支撑面航行的高速船舶。这样的特性使得气垫船可以在承载比较重的货物的同时，还能拥有十分良好的通过性能，在浅滩、滩涂、岛屿等恶劣地形下登陆时表现尤为突出。根据统计，气垫船能够登上超过 70% 的海岸，而普通登陆艇只能在 15% ～ 17% 的海岸实施物资和人员的登陆卸载。

此外，气垫船的航行速度也很快。美军的 LCAC 气垫登陆艇在满载车辆和人员的条件下能够达到 40 节以上的航速，这对于登陆部队快速冲滩上岸有着十分重要的战术意义。目前，美军装备了数十艘 LCAC 气垫登陆艇，活跃在世界各地。除军事作战外，还在海啸、洪水等各类自然灾害暴发后充当着人道救援任务的运输主力。

当然，气垫船也有着明显的缺点：它的耐波性较差，在风浪中航行时容易失速。这也使得气垫船无法依靠自身进行长距离航行，只能在较为平静的海岸和河流区域航行。

美国 LCAC 气垫登陆艇在近海高速航行

美国 LCAC 气垫登陆艇准备冲滩上岸

谁是舰龄最大的在役海军战舰

世界上舰龄最大的现役海军战舰是美国海军“宪法”号风帆护卫舰，自从1797年入役以来，该舰已经在美国海军连续服役超过200年。

“宪法”号是美国海军成立初期根据《1794年海军法案》授权所建造的6艘风帆护卫舰中的第3艘，由美国第一任总统乔治·华盛顿命名，舰名是为了纪念于1789年生效的美国宪法。该舰于1797年建造完成，造船用的木材砍伐自缅因州至佐治亚州的1500棵树，舰上的加农炮则在罗得岛州铸造。“宪法”号拥有两层全装炮甲板和较多的加农炮以及坚硬的橡木船壳板，因此获得了“老式铁壳船”的绰号。在美英1812年战争期间，该舰曾参加过40多次海战，在一对一的较量中更屡屡获胜，因而成为美国海军拼搏和胜利的象征，并被爱称为“老铁甲”。

1815年，美英战争结束后，“宪法”号多次担任美国海军舰队旗舰。1828年7月，“宪法”号暂时退役，美国政府决定拆解该舰。幸运的是，诗人奥利弗·赫尔莫斯的一首诗歌《老铁甲》使该舰得以保存，后来“宪法”号被保存在波士顿。

1855—1860年，“宪法”号被改装成训练舰。1860—1870年，“宪法”号被交给美国海军军官学校当校船。1871—1877年，“宪法”号的船体被全面修复。1878—1879年，“宪法”号载着美国参展物品，参加法国巴黎世界博览会。1879—1881年，“宪法”号作为训练船，在美国东岸的大西洋带着实习生，由西印度群岛航行至加拿大的诺法斯科细亚。1882—1897年，“宪法”号在朴次茅斯海军造船厂上架检修改装成为新兵收容舰。1897—1900年，“宪法”号被拖到波士顿海军造船厂做展示船。

1900—1907年，美国国会通过法案把“宪法”号修复成原来的战舰进行公开展示。1927—1931年，“宪法”号完成大规模重建工作。1931—1934年，“宪法”号先后被拖到美国东、西海岸90个港口，甚至到巴拿马运河做亲善访问。1954年，美国国会通过一项法案，规定授权海军部负责修理、装备、复原“宪法”号，维持其原有可用状况。2012年8月19日，“宪法”号从波士顿港口出发，在远海进行时长10分钟的巡航，以纪念它参加的海上激战200周年。

时至今日，尽管“宪法”号仍然在美国海军服役，但不同于其他在役舰艇，“宪法”号现在已经不再执行军事任务，改而肩负起向公众和游客宣传和推广美国海军历史传统的公关任务。该舰拥有一支人数共60人的舰员队伍。与美国海军其他在役舰艇相同，这60名舰员全部是在役的水手和军官，他们在海军部的编制内被视为执行特殊任务人员。

“宪法”号风帆护卫舰左舷视角

“宪法”号风帆护卫舰左舷后方视角

无人舰艇如何组成海上列车

近些年来，随着相关技术的逐渐成熟，无人作战装备开始逐渐登上历史舞台，无人车、无人机、无人舰艇、无人潜航器等研发方兴未艾。特别是无人机已经成为一个庞大的家族，并且经受住了实战的检验，正在逐渐替代有人机执行越来越多的重要任务。无人舰艇、无人潜航器与有人舰艇和潜航器相比也有很多优势，足以改变未来海战战场的格局和作战样式。

有人舰艇在适航性方面有较高的要求，否则长期在海上航行的船员会有晕船的问题。就目前研究来看，单体船舶的适航性比双体或多体船舶要好。这就是为什么军用大型舰船很难看到双体和多体船舶的原因之一。无人舰艇则不用过多考虑这方面的问题，可以做到速度更快、更高效。例如美国研制的“海猎”号无人舰就是一种典型的三体舰船。

美国“海猎”号无人舰

有人舰艇长期在海上执行任务时需要配备大量的生活设施和物资，例如居住舱室、新鲜食物、海水淡化装置等，大大增加了系统重量，为此而付出的代价是惊人的。有人舰艇需要很大的吨位才能满足这些条件。而无人舰艇不需要很大的吨位，就能完成同样的任务，费效比更好。

2019年年底，美国海军提出了一项命名为“海上列车”的远程无人作战舰队的项目概念。这个计划是由各种无人舰艇组成的，具备各项功能，可以携带弹药、侦察和监视敌方目标，主要以编队的形式存在。这些舰艇将应用特殊的技术，可以在航行过程中执行较危险的远洋攻击任务。

2020年4月，美国国防部对外宣布了“海上列车”项目的跨部门公告，目的是对外寻找可以支撑无人舰队进行远距离运输和打击的相关技术方案。根据该计划，美军希望在2023年年底之前可以进行原型舰艇的试航工作。目前，虽然关于编队中的无人舰艇具体数目还没有确定，但是美方估计会在“海上列车”中装备至少4艘无人水面艇。这些水面舰艇的长度为55～90米，满载排水量可达2000吨，可以携带反舰导弹执行长期作战任务。由于减少了船员空间的设计，预计其造价可能会更低。

据悉，“海上列车”舰队之间可以进行连接，从海上看过去将会是一长串舰船的样子。这些无人舰艇不再需要通过和有人舰船和港口会合，就能独立地进行长期作战部署。等到这些舰艇正式服役，势必会给美军带来很大的影响，海军方面可以减少对各种大型有人舰艇的依赖，其作战效率将大幅提高。未来的海战战场上将会是少数大型有人舰艇率领大量小型无人舰艇进行作战。诸如扫雷、反潜等高危任务主要交给无人舰艇来完成。

美国“食人鱼”无人艇

无人水面艇有哪些关键技术

无人水面艇是一种无人操作的水面舰艇，主要用于执行危险以及不适于有人舰艇执行的任务。一旦配备了先进的控制系统、传感器系统、通信系统和武器系统，USV就可以执行多种战争和非战争军事任务，包括侦察、搜索、探测和排雷，搜救、导航和水文地理勘察，反潜作战、反特种作战，以及巡逻、打击海盗、反恐攻击等。USV由复杂的系统组成，涉及多个技术领域，其关键技术主要有以下几项。

（1）载体的总体设计和系统集成技术。该项技术包括：基于模块化思想的USV载体设计和集成技术；在复杂海洋环境下USV高速航行的稳定性理论与方法，以及USV的抗倾覆性、浮态自恢复能力等。

（2）环境感知技术。由于USV在海面航行时受风浪流的影响较大，需要解决在恶劣海况下，艇体在持续颠簸条件下的水面目标探测和识别技术，这就需要开展在海面环境下的障碍识别新理论和新方法研究，以及动态背景和低信噪比条件下的目标检测方法研究，对多种传感器获取的信息进行处理，完成目标的跟踪、检测、识别与轨迹预测。

环境感知技术是一项发展较快的技术，它直接关系到USV作战，特别是反水雷战、反潜战和水面战。USV对于这一技术领域的要求是，进一步提高区域覆盖率，提高分类和识别能力与非传统跟踪技术，改进用于探测具有化学、生物、核、放射性和爆炸威胁的传感器。在满足USV反水雷战任务需要方面，合成孔径声呐技术处于领先地位。合成孔径声呐技术能够大幅扩展探测区域，并能够提高目标的分辨率，这个特性对于反水雷战模块的开发具有重要意义。此外，宽带水声技术也具有扩大水雷探测范围的能力。

（3）自主决策与控制技术。该技术主要包括复杂海洋环境下USV自主决策理论与方法、运动的非线性控制理论与方法。自主决策和自动控制技术的高低体现了USV智能化程度的高低。环境感知、信息综合处理和自主导航技术是USV实现智能化运动控制的前提，USV控制系统体系架构要满足可靠性高、容错性好等要求。为了提高USV的自主能力，航迹规划是必不可少的关键技术之一，在基于电子海图的给定航路约束点的情况下，USV需要自主规划出一条符合一定原则和约束条件的最优路径，采用在线规划时还须满足实时性要求。此外，USV还要解决在动态目标威胁下的局部避碰规划问题。

（4）无线通信技术。USV与母船或地面站之间需要通过数据链路进行信息交互，如利用超高频扩频通信结合卫星通信方式进行数据传输，传输信息包括图像信息、视频信息、控制指令、姿态信息、位置信息等，需要考虑USV数据传输中的带宽、抗干扰和实时性等问题。

以色列"银色马林鱼"无人艇

英国"卫兵"无人艇

（5）艇载武器技术。为了完成反水雷战灭雷、反潜作战、水面作战等任务，USV 必须携载并发射相应的武器装备。从 USV 发射武器面临的主要技术挑战是在各种海况条件下稳定地瞄准目标并获得准确的弹道，恶劣的海况可能造成 USV 平台瞄准和武器发射等方面的问题。

法国“检察员”无人艇

战列巡洋舰是不是混血儿

从名称来看，战列巡洋舰与战列舰和巡洋舰都有关系。事实上，战列巡洋舰确实结合了战列舰的火力和巡洋舰的速度，将其称为“混血儿”也不为过。

战列舰是一种配备大口径火炮、厚重装甲的大型战舰，能够执行远洋作战任务。其自风帆时代诞生，1860 年开始变革，在 1870—1890 年一度断代，但是其间的实验探讨一直没有中断，1890 年开始复兴。在二战结束前，战列舰曾经称霸海洋世界，是近代海军舰队不可或缺的中坚力量。战列舰拥有强大的火力和防护力，但机动性不足，且造价昂贵，不能轻易出动。

巡洋舰装备有较强的进攻和防御武器，具有较快的航速和良好的适航性，能在恶劣气候条件下长时间进行远洋作战。在战列舰作为舰队主力的时代，巡洋舰在火力上仅次于战列舰。巡洋舰有多种类型，19世纪中期出现的装甲巡洋舰就是其中之一，它在普通巡洋舰上增加了铁甲防护，具有一定的抗打击能力。装甲巡洋舰介于战列舰和普通巡洋舰之间，对于没有实力装备大型战列舰的国家来说，有很大的吸引力。

战列巡洋舰是在装甲巡洋舰的基础上演变而来的一种功能性很强的大型战舰，兴起于20世纪初期。当时，英国遍布全球的通过漫长海上航运线和商业网络相互联系的殖民利益，需要强大并且可以快速集结的海军舰队保护。因此，英国海军需要一种强大火力与高机动性相结合的战舰，这种战舰不仅可以有效抵御敌方的袭扰，而且能够快速部署应付突发性事件。于是英国海军以“理想型巡洋舰”的名义设计出战列巡洋舰，它是一种把战列舰强大火力和装甲巡洋舰高机动性结合在一起的战舰。

英国“胡德”号战列巡洋舰

战列巡洋舰最初的设计目的是用于在远洋作战中歼灭敌方海军的巡洋舰和驱逐舰，并在舰队决战时进行火力支援，而非用于和战列舰进行正面决战。英国和德国之所以在一战、二战中大量使用战列巡洋舰，主要是因为战列舰成本高、建造工期长，而战列巡洋舰成本低、建造工期短，其火力和高航速足以在舰队远洋作战时进行火力支援以及对抗敌方巡洋舰队。尤其是德国，在战列舰数量严重不足的情况下，只能依靠由重巡洋舰和战列巡洋舰组成的舰队进行破交战，其中以击沉英国“光荣”号航母的“沙恩霍斯特”号战列巡洋舰最为著名。

战列巡洋舰与战列舰有一定区别，战列巡洋舰通常拥有可以媲美战列舰的大口径火炮，装甲比战列舰薄弱，但是航速更快。战列舰追求火力、装甲、航速的均衡，而战列巡洋舰则是航速第一，火力其次，最后才考虑装甲防护。

随着二战中航母的异军突起，战列巡洋舰和战列舰一样雄风不再。战列舰的战略地位被航母和战略核潜艇所取代，不再是舰队中的主力。而巡洋舰也日渐衰落，二战后只有极少数国家建造和装备巡洋舰。

德国“沙恩霍斯特”号战列巡洋舰

鱼雷巡洋舰为何难成气候

鱼雷使用范围广，能自动搜索攻击目标，具有隐蔽性好、抗干扰能力强、命中率高、威力大等特点，是海军主要的攻击武器之一。鱼雷通常只能作为潜艇的主要武器，而在其他战舰上只能作为辅助武器，自从二战后导弹成为主要的舰载攻防武器后更是如此。不过，历史上也出现过以鱼雷为主要武器的水面战舰，那就是鱼雷巡洋舰。

在历史上，只有日本拥有过鱼雷巡洋舰。日本对鱼雷作战抱有近乎偏执的态度，不仅驱逐舰、轻巡洋舰配备众多鱼雷，就连重巡洋舰也具备强大的鱼雷攻击能力。日本还将小型舰艇集中起来使用，编成所谓的“水雷战队”，通常是由 1 艘轻巡洋舰担任旗舰，下设 4 个小队，每个小队由 4 艘驱逐舰构成，1 支水雷战队能够一次性投放百余枚鱼雷。对鱼雷偏执若此，在这个国家诞生鱼雷巡洋舰，也就不奇怪了。

日本“北上”号鱼雷巡洋舰

日本建造的鱼雷巡洋舰有 2 艘，即“北上”号和“大井”号。两舰同属“球磨”级轻巡洋舰，标准排水量为 5000 吨。由于旧日本海军当时对美国海军进行“渐减作战”的构想（简而言之，就是一步步削弱美军战力再进行决战），于 1941 年将“北上”号和“大井”号 2 艘旧巡洋舰进行改造，使其成为重雷装巡洋舰，将一部分 140 毫米单装炮和 530 毫米鱼雷发射管改装为 610 毫米四联装鱼雷发射管，左右两舷各 5 座，总计 10 座，每侧 20 个鱼雷发射管，共 40 个鱼雷发射管。该鱼雷发射管可以发射日本海军研制的 93 式酸素（氧元素的旧称）鱼雷，其射程远并且隐蔽性极好，对当时的美国海军来说是非常可怕的武器。可是由于以航母为核心的战略战术的崛起，鱼雷作战的运用越来越艰难，使得日本海军的构想彻底化成泡影，“北上”号和“大井”号失去了用武之地。战争后期，由于日本运输舰短缺，“北上”号和“大井”号又被改成运输舰，之后没多久就战沉了。

“大井”号鱼雷巡洋舰

二战之后，随着导弹技术的成熟，海战模式又发生了深刻的变化，作战双方的舰队距离数百海里相互厮杀。这就暴露出鱼雷本身的缺陷——

航程较短，现代绝大多数鱼雷的航程都不会超过40海里，在常规对抗中，能突破到这个距离的只有潜艇，没有任何其他舰艇能够做到。导弹的出现，使鱼雷、舰炮等传统武器在现代战舰上均居于次要地位，成了舰艇战力的补充，鱼雷巡洋舰更是无从谈起。

水下航母为何难产

水下航母又称潜水航母，即通常在水面以下航行的航母。水下航母的优点是隐蔽性好、攻击突然性强、航行安静等，非常适合无法取得制海权的国家使用。

设计水下航母的想法产生于一战前夕。1913年，一位名叫彭具林顿·比林的英国海军军官首先向英国海军部提出了关于水下航母的设想。1916年，英国海军部为了准备对位于库斯克港和东登的德国飞艇基地进行轰炸，开始把这一设想付诸实施。不过英国海军仅仅是将一艘潜艇加以临时性改装，便于在甲板上停放水上飞机。显然，这并不是真正意义上的水下航母。

真正意义上的水下航母出现在二战时期。当时日本认为，如果能够空袭美国本土，将对美国的士气造成沉重打击。但是当时的日本没有靠近美国的军事基地，空军战机的航程又不够远。因此，日本决定发展水下航母，潜航到美国近海，对美国本土进行军事打击。1942年，日本完成了水下航母的制造，并迅速投入海试。这就是世界上唯一的一级水下航母——“伊400”级。该舰的航程为14 000海里，续航时间超过30天。由于采用了双壳体设计，使它的横截面看上去像一副眼镜，因此获得了“眼镜”的绰号。该舰所携带的燃料足以使其绕地球航行一圈半，搭载3架“晴岚”攻击机并可迅速投入战斗。

在日本投降时，正好有一艘水下航母在美国近海，日本为了不让美国得到水下航母的设计资料，将其沉入了海底。但是，美国还是发现了这艘水下航母，并在战后将其捞起，在获得设计资料并进行了一定时间的测试后，重新将其沉入海底。

二战期间，日本一共制造了3艘水下航母。而二战后期的美国、苏联、英国也都研究过制造水下航母的可能性。但由于水下航母载机数量少、制造费用高昂、技术难度大，各国相继放弃了水下航母的研制工作。

日本“伊400”级水下航母模型

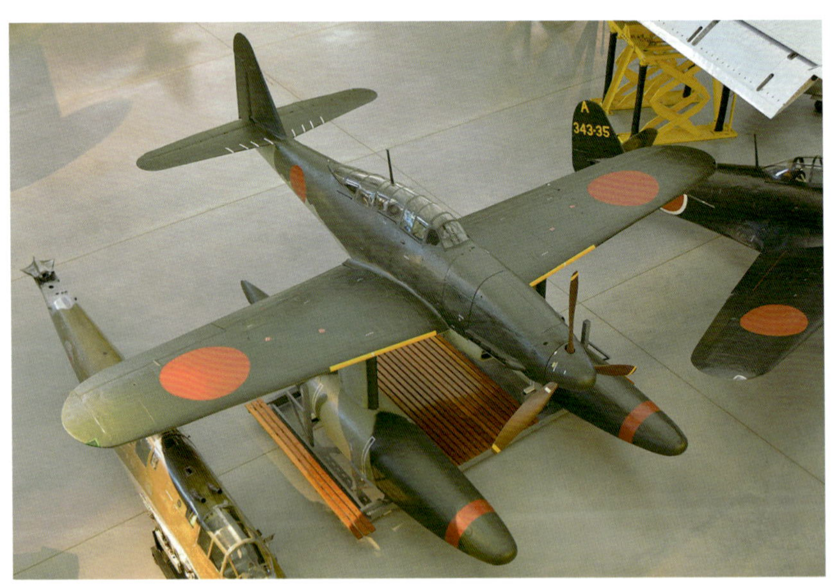

“伊400”级水下航母搭载的“晴岚”攻击机

第 2 章
舰　体　篇

战舰建造不仅是一个国家船舶工业实力的体现，也是综合工业能力与科研实力的象征。经过不断探索和改进，如今战舰在设计、建造细节上日趋标准化和专业化。可以说，每一个部件都是建立在严格测算和反复实践基础上的。本章主要就战舰构造相关的问题进行解答。

概 述

虽然现代海军装备的各类战舰在大小、外形和功能上各有不同，但在基本构造上大致相似。一般来说，水面舰艇的船体包括主船体和上层建筑两部分。其中，上层建筑的结构比较单薄，大多采用钢材或铝材，也有采用木材或玻璃钢的，通常只承受局部外力。

主船体是由外板和上层连续甲板包围起来的水密空心结构，形式有纵骨架式、横骨架式、混合骨架式。主船体材料大多采用钢材，有些快艇（鱼雷艇、导弹艇、猎潜艇、护卫艇、气垫登陆艇等）和反水雷舰艇采用钛合金、铝合金、玻璃钢或木材。船体内由许多水密或非水密横舱壁、纵舱壁和甲板分隔成若干舱室，并承受各种外力，以保证船体的强度、稳性、浮性、抗沉性满足各舱室的需要。

潜艇的艇体结构一般由耐压艇体和非耐压艇体构成，采用高强度钢材，由许多耐压舱壁或非耐压舱壁、甲板等分隔成若干舱室，其功用与水面舰艇相似。

在船体线型方面，水面舰艇大多采用排水型，部分快艇采用滑行艇、水翼艇或气垫船等船型。潜艇一般采用水滴形或雪茄形。此外，还有双体穿浪船、掠海地效翼船等高性能船。

美国“阿利·伯克”级驱逐舰模型

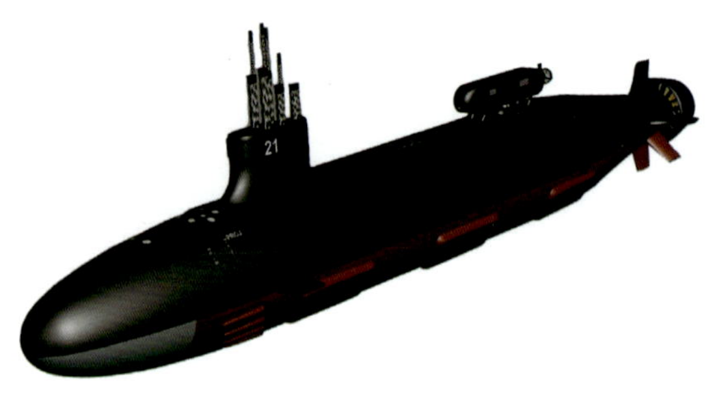

美国“海狼”级攻击型核潜艇模型

俄罗斯“戈尔什科夫海军元帅”级护卫舰模型

何为舰艇模块化建造

所谓舰艇模块化建造，就是将舰艇结构和系统按照功能分成若干个具有接口关系相对独立的单元，按照通用化、系列化、组合化的设计与建造原则，以不同的方式排列和组合成舰艇装备或系统，并最终完成总装的一种舰艇建造技术。

早在二战时期，模块化建造技术就已经开始萌芽，自由轮就是这种舰艇建造概念的产物。当时，美国海军购买了大量的自由轮来替代被德国潜艇击沉的商船，还有很多自由轮通过《租借法案》提供给英国。

建造自由轮的船厂通常包括钢板工厂、钢桁工厂、黄铜翻铸工厂、电缆工厂、木工工厂、管道工厂、零件（水泵等）工厂、索具工厂和油漆工厂。船用主机和锅炉从分包商工厂用铁路运来。所有车间产品都运到预组装区装配起来（一艘自由轮被分成 120 个预组装部件），然后用吊车或平板重载货车运到总装区。

自由轮的总装区通常设在岸边的船台上，旁边有龙骨工厂、铆钉工厂、焊接工厂和砖工厂。自由轮总装之前先要铺设龙骨，龙骨之上是预组装的双层船底（一般分成 6 段分别建造），然后是油舱、机舱、货舱，最后将组装好的船首和船尾与船身中段合龙。为了节省建造船厂时的土石工程量，自由轮一般采用侧滑的方式下水。下水后开始舾装，往船上安装吊车、绞盘、救生艇、吊柱、锚、防空炮等部件。船桥和烟囱也采用预组装的方式，整体吊装固定到船身上。最后是布置住舱、安放家具、配备航海物品。

自由轮的模块化设计示意图

自由轮的建造方式，大大推动了焊接技术和分段建造技术的发展。在1941年到1945年，美国18个船坞共计建造了2710艘自由轮。由于建造迅速快、价格便宜，自由轮被公认为二战中美国工业实力的一种象征。美国造船工业倡导的这种舰艇建造理念，为海军在前线作战提供了有力的装备保障，为二战的胜利作出了巨大的贡献。二战中还有一些类似的标准化船只，很多都借鉴了自由轮的设计和建造方式。

20世纪60年代，模块化建造技术的雏形已经形成。1969年，德国博富隆公司开始研究新的舰艇建造方法，其中最重要的方法就是采用标准模块来安装武器和电子系统。1973年，美国海军开始进行战舰子系统的模块化改装工作，并在1975—1976年对“斯普鲁恩斯”级驱逐舰和“佩里”级护卫舰进行了作战系统模块化分析。

在随后的舰艇建造工作中，美国大量采用模块化建造技术，包括“阿利·伯克”级驱逐舰、“独立”级濒海战斗舰、“自由”级濒海战斗舰和“海狼”级攻击型核潜艇在内的多种军用舰艇，均采用了这种技术。20世纪80年代，德国推出的MEKO型护卫舰，也是采用模块化建造技术的典型代表。

与传统的舰艇建造技术相比，模块化建造技术具有诸多优势：大大缩短了新型舰艇的设计周期；极大地提高了船台的工作效率，缩短了舰艇的建造周期；采用模块化建造技术的舰艇更加方便维修，使可维修性得到大幅度提升；舰艇的全寿命周期费用降低，帮助节约国防开支；节约了技术升级和装备更换的时间与成本；采用模块化舰艇设计与建造技术之后，可实现一舰多型，使舰艇成系列发展。

建造中的美国“独立”级濒海战斗舰

分段建造如何保证船体强度

如前所述，舰艇模块化建造就是指造船厂先将舰艇不同部位的分段分别建造好，再运到船台上进行焊接合龙。这种建造方式也被称为分段建造法，已经成为现代大型舰艇的主流建造方式。如今还出现了升级版的分段建造法——巨型分段建造法，它的特点是建造分段的体积、重量明显更大，有些舰艇分段重量可达上万吨。这样一来，即使舰艇的吨位很大，舰艇分段建造数量也会比较少。分段建造法乃至巨型分段建造法的最大优点就是舰艇的建造总装速度明显更快，可以缩短舰艇在船台上的建造工期，降低费用成本。

采用分段建造法的舰艇在一定程度上可以认为是由各分段“缝”起来的，不少人都会对舰艇各分段的焊缝可靠性表示怀疑。事实上，分段建造法对造船厂的基础设施、建造水平有着很高的要求。为了避免采用分段建造法的舰艇的分段焊接处发生断裂等问题，造船厂的技术人员对焊接工作投入大量的精力，通过材料、工艺等多方面改进，最终使得分段焊接处更加结实耐用。

与传统的“搭积木”建造法相比，采用分段建造法的舰艇必须采取更严格的要求才能保证舰艇的建造质量。在材料方面，战舰要求拥有很强的负载能力和抗损能力，所以需要使用超高强度的钢材来建造。对于这些钢材来说，除了要有很高的屈服强度、良好的韧性，还要有很高的可焊性，在避免产生焊接缺陷的同时尽量拥有更高的焊接效率。苏联能够使用钛合金建造核潜艇，就是因为掌握了钛合金的切割和焊接技术。

分段建造法最为关键的就是建造材料和焊接工艺。建造材料的焊接性、韧性、抗冲击性和疲劳寿命指标是保证舰船结构强度的基础，焊接材料的要求是焊接后焊缝力学性能不能低于母材的力学性能。而现代焊接工艺通过控制焊接时的温度、精微定位等手段显著提升了焊接成功率和合格率。一般来说，现在造船厂的焊接工艺足以让舰艇分段焊缝和母体之间的性能差距缩小到 3% ～ 5%，甚至可以让焊缝的机械性能比母体还要高。可以说，让舰艇分段的每寸焊缝 100% 高强度连接并没有太大问题，至少不会让舰艇分段焊缝存在安全隐患。

此外，在舰艇分段成功焊接后，造船厂还会对所有焊缝进行无损探伤等全方位的检验，发现问题会重新焊接，确保分段建造的舰艇也能够安全航行在海上。

建造中的美国“福特”级航母二号舰

运输中的美国“弗吉尼亚”级攻击型核潜艇分段

战舰如何确定船体长宽比

长宽比是战舰主尺度比中的一项，其他常用项目还有型宽吃水比、型深吃水比、船长型深比、船长吃水比等。战舰主尺度比是表示船体几何形状特征的重要参数，其大小与战舰航海性能有密切关系，尤其是长宽比。

战舰的长宽比越大，船体就越瘦长，兴波阻力（物体在自由液面运动，产生波浪所引起的阻力）就越小，更容易实现高速航行，并减少对主机的功率要求。不过，长宽比大也会导致战舰的机动性变差，在风浪中产生横摇大的问题。同时，舰体内空间较小，不利于舱室内设备的布置。因此，长宽比的选定是综合考虑多种因素的结果，并不存在固定的最佳数值。

船体较为瘦长的美国“斯普鲁恩斯”级驱逐舰

二战时期的驱逐舰和巡洋舰为了追求高航速，长宽比曾达 10 ∶ 1 以上。自 20 世纪下半叶以来，主船体提供可布置舱室的总容积多少成为舰艇设计考虑的重要因素，而过分瘦长的船型常常不能满足容积要求，因此驱逐舰和护卫舰的船体长宽比有逐步下降的趋势。例如，美国于20世纪70年代建造的“斯普鲁恩斯”级驱逐舰的长宽比为9.68 ：1，后来的“阿利·伯克”级驱逐舰则大幅降至7.9 ：1。

除美国外，其他国家的驱逐舰和护卫舰的长宽比也在8 ：1左右。这是因为现代驱逐舰和护卫舰要在保证航行稳定性的前提下，尽可能提高航行速度，而8 ：1的长宽比正好可以满足这一要求。现代的驱逐舰和护卫舰的主机功率很大，即便长宽比小，也能达到较高的航速。同时，舰艇的适航性好，横摇小，有利于武器和装备在风浪中的发挥，也能容纳更多的现代电子设备，人员的居住性也得到了很大的改善。

与驱逐舰和护卫舰不同，航母需要考虑舰载机的起降、转运问题，所以船体宽度相对较宽，长宽比也就相对更小。在现代舰艇中，长宽比最大的当属潜艇，这是因为潜艇采用圆形的耐压壳，大直径的圆形耐压壳制造加工比较复杂，而提高长宽比不仅可以降低制造难度，同时还能增加潜艇吨位，提高潜艇的战斗力。

船体长宽比大幅下降的美国“阿利·伯克”级驱逐舰

水面战舰为何长着大鼻子

对船舶知识感兴趣的人，通常都知道远洋船舶和大中型水面战舰的船体前端底部有一个突出的“大鼻子”，非常引人注目。但对于这个大鼻子的作用，却未必人人知晓。

事实上，这个大鼻子有一个正式的名称，叫作“球鼻艏”。它是水面舰艇的特殊部位，位于艏部水线以下，其顺滑的流线形设计可以减小兴波阻力，提高舰艇机动性。同时，球鼻艏作为声呐的外部包容结构，还承担着保护安装在其内部的声学传感器等设备不受波浪拍击及远场爆炸载荷损坏的任务，其重要性不言而喻。具体来说，球鼻艏主要有以下几个作用。

（1）减少阻力。好的球鼻艏设计可以使船体与球鼻艏分别形成的波浪相遇而抵消。如果球鼻艏的长度可以调节，便可以自主控制球鼻艏在舰艇航行时产生的水波，使在任何航速下由球鼻艏产生的水波和船体艏部产生的水波叠加后的水波波幅最小，从而起到减小兴波阻力、提高航速的作用。

（2）提高操纵性能。安装球鼻艏后，不仅有利于提升舰艇的稳定性，同时还能改变舰艇艉部的水流状态，从而改善舵的灵敏性，达到提高操纵性能的效果。

（3）提高推进效率。试验表明，安装球鼻艏以后，舰艇螺旋桨的推进效率在静水中会得到提高。这是由于局部压力降低，使推力减额（螺旋桨用于克服船体阻力部分的推力与所发出的推力之差）降低，高速时伴流系数有所提高。底部流场变得比较均匀，降低了伴流（一种追随船体运动的水流）不均匀对螺旋桨的影响。

虽然被称为“球鼻艏”，但是它的形状并不全都是球形。不同类型的舰艇，球鼻艏的形状有很大不同，呈现出多种多样的形式和结构。具体来说，球鼻艏有水滴形、撞角形、圆筒形、S-V 形，以及扁椭圆形、柱形、菱形、鱼雷形等形状。

在各种形状的球鼻艏中，水滴形球鼻艏出现最早，其特征是体积较小且集中于中下部，有利于减小设计水线的进流角，多用于中、高速舰艇上；撞角形球鼻艏的前伸较长，前端较尖，其横剖面呈圆形或椭圆形，浸深较大，满载和压载时降阻效果均较好，适用于丰满的油船、矿石船和散装货船；圆筒形球鼻艏的下半部分是一个圆筒，圆筒顶端是一个半球或椭圆球；S-V形球鼻艏的特征是艏柱呈S形，球鼻艏下部横剖面呈V形，适用于艏部剖面呈V形的舰艇，在不同的航速均能降低船体阻力和提高推进效率，还有较好的破冰性能。

英国“伊丽莎白女王”级航母的球鼻艏

美国“朱姆沃尔特”级驱逐舰的球鼻艏

一体化桅杆为何成为标准配置

随着现代战舰探测设备、通信设备及电子战设备的增加，电磁兼容和电磁隐蔽问题已日益成为影响战舰作战效能和生存能力的主要问题。为了解决这个问题，世界各海军强国都在研究一体化桅杆。它是将各种雷达、通信天线设计成平面式或球形阵列天线，组成一体化的封闭式综合传感器桅杆结构，以取代挂满各种鞭状、条状天线和各式彩旗的传统桅杆。从某种意义上来说，一体化桅杆算是战舰现代化程度的象征。

一体化桅杆的本质是综合化射频管理，并不是在原本繁杂的设备外面套上一个简洁的外壳就行。在综合化射频管理技术出现之前，战舰一直受困于舰上电子设备工作时互相干扰的问题。尤其是无线电及相关的雷达和通信设备之间，经常互相干扰，大大降低了设备的运行效率，甚至在实战中付出惨痛代价。例如，英阿马岛战争中，英国海军“谢菲尔德”号驱逐舰正在与英国本土进行卫星通信，为了防止通信受到干扰，该舰关闭了对空搜索雷达，从而导致了悲剧性的结果——被阿根廷空军机载反舰导弹击沉。“谢菲尔德”号驱逐舰的教训直接说明了综合化射频管理技术的必要性，也解释了一体化桅杆为何会成为现代战舰的标准配置。

在世界各国中，美国是综合化射频管理应用的先驱，最早使用一体化桅杆的战舰是“圣安东尼奥”级船坞登陆舰。美国海军对一体化桅杆的正式命名为“先进封罩式桅杆 / 雷达系统”（AEM/S），“圣安东尼奥”级船坞登陆舰的 AEM/S 包括 AN/SPS-48E 对空搜索雷达，所有收发天线都整合在由“频率选择表面”（frequency selective surface，FSS）材料制作的塔状外罩内，不仅大幅增强了隐身性能，也可避免昂贵的探测设备受海水盐害或外物损伤。

美国海军在“斯普鲁恩斯”级驱逐舰上进行一体化桅杆测试

总体来说，借助一体化桅杆的综合化射频管理技术，战舰的各种设备能够以较高的密度集中安装，并获得妥善的保护。按照目前的技术水平，甚至可以实现多个设备共用一个天线面板工作，而这些设备在工作时不会互相干扰。另外，采用一体化桅杆的战舰都拥有较高的隐身造型，舰上各装备也尽量采取隐藏式设计，大幅降低了雷达截面积和红外线等其他信号的泄露概率。

采用一体化桅杆的美国“圣安东尼奥”级船坞登陆舰

现代战舰为何大幅减少舷窗

早在郑和下西洋和欧洲大航海时代，战舰就已经有了舷窗。由于多层甲板造船技术的出现，战舰的体积增大了许多，人员和远航需要的物资更是成倍增加，舰员住舱、武器库、食物淡水储藏室等都要安置在船体内的甲板层。当时还没有电灯，而木质船上又严禁烟火，所以战舰内部光线昏暗，空气流通性较差。出于通风和采光的需要，人们只能在舷侧设置舷窗。

虽然舷窗解决了通风和采光问题，但也有不少缺点。首先，过多的舷窗必然降低船体结构强度，不利于提高防护力。其次，干舷甲板下的舷窗离海面近，大风大浪时，海浪有可能破窗涌入。1545年，英国“玛丽罗斯”号风帆战舰就因为在索伦特战役中转向时遭遇横风，海水从下层舷窗涌入而倾覆。

现代战舰已经很难看到舷窗设计，除了一些特殊功能的战舰保留了舷窗外，巡洋舰、驱逐舰、护卫舰等主战舰艇基本都取消了舷窗，主要缘于以下三个原因。

（1）新一代水面主战舰艇几乎都采用了不同程度的隐身设计，对于雷达探测信号而言，舷窗实际上就是平整表面的一个开口，它破坏了舰体表面的平整性，会产生明显的回波特征信号，从而显著增加反射特征和被雷达探测发现的概率。出于隐身考虑，现代战舰都尽可能减少舷侧包括舷窗在内的开口，使开口数量尽量少，在必须开口的位置，也要设置开闭式的舷墙或盖板，在使用时将舷墙或盖板打开，平时则将舷墙和盖板关闭，以免这些开口增大全舰的雷达反射截面积。

设有大量舷窗的英国“贝尔法斯特”号轻巡洋舰（1938年下水，现为博物馆舰）

（2）从人机工效和舰艇环境方面来说，舷窗的主要功能是通风、采光，而现在这些功能完全可以被全舰综合环境控制系统（包括空调等设备）和先进照明系统所取代。即便没有舷窗，舰内环境也比以前更舒适，全舰照明充足且恒温、恒湿，以保证舰员舒适的工作和生活。

（3）大幅减少舷窗可以减少船体结构开口，提高船体结构强度，一定程度上增强战舰抗损伤、抗冲击能力，增强密闭性。

没有舷窗的德国海军现役“萨克森”号护卫舰（2001 年下水）

驱逐舰设置几个机库为佳

现代海军装备的驱逐舰基本都能执行防空、反舰和反潜任务，其中反潜是最难的。单凭驱逐舰自身的舰壳声呐、拖曳阵列声呐和拖曳变深声呐进行反潜作战的距离相对较近，所以就有了直升机反潜的出现，目前这也是驱逐舰远程反潜的唯一方法。

由于反潜直升机的前出距离是由其续航力来决定的，其搜潜距离远远大于驱逐舰所携带的众多声呐的探测距离，因此在驱逐舰上配置反潜直升机是一种趋势和潮流。美国海军“阿利·伯克”级驱逐舰在机库设计上的反复调整就充分说明了战争方式和理念的变更。“阿利·伯克”

级驱逐舰的早期批次没有设计机库，只有一个直升机起降平台，而后期批次出于执行多种任务的考虑，又加上了机库。日本以“阿利·伯克”级驱逐舰为蓝本设计的“金刚”级驱逐舰同样没有设计机库，但是后来的“爱宕”级驱逐舰也增加了机库。

在驱逐舰上配置反潜直升机的数量是由舰上机库数量决定的。目前，各国驱逐舰的机库数量一般可分为 1 个和 2 个，也就是只能携带 1 架或 2 架反潜直升机。

虽然 1 架反潜直升机也可以执行反潜任务，但由于它要同时负责搜潜和攻潜，因此在反潜鱼雷的携带量上相对较少，导致反潜效率受到影响。如果有 2 架反潜直升机，就能进行分工。例如，1 架直升机负责搜潜，1 架直升机负责攻潜；或者 2 架直升机共同搜潜并扩大搜潜范围，再共同负责攻潜。此外，还能 2 架直升机交替执行搜潜和攻潜，这样就能做到不间断搜潜和攻潜，保持高强度的反潜作战部署。

因此，驱逐舰携带 2 架反潜直升机是比较理想的配置，这样既能加强自身的反潜能力，又可以为编队反潜提供必要的保障。

美国海军“阿利·伯克”级驱逐舰搭载的 SH-60 直升机

法国海军“地平线”级驱逐舰和“猎豹”直升机

抢眼的三体船设计有何优点

三体船是以军事应用为目的而发展的一种新船型，其起步时间较晚，20 世纪 90 年代各国才开始进行比较深入的研究，最具代表性的是英国在 21 世纪初建造的“海神”号试验舰。美国一方面进行相关理论的研究，另一方面也参与了“海神”号项目，通过该项目取得的经验，最终在濒海战斗舰上成功地运用了三体船设计。

在外形上，采用三体船设计的“独立”级濒海战斗舰，比采用单体船设计的“自由”级濒海战斗舰更加抢眼。“独立”级濒海战斗舰由一个瘦长的中央主船体和两个狭长的侧体（长度约为主船体的一半）组合而成，它的中央主船体从舰艏水线部位往后是由水线以上部分的深 V 形和水线以下部分尖削的半小线面糅合而成，从整船的 1/3 处开始，逐步融合过渡到普通的 V 形，水线面较小。这种船体不仅能减少波浪对舰艏的撞击，降低兴波阻力，而且可使舰艇的纵向稳定性和推进效率均得到很大提高。此外，中央主船体的前后两侧各有一对自动控制的减摇鳍，其作用是进一步改善主船体的垂向加速度，使船体在波浪中获得更高的纵向稳定性和耐波性，船体在不良海况条件下高速航行时的平稳性和适航性也大为改善。

在恶劣海况条件下，传统设计的护卫舰 60 小时的航程约为 1000 海里，而“独立”级濒海战斗舰在 30 小时内就能达到 1400 海里，在很大程度上改善了高性能舰艇续航力不足的问题。另外，由于“独立”级濒海战斗舰的动力系统是 4 台柴燃联合的喷水推进装置，使其推进效率得到了进一步提高。

“独立”级濒海战斗舰利用两个尖削的侧体来增加整船的储备浮力，很好地解决了大长宽比、小水线面船体的横摇问题。三体船型起主要支撑作用的是中央船体，主要设备都安装在船体内的中央位置，两个侧体不仅可以降低和改善横摇角，还能使舰艇获得宽大的甲板面积和上部舱室容积，在相同排水量条件下，甲板面积要比单体船大 40%，为更合理地布置武器装备、携带舰载直升机提供了充裕的空间，同时也为屏蔽主船体上的物理特征以提高舰艇的隐身能力提供了帮助。而两个侧体所提供的舱室空间，主要是作为压载水舱来调节整船的恒定吃水，甚至还可以用来储备燃料和淡水以提高自持力。

“独立”级濒海战斗舰主机的废气能够被引到三个船体之间抽出，所以能明显降低舰上的红外辐射信号。其主船体两侧有一部分被侧体所遮挡，这样在遭受掠海导弹袭击时，能够提供一定程度的保护。此外，箱形结构可使关键的作战部位布置在不易受损的区域，从而大大提高了舰艇的生存能力。

建造中的美国“独立”级濒海战斗舰

美国“独立”级濒海战斗舰左舷前方视角

两栖攻击舰的舰岛为何比航母的更大

两栖攻击舰是一种用来在敌方沿海地区进行两栖作战时，在战线后方提供空中与水面支援的战舰，可以供舰载机起飞和降落。两栖攻击舰是现代海军舰艇中体积与排水量仅次于大型航母的一类舰艇，两者在外形上有一定相似之处，但两栖攻击舰的内部设计异于航母，有很多空间可用于运载登陆装备和人员。

两栖攻击舰和航母都设有舰岛，而且都位于右舷。有意思的是，吨位相对较小的两栖攻击舰，其舰岛却比航母的舰岛更大。这很大程度上是由两者舰岛的功能所决定的。从理论上来说，航母所具有的功能应该比两栖攻击舰更多，可从实际任务来区分，两栖攻击舰实际搭载的是一个两栖作战的指挥中心，而航母所搭载的则只是一个航空指挥中心。所以，从电子信号收发角度来看，当然就是舰岛越大越好，天线越多越好。虽然从电磁兼容的角度来看，天线不应过于密集，但是两栖攻击舰的空间有限，因此只能在保证功能完善的前提下尽量缩减舰岛的体积。

航母吨位更大，也就意味着体积更大，容纳的空间更大。而相对于只进行空战和海战的航母战斗群来说，两栖攻击舰担负的两栖登陆作战任务是所有作战方式中最复杂的一种。因为需要时刻与前线部队、后方火力支援、投送载具之间保持通信联络，因此两栖攻击舰的舰岛大一些也是可以理解的。

从舰体设计的角度来考虑，航母的舰岛相对较小，是因为充分利用了甲板下层空间。例如，可以将飞行员的准备室和航空指挥中心都放到甲板下面。毕竟，航母不需要容纳两栖登陆战车，同时也不需要容纳相应的海军陆战队员。而两栖攻击舰的甲板下面一般都要存放各类登陆装备，因此相应的舱室只能向舰岛堆叠。

此外，两栖攻击舰不需要持续保持高航速，所以舰岛设计以实用为主，而不是像航母那样必须考虑高速航行时的风阻和舰载机起降时的遮挡问题。总而言之，军用舰艇的建造是一个系统化的工程，必须全面考虑、综合取舍才能造出合适的舰艇。

美国“塔拉瓦”级两栖攻击舰

美国“黄蜂”级两栖攻击舰（下）和“尼米兹”级航母（上）

扫雷舰为何不用钢铁建造

扫雷舰的主要作用就是扫除隐藏在水下的水雷，一般属于第二线的作战舰艇。由于扫雷舰的主要任务是清除水雷，因此没有配备大型武器，仅以简单的自卫武器为主。按使用区域不同，扫雷舰可分为舰队扫雷舰、基地扫雷舰、港湾扫雷舰和扫雷母舰等不同类型。

扫雷舰最早出现在20世纪初，二战中得到了大规模使用。虽然扫雷舰的生存力较强，但是在二战时期各国都有不少扫雷舰在执行任务时舰毁人亡。20世纪70年代，扫雷舰得到了进一步发展。时至今日，世界各国依然大量使用水雷封锁一定海域或者延误敌人登陆，因此扫雷舰依然被各海军大国所重视。对于扫雷舰的建造，美国和俄罗斯选择了不同的道路。美国使用木材建造扫雷舰，俄罗斯则使用玻璃钢制造扫雷舰。

有人可能会感觉奇怪，现代军舰的建造材料一般都是钢铁，为何扫雷舰却要使用木材或玻璃钢建造？其实，这主要还是由现代水雷的特性所决定的。在众多的非触发引信水雷中，磁性水雷占据了绝大部分。它可以通过电磁感应作用发现一定距离内的舰艇，当舰艇进入爆炸范围内之后便可自行引爆炸伤或者炸毁舰艇。如果扫雷舰的建造材料以钢铁为主，就会大大增加扫雷的难度和风险。因此现代扫雷舰使用的材料多为有机材料，主要就是美国使用的木材和俄罗斯使用的玻璃钢两种材料。

二战之后，美国海军一度忽视了反水雷舰艇的建造与使用，以致在局部海战和冲突中吃亏不小。20 世纪 70 年代末，美国海军决定加强反水雷舰艇的研制，“复仇者”级扫雷舰就是其中一级。其舰体采用多层木质结构，且外板表面包有浸以环氧树脂的多层玻璃纤维。舰体具有高强度、耐冲击、抗摩擦等特点。舰上的诸多设备和部件采用铝合金、铜等非磁性材料。

美国“复仇者”级扫雷舰

俄罗斯海军最新一级扫雷舰为“亚历山大”级，其舰体采用玻璃钢增强材料真空整体成型建造而成。为了建造“亚历山大”级扫雷舰，俄罗斯涅夫斯基造船厂专门购进了新的设备，并建立了实验室试验真空整体成型技术。全长 51.75 米的“亚历山大”级扫雷舰也是目前世界上最大的单体复合材料船。整体成型的优点很多，相比传统的建造方法，其强度更高，使用寿命也更长。使用玻璃钢增强材料这样的非磁性材料，可以避免触发磁性水雷，保证扫雷舰自身的安全。与钢铁材料相比，其单位体积的质量更轻，强度也更高。

俄罗斯“亚历山大”级扫雷舰

战舰如何提高抗沉性

所谓抗沉性，就是战舰在破舱浸水后仍保持一定浮性和稳性而不至于沉没和倾覆的性能。历次海战经验表明，几乎所有战舰的损失都是由于失去了生命力。反之，许多战舰在承受较大或多次打击之后仍然能够保持战斗力，其主要原因就是生命力得到了保障。战舰生命力的恶化对其战斗力、机动性、舰体强度和人员的战斗活动等都有不利影响。倘若战舰因舱内进水导致船体大角度倾斜，则不仅会影响舰载武器的射角、射程和精准度，还会使推进器露出水面，机器功率不能全部发挥，导致航速降低，严重时甚至难以航行。

随着现代科技的发展，海军武器弹药的命中率和爆炸威力都在不断提升，对战舰的威胁日益严重。在这样的作战环境条件下，战舰要完成指定的作战任务，就必须采取有效的抗沉措施以保障自身的生命力，继而恢复战斗力。

为了保证抗沉性，战舰应具备足够的储备浮力，一般的有效措施是设置双层底和双层舷以及一定数量的水密舱壁。当发生碰撞或搁浅等致使某一舱进水而失去浮力时，水密舱壁可将进水尽量限制在较小的范围内，阻止进水向其他舱室漫延，而不致使浮力损失过多。这样，就能以储备浮力来补偿由于进水所失去的浮力，保证战舰不沉，也可为堵漏施救创造有利条件。

双层底和双层舷是防止战舰破损、提高战舰抗沉性的有力措施。实践证明，双层底和双层舷不但可以增加压载水来提高稳度，而且对防止底部破损进水有重要的作用。一些国家会在大型战舰的水下要害部分（如锅炉舱、弹药舱等）设置防雷装置，并采用双层底外加油舱、空舱的设计，使这些舱室在锅炉舱和弹药舱外面，首先承受鱼雷和水雷的攻击，从而防止和减少弹药舱爆炸和保存动力。

除了设置双层底和双层舷，战舰还需要合理划分水密区划，并且保证甲板、平台和横隔壁的水密性。各国海军会将战舰分隔成若干水密隔舱，利用它们来阻止海水的漫延，以保存战舰的储备浮力，并构成浮正倾斜与倾差的舱室，达到保证战舰不沉的目的。在战舰设计中，水密隔墙的数量一般应与鱼雷的破坏半径相适应。

一般来说，战舰实行垂直交通制，以每个主横水密舱为一个独立区间，只有通过水线以上的甲板才能由一个舱段到达另一个舱段。如果管道、电缆及传动轴等必须通过主横水密舱壁，应尽量布设在由抗沉性所确定的破损水位以上的地方，并设可靠的密封装置。甲板上只允许开设必要的舱口，舱口的位置必须靠近船的中线面，并且要符合水密性的要求。

舰体严重受损的美国“阿利·伯克”级驱逐舰

美国“尼米兹”级航母内部的水密舱盖

爱锈的战舰为何不采用不锈钢材料

战舰长期泡在海水中，被海水腐蚀在所难免，舰体表面经常会出现生锈的现象，在战舰生锈后，为了避免战舰上的设备受到影响以及战舰因锈蚀在航行中出现故障，各国往往会花费大量资金进行维护保养。对于这个问题，有人提出，为何不在建造战舰的时候直接采用不锈钢材料呢？这样不就可以减少维护成本了吗？

事实上，建造战舰需要大量的钢铁，原材料本身的价格就已经十分高昂了，如果换成不锈钢材料，价格还要高出几倍，所以就算能够减少后期的维护成本，也没有任何意义。另外，采用不锈钢建造战舰，建造前得先对这种材料进行一系列技术加工，同样需要耗费大量的资金。此外，建造战舰常用的热焊接技术并不适用于不锈钢材料，所以间接造成的损耗也难以计算。

对于战舰来说，在选择建造材料时，除了生锈问题外，还要考虑材料的韧性等各种性能问题。虽然不锈钢具备防锈功能，但是其他性能未必能赶上钢铁。所以，为了解决防锈问题而降低其他性能，实在有些舍本逐末，由此产生的问题、所花费的维护费用或许要远高于除锈的费用。

在战舰的除锈方面，如今各国的技术已经很成熟了，具体的除锈措施很多，可以人工除锈，也可以使用专业设备除锈。人工除锈的效率较低，一般用来清除小范围的锈迹。除锈时，工人使用刷子、锤子等工具将锈迹清除干净，再用专业的防锈漆进行喷涂作业。

正在进行人工除锈的美国“小鹰”号航母

为了提高除锈效率，人们想到了用机器人除锈的办法。德国和美国都有相应的机器人产品，用于战舰除锈作业。例如，美国的爬壁机器人装有磁铁，通过强大的吸附力，使机器人可以附着在战舰表面，同时机器人还携带高压水枪，可以在除锈位置自如移动，灵活行走。除锈过程中，机器人不断用高压水枪冲击生锈之处，在短时间内可以完成较大范围的除锈工作。

值得一提的是，除锈工作并不是一劳永逸的事情，在战舰服役过程中，除锈工作要经常进行。为此，各国都努力在防锈技术上大做文章，研制有效期更长的防锈漆，从而减少除锈次数。

锈迹斑斑的美国“阿利·伯克”级驱逐舰

水面战舰底部为何多为红色

不同国家设计建造的水面战舰，在上层建筑的布局和涂装颜色等方面各有各的特色，但是船底部分往往都是红色涂装。对此，许多人都会产生疑问，水面战舰的船底大多都无法看见，为什么还要特意涂上油漆？为什么大多数国家都涂成红色？

事实上，船底的涂装并不仅仅是为了美观，更重要的是它对于水面战舰的保护作用。现代水面战舰的底部通常有两层油漆，一层是防锈漆，另一层是防污漆。防锈漆直接涂刷在船底外壳上，而防污漆则涂刷在防锈漆上，两者的作用略有区别，防锈漆主要负责防止船体钢材被海水腐蚀，防污漆主要防止海洋生物的附着。

水面战舰长期在海洋中停泊和航行，船底极易附着藤壶类和贝类生物。它们对于水面战舰的危害主要体现在两个方面：一是会增加船体表面的粗糙程度，拖慢战舰航速；二是附着在船底的动植物在生长中会分泌各种液体，这些液体通常具有腐蚀性，会影响船体的结构强度。人类在早期的海上航行中发现这个问题后，最初采用的方法是用薄铜板或者其他金属包裹船体的水下部分，能收到一定的效果。后来由于舰艇大量使用钢材，继续覆铜就会发生电化学反应，导致船壳不断被腐蚀，所以覆铜的方法行不通了。

既然无法阻止海洋动植物的附着，一些造船厂便开始采用有毒物质制作涂装，用来毒死这些动植物。二战期间，各国海军大多使用氧化汞或氧化亚铜作为毒剂，辅以沥青和其他材料制作船底漆，一般使用这种毒剂的船底漆都保留原本的暗红色，或者出于有毒警示目的而加入红色颜料。

最初，这种船底漆存在毒剂渗漏不稳定、有效周期较短的问题，后来有人提出以可溶性基料作为基底（一般是氯化橡胶或乙烯树脂），加入毒剂，这样在航行过程中就可以不断释放毒剂以防止各种生物寄生。不过，这种可溶性漆的释放速度太快，无法满足远洋作战舰艇的要求，于是又出现了用松香或其他不可溶基料作为基底的不溶性船底漆，也叫接触性防污漆。之后，由于接触性防污漆会形成很薄的皂化层，又改用自抛光防污漆，这种防污漆在水解反应时会释放毒料（通常是含锡毒料），而且由于一边按照设定速率反应一边释放，所以能较好地保持船底外壳的平滑性。

由于上述船底漆会向海洋排放有毒物质，影响海洋生态环境，已经被国际海事组织禁止使用。目前，各国海军大多使用无锡自抛光防污涂料，这种涂料的颜色很多，绿色、蓝色和黑色都有，但是许多国家还是遵循传统，采用红色涂装。

隐隐露出舰底红色涂装的美国“佩里”级护卫舰

舰底采用红色涂装的俄罗斯“光荣”级巡洋舰

战舰如何抵御核生化武器袭击

核生化武器，即核武器、生物武器和化学武器。针对这三种武器袭击采取的防护措施，统称为三防措施。尽管各国海军采取的三防措施各不相同，但是基本原理相差不大，即以大中型水面舰艇为重点防护，小型水面舰艇、潜艇和辅助舰艇为一般防护；舰艇的三防以人员防护为主，装备防护为辅；人员的防护以集体防护为主，个人防护为辅。

舰艇的三防系统通常由用于防护核生化武器袭击的观测、检测、采集、化验、侦验、防护、洗消及预防急救等设备、设施和器材组成，主要用于发现核生化武器的袭击，查明其危害范围和程度，进行防护和洗消，使舰艇人员免受或减轻伤害，保证舰艇武器装备的正常使用。一般来说，观测设备有核爆炸观测仪、毒剂报警器等；侦验器材有 γ 辐射仪、沾染检查仪、个人剂量仪、侦毒器、化验箱、生物战剂采样箱、生物战剂检验箱等；防护装备有防毒面具、防毒衣、滤毒通风装置及急救用药品等；洗消装备有水幕系统、舰用洗消器、火炮消毒盒、个人消毒包和洗消剂等。

各国海军新型舰艇上通常设有区域集体防护系统，可在核生化武器袭击时对舰员进行集体保护，使该区域气密，以阻止被放射性、生物战剂、化学毒剂污染的空气侵入，保障舱内正常的工作、生活环境，保证舱内人员的安全。

区域集体防护系统最重要的组成部分是滤毒通风装置，主要由过滤吸收器、密闭阀门及通风管道组成，通常与舰艇的正压通风、空调装置协调配置，安装在三防密闭区域。它可以将空气中含有的放射性、生物战剂和化学毒剂气溶胶滤除，将干净的空气送入舱内，供人员呼吸，并在舱内形成正压。

此外，水幕系统也是舰艇上重要的三防设施，是能产生细微水流笼罩整个甲板和上层建筑的喷水系统。它不但可用于消防和洗消，而且在发现核生化武器袭击时，启动水幕也能减轻光辐射对舰艇、人员的伤害，并能稀释、冲刷核生化武器在舰艇表面的沾染和附着。

在舰员个人防护方面，各国海军通常会为每名舰员配备防毒衣和防毒面具。由于现代海战舰艇在起火后烟气损害人体的概率远大于明火烧灼，烟气蔓延性也远大于明火，因此会造成人员窒息和中毒，严重者甚至会失去行动能力乃至死亡，防毒面具可为舰员提供充分的呼吸保护。总之，防毒面具既可以有效防止沙林毒气、氯化氰蒸汽、油雾等有害物质的伤害，又可以满足舰员的视野要求。

美国“尼米兹”级航母的水幕系统正在工作

正在佩戴防毒面具的美国海军士兵

美国最新一级驱逐舰有何特别

美国最新一级驱逐舰为 2016 年 10 月开始服役的“朱姆沃尔特”级驱逐舰，其舰体设计、电机动力、指管通情、网路通信、侦测导航、武器系统等，里里外外无一不是全新研发的顶尖科技结晶，充分展现了美国强大的科技实力。该级舰的外形与美国海军以往的驱逐舰截然不同，具有强烈的科幻感。

舰体设计方面，最初“朱姆沃尔特”级驱逐舰考虑过的设计方案有四种，即传统式、类似“海影”号隐身试验舰的双船体、英国研究的三船体以及单船体穿浪内倾船型（wave-piercing tumblehome monohull，WTM），最终选择了后者。WTM 船型和传统式船型的主要区别在于传统式船型的船舷向前，船体角度由下而上向外倾斜，WTM 则正好完全相反。WTM 由于舱面由下而上向内倾斜，不仅航行阻力低于传统式，而且由于舱面倾斜，故雷达隐身能力较佳，而船体也不易因为摇晃而产生较大的雷达反射截面。不过，海浪较容易打上 WTM 的船舷，恶劣天候条件下甲板装备维护能力较差，而且可使用的甲板面积也会减小。

“朱姆沃尔特”级驱逐舰采用先进而全面的隐身设计，使其具备了潜艇般的隐身性——在海上执勤时被发现的概率远低于 10%。该级舰的舰面上只设有一个单一的全封闭式船楼结构，美国海军将其称为“整合式复合材料船楼与孔径”（integrated composite deckhouse and assembly，IDHA），整个结构与上面的天线设计都由雷神公司负责。IDHA 是一个一体成型的模块化结构，采用重量轻、强度高、雷达反射性低且不会锈蚀的复合材料制造，整体造型由下往上向内收缩以降低雷达反射截面。

IDHA 不仅整合了舰桥、所有的电子设备天线，还容纳有主机烟囱的排烟道，尾部则含有直升机机库。而为了验证 IHAD 的隐身效果，诺斯罗普·格鲁曼船舶系统公司与雷神公司还建造了一座缩小尺寸的 IDHA 模型，放在美国海军中国湖实验场进行雷达反射截面测试。

为了测试红外线信号，诺斯罗普·格鲁曼船舶系统公司还建造了主机排气口与其他热点部位的实体模型进行热信号测试，以验证“朱姆沃尔特”级驱逐舰预定采用的气冷、水冷等降温措施的性能。该级舰动力系统的废气先用海水以及空气冷却，由整合式舰岛顶部的排气口排出，只能从上方才能观测到排烟口，减少了敌方的红外线观测方位。其他用来降低热信号的装备还有海水喷雾冷却系统，吸取海水冲刷船身的热点。

静音设计方面，“朱姆沃尔特”级驱逐舰的动力系统装置于减震浮筏上，以降低被潜艇声呐发现的概率。由于 WTM 船体低阻力的穿浪特性，加上种种先进的降噪措施，该级舰能将水面航行时的噪声降至 110 分贝左右，相当于后期型的“洛杉矶”级攻击型核潜艇，彻底颠覆了过去水面舰艇永远比潜艇嘈杂、潜艇总是能在远距离先听到水面舰艇的定律。

“朱姆沃尔特”级驱逐舰在圣迭戈港

“朱姆沃尔特”级驱逐舰（下）和“独立”级濒海战斗舰（上）

丹麦灵活支援舰如何快速变身

2019年8月，丹麦海军“阿布萨隆”号灵活支援舰与美国海军“格雷夫利”号驱逐舰在格陵兰岛海岸附近进行了“通过练习”演练。这次演练使得丹麦“阿布萨隆”级灵活支援舰再次跃入世人眼帘。在媒体的报道中，该舰具备在一天之内从传统的护卫舰转变为医院船的能力，其多功能甲板可以作为集装箱型医疗仓，也可作为直升机机库或者存放两栖登陆艇。

“阿布萨隆”级灵活支援舰是为丹麦海军量身打造的多功能作战舰艇。之所以称为支援舰，是因为它兼顾了护卫舰、运输舰、登陆舰及医疗船等多种舰船的功能，可以执行多种作战和支援保障任务。它的性能比较多元、均衡，比较适合丹麦海军这种规模不大的海军，能够有效缩减装备数量，提升任务能力。

高速航行的“阿布萨隆”级灵活支援舰

“阿布萨隆”级灵活支援舰共有2艘，长137米，宽19.5米，排水量达6300吨，采用了隐身船体设计以及模块化设计。其装备1门对地攻击能力较强的127毫米主炮、2门35毫米速射炮，中部还设计有1个绰号为“浴缸”的半封闭式的武器装备安装区，可插入2个反舰导弹发射模块和3个防空导弹垂直发射模块，共可装备8枚美制“鱼叉”反舰导弹和36枚RIM-162“海麻雀”防空导弹，使之具备强大的防空、反舰实力。

“阿布萨隆”级灵活支援舰实际上属于大型护卫舰，设计思路也完全符合现今世界护卫舰大型化的趋势。它之所以被称为“灵活”，很大程度上是因为丹麦海军将两栖舰的设计理念融入护卫舰当中，使其不仅防空、反潜、反舰样样不差，还具备布雷和投送部队的能力。

“阿布萨隆”级灵活支援舰左舷视角

“阿布萨隆”级灵活支援舰很注重隐身性，外形干净整洁，十分现代。该级舰采用了模块化设计，通过搭载不同模块可以转换不同的任务能力。同时，该级舰设计有车辆甲板，可以装载坦克、装甲车等，能从舰体中部开口直接上下舰。为了配合这一点，该级舰设计了甲板升降机，用于转运物资、车辆。另外，该级舰的人员搭载能力强，除了本舰人员，还能搭载100多名其他作战人员。该级舰还搭载了2艘高速突击艇，可以执行海上特种作战任务。上述种种特征在传统的驱逐舰和护卫舰上都很难见到。

事实上，采用模块化设计的战舰并不少。最典型的就是美国海军的濒海战斗舰，通过换装不同的任务模块，可以执行反潜、布雷、防空、反舰等任务。同时，畅销全球的德国 MEKO 系列护卫舰、荷兰的“西格玛”级轻型护卫舰，也是模块化思想贯彻比较彻底的战舰。它们都可以根据客户需求，安装不同规格、不同性能的武器模块，实现不同作战功能。

除了变身医院船，“阿布萨隆”级灵活支援舰还能变成船坞运输舰、海上布雷舰、学员训练舰等。

潜艇用钢有何性能要求

由于潜艇要在数百米深的海水中航行和战斗，服役条件相当苛刻，所以对潜艇用钢要求非常严格，主要要求有高屈服强度、高韧性和高抗爆性、良好的焊接性、良好的耐海水腐蚀性和抗低周疲劳性等。

（1）高屈服强度。为提高潜艇的隐蔽性、安全性和技术战术性能，必须尽可能增加潜艇的下潜深度。一般来说，在海水中深度每增加 10 米，水的压力就增加一个大气压。所以潜艇下潜深度越大，海水对潜艇耐压壳体的压力也越大。增加耐压壳体钢板的厚度，虽然可承受更大的压力，但这将导致潜艇的重量增加，备用浮力损失，承载能力降低，所以，提高钢的屈服强度是唯一可行的方案。潜艇耐压壳体用钢的屈服强度与潜艇下潜深度有密切的关系。钢的屈服强度越高，耐压壳体重量就越轻，潜艇的承载能力就越大，可下潜的深度就越深，潜艇的隐蔽性就越好。

（2）高韧性和高抗爆性。潜艇的工作环境是地球上所有的海洋。海洋的温度是有差异的，在两极温度较低，在赤道区较高，温度的波动范围为 -34℃～49℃，在这个温度范围内，潜艇用钢必须具有良好的韧性。潜艇用钢的韧性要求，比一般的结构钢要严格得多，特别是在潜艇遭受水下爆炸载荷攻击并产生相当大的塑性变形时，也不允许产生脆性破坏，因此还要求有良好的抗爆性能。为保证潜艇的安全可靠，潜艇用钢的韧脆转变温度还要有 55℃以上的韧性储备。

（3）良好的焊接性。整个潜艇是一个大型的焊接结构，焊接是潜艇建造必不可少的工艺。从潜艇整体结构的安全性考虑，要求焊缝、热影响区与母材等强等韧，这是一个相当严格的要求。因为焊接过程是金属重新熔化、重新凝固的过程，它与经过精炼、轧制、热处理等的母材是完全不同的，焊缝获得的是较粗大的铸造组织，而母材是具有良好综合性能的调质组织，两者有较大差异。随着钢强度的提高，碳当量也随之提高，钢的焊接性将变坏。但是要求潜艇用钢必须具有良好的焊接性才能满足潜艇建造和使用的技术要求。

（4）良好的耐海水腐蚀性。潜艇的工作环境是海洋，而海水是一种复杂的多种盐类的平衡溶液，其中含有生物、悬浮泥沙、溶解的气体和腐蚀性有机物。这就要求潜艇用钢在海水中均匀腐蚀小；在应力集中处，不产生局部腐蚀。

（5）抗低周疲劳性。水下航行的潜艇，除受由工作深度所决定的均匀静态外压力外，为适应多变的作战需要，它还要不断地改变航行和深度，经常下潜或上浮，潜艇耐压壳体用钢要承受反复变化的压力，这种不同深度下航行的潜艇所引起的压力循环，会缩短潜艇耐压壳体用钢的使用寿命。在腐蚀环境中，当应力比较高，反复应力达到材料屈服点的80%时，要求材料必须具有5000次循环以上的寿命。按潜艇的服役时间（一般为15年）计算，要求潜艇用钢的抗低周疲劳周期累计不能少于10 000～30 000次。

建造中的法国“凯旋”级弹道导弹核潜艇

建造中的德国214级常规潜艇

潜艇如何降低龟背的负面影响

“龟背”是对战略核潜艇上过于高耸的导弹发射筒整流罩的一种俗称。它是战略核潜艇与其他潜艇在外观上差异最大的地方。

为了扩大射程，各国战略核潜艇所携载的弹道导弹越来越大，但是潜艇的耐压壳体直径却受到各方面因素的制约，很难再大幅增加，所以出现了导弹超长并外露于潜艇耐压壳体的问题。为了降低潜艇在水下航行时的阻力，保证艇体线型的光顺，同时也为了保护暴露的导弹发射筒，必须在超长外露的导弹发射筒上部，用上层建筑形成一个整流罩加以覆盖。当导弹发射筒超出耐压壳体较多时，这部分上层建筑的体积和高度就会急剧增大，外型上就会比较突兀，所以被称为“龟背”。

简而言之，“龟背”是因为弹道导弹太长，为保证发射需要的无奈之举。所以,“龟背”不可避免地会对潜艇的水下性能造成一定影响。因此，各国海军都会采取相关措施，将“龟背”造成的负面影响降至最低。

目前，美国海军战略核潜艇的“龟背”相对较小。首先，美国潜艇建造技术的成熟使其可以加工出直径相对较大的艇体，且单壳体设计也可增大潜艇内部空间。其次，美国海军现役“俄亥俄”级战略核潜艇所搭载的“三叉戟Ⅱ”弹道导弹在不影响性能的前提下进行了优化设计，体积被缩小，也减少了导弹暴露在艇外的部分，因此只需要一个稍稍隆起的小“龟背’就可以胜任。

相比之下，俄罗斯海军在潜艇建造方面，虽然采用了安全性更好的双壳体设计技术，但也限制了潜艇内部的实际使用空间。另外，俄罗斯潜射弹道导弹相较于美国同类导弹体积较大，导致俄罗斯战略核潜艇的“龟背”也大于美国战略核潜艇。为了弥补这一缺陷，俄罗斯海军采用的办法就是建造一种吨位更大的战略核潜艇，于是出现了目前世界上吨位最大的弹道导弹核潜艇——“台风”级。

需要指出的是，虽然“龟背”对潜艇的高速性与静音性造成了不利影响，但其负面作用并没有一般人想象的那样大。潜艇在水下航行时遭遇的阻力由摩擦阻力、形状阻力、附体阻力三大部分构成，其中由指挥塔围壳与舵面等凸起部位造成的附体阻力可以占到20%～30%。主艇体阻力中，摩擦阻力约占 2/3，形状阻力约占 1/3。摩擦阻力与浸润面积成正比，形状阻力则取决于艇体的横截面大小。“龟背”固然会导致浸润面积增加，形状阻力上升，但影响毕竟有限。

潜艇需要的推进功率与水下航速的三次方成正比。假设在无“龟背”状态下附体阻力占比 20%，“龟背”导致主艇体阻力上升 25%，则“龟背”的出现将带来 6% 左右的速度损失，并不是那么难以接受。为了最大限度地提高隐蔽性，在巡逻区执行核威慑任务的战略核潜艇往往以极低速度静音航行。流体噪声与航速的三次方成正比，低速航行时，有无“龟背”对潜艇的流体噪声并没有实质性影响。

“龟背”相对较小的美国“俄亥俄”级战略核潜艇

“龟背”比较明显的俄罗斯“北风之神”级战略核潜艇

潜艇的两种常见尾舵造型孰优孰劣

十字形尾舵和 X 形尾舵是两种常见的潜艇尾舵造型。前者是指尾舵的四个舵面呈十字形布局——左右方各有一个水平布置的舵面，上下方各有一个垂直布置的舵面。后者是指四个舵面呈 X 形布局。老式潜艇以十字形尾舵居多，而新式潜艇很多采用了新型的 X 形尾舵，两者的区别主要体现在以下几个方面。

（1）X 形尾舵的纵向和横向尺寸相对更小，一般不会超过潜艇的直径尺寸，而十字形尾舵的尺寸则要超过潜艇的直径尺寸。所以，X 形尾舵在潜艇停靠港口的时候不容易发生碰撞事故。对于主要在近海活动的常规动力潜艇，X 形尾舵和海底凸出物碰撞的可能性要低于十字形尾舵。因为近海水深较浅，因此潜艇在作战时可能要运用坐底战术（潜艇完全下潜至海床上，以躲避敌人），十字形尾舵因为下方的垂直舵面长度要超出潜艇的中段直径，因此尾舵很容易和海底发生碰撞而造成破损，而 X 形尾舵则没有这样的问题。

（2）X 形尾舵的舵效高于十字形尾舵。常规的十字形尾舵在水平方向上机动时只有上下两个垂直舵面起作用，左右两个舵面基本没有作用。X 形尾舵的四个舵面各自都兼有垂直舵和水平舵的双重功能，而且每个舵面都可以独立控制。所以，在潜艇水平机动时，X 形尾舵更有优势。

（3）X 形尾舵的操控性比较复杂。X 形尾舵的四个舵面在潜艇姿态调整时都要参与工作，相互配合满足姿态调整要求，而且舵面调整要精确，否则会对其他舵面产生影响。相比之下，十字形尾舵在潜艇姿态调整时一般只有两个舵面参与工作，在舵面调整时容许出现一定的误差。

（4）十字形尾舵更适合于冰下活动的潜艇，因为十字形尾舵的垂直舵面在破冰时与冰面垂直，受力面积小，能够承受的力更大，在破冰时相比 X 形尾舵更不容易破损。

（5）X 形尾舵发生破损后继续工作的能力更强。X 形尾舱的四个舵面既可充当垂直舵，又可充当水平舵，所以在一个或两个舵面发生故障后，仍能继续工作，对潜艇水下姿态进行调整。如果十字形尾舵的两个垂直舵发生故障，潜艇基本无法在水下进行水平方向上的机动。

（6）潜艇的指挥塔围壳会使潜艇尾部湍流不规则，对尾舵的工作产生影响，尤其是会使十字形尾舵的效率下降，而对 X 形尾舵的影响相对较小。

采用 X 形尾舵的德国 212 级潜艇

采用十字形尾舵的俄罗斯“基洛”级潜艇

弊端多多的指挥台围壳为何不能取消

指挥台围壳是潜艇的标志性结构之一，也是潜艇上层建筑的主要部分和潜艇最重要的部分之一。现代化潜艇的指挥台围壳围封了各种升降装置，如通信天线、通气管、潜望镜、雷达桅杆、电子支援测量天线等，同时也是现代化潜艇执行水面航行、收发信息、离靠码头、实施观测和指挥的重要部位。

作为潜艇的最大附体之一，指挥台围壳可对潜艇的艇体阻力、水动力噪声以及水下操纵特性产生较大影响，尤其是潜艇在水下航行时指挥台围壳产生的尾流将影响潜艇尾部推进器伴流场的均匀性和稳定性，进而增加推进器的辐射噪声，不利于潜艇的声学隐身。而且，在潜艇水下航行过程中，指挥台围壳部分的阻力在潜艇总阻力中占有较大的比重。以德国 209 级潜艇为例，其指挥台围壳只占湿表面积的 8.84%，高速航行时却产生了占总阻力 12.71% 的阻力。

按理说，现代化潜艇的水下性能越来越好，弊端较多的指挥台围壳似乎应该取消了。事实上，20 世纪 70 年代美国海军在建造“洛杉矶”级核潜艇时就曾设想取消指挥台围壳，以便降低阻力提高航速。经过周密的计算，设计师认为潜艇在取消指挥台围壳后至少可以将航速提高 1.5 节。为此，设计师为“洛杉矶”级核潜艇设计了一个可折叠的桅杆结构，用于取代传统的指挥台围壳。遗憾的是，这种设计带来的弊端完全掩盖了航速提高的优点，“洛杉矶”级核潜艇最终还是保留了指挥台围壳。

此后，尽量优化指挥台围壳的线型，进而减少由此带来的不利影响，成为现代化潜艇设计所追求的目标之一。从目前来看，进行优化指挥台围壳线型的设计时，其重点放在围壳外形以及围壳与艇体的连接方式上。围壳的外形直接影响围壳部分的形状阻力，其前缘曲率半径和最大厚度位置对围壳的流噪声和马蹄涡有显著影响。而围壳与艇体的连接方式主要对围壳前缘流动分离现象和抑制马蹄涡形成产生影响。

随着舰船科学技术的进步，各国已经普遍采用数值方法模拟计算潜艇流场作为潜艇设计的重要辅助手段，特别是在潜艇指挥台围壳的线型优化设计方面，研究人员已经做了大量工作，计算了不同线型、不同弦长、不同高度的指挥台围壳、潜艇艇体模型，给出了丰富的理论数值结果，表明适当降低指挥台围壳的高度，增加围壳厚度，可以明显改善潜艇尾流场的均匀度，减少潜艇的水下航行阻力，并且已经用于指导潜艇指挥台围壳的优化设计。

俯视美国“弗吉尼亚”级核潜艇的指挥台围壳

英国“特拉法尔加”级核潜艇高耸的指挥台围壳

潜艇如何合理设置流水孔

流水孔是指开立在潜艇上层建筑等非耐压非水密结构上，用于潜艇上浮下潜时，供液体自由进出的开口。流水孔虽然没有潜艇装备的声呐、武器及各种系统那样至关重要，但流水孔开设的数量、位置，以及流水孔的形状和大小，也不是一个简单的问题。如果流水孔设置不当，将会对潜艇的性能产生不利影响。

（1）流水孔的数量和大小会影响潜艇在水下航行时的阻力。流体力学的计算和试验结果均表明，当潜艇处于水下航行状态时，艇体上一个流水孔的阻力是同样大小平板的 4 ～ 5 倍。一艘潜艇的流水孔数量过多、直径过大，将会增加水下航行的阻力，直接导致水下航速降低。因此，高速潜艇往往都尽量减少流水孔的数量。

（2）流水孔会影响潜艇的隐身性能。当潜艇处于水下状态时，上层建筑等自由浸水空间内部的海水与外部的海水是自由连通的。潜艇在水下航行时，海水通过流水孔不断流进和流出，并且在这一过程中发生水流波动，特别是在水下高速航行时，这种水流波动将会产生旋涡。当潜艇达到某一航速时，水流波动产生的旋涡可能与潜艇液舱或者潜艇内部空间结构产生共振现象。一旦出现共振现象，不仅会产生阻力，增加潜艇推进能量的损耗，还会发出噪声，降低潜艇的声隐身性能。在特别严重的情况下，共振还将导致潜艇结构的疲劳裂断。

为了克服这些不利因素，一些国家在潜艇的主要流水孔处设置了采用活动连接方式的封闭挡板。当潜艇处于水面状态或下潜、上浮时，封闭挡板处于开启状态，但是当潜艇处于水下航行状态时，则处于关闭状态，将流水孔封住。采取这种办法虽然对降低潜艇的噪声和阻力起到了一定作用，但由于流水孔处的挡板机构经常处于水下状态，因此必须经常维护保养，从而大大增加了潜艇日常运行的负担。对此，还有一些国家采用了一种较为简单的解决办法：在流水孔处装设固定式的扁平条格栅结构，格栅中的扁平条方向与水流方向垂直或成某一角度。这种扁平条格栅结构虽然在一定程度上可以防止在流水孔处形成振荡的水流旋涡，但是其效果仍然比不上活动式挡板机构。

美国“洛杉矶”级核潜艇浮出水面时流水孔排出海水

（3）流水孔的设置与潜艇潜入水下所需要的时间存在密切关系。当潜艇处于水面状态时，主压载水舱内部也充满了空气。在下潜的过程中，外部海水从主压载水舱底部的进水孔进入，把舱内的空气经由开启状态的排气阀门排挤出去。而被排挤出去的空气，将再经由流水孔被排出艇外。这一过程的速度取决于流水孔的数量、位置和大小，因此直接影响潜艇潜入水下所需要的时间。对于二战期间以水面航行为主的潜艇来说，下潜时间一旦过长，往往导致潜艇遭到敌方的致命攻击，直接影响潜艇的海上生存能力。所以二战期间，许多国家为了实现潜艇的快速下潜，通常采用的办法就是增加流水孔的直径和数量。

美国“海狼”级核潜艇浮出水面时流水孔排出海水

潜艇单、双壳体各有什么优缺点

单壳体潜艇的艇体由耐压壳体组成，在耐压壳体外没有包覆物，耐压艇体直接裸露在外。双壳体潜艇的耐压艇体全部被耐压和非耐压的外壳体所包覆，这层外壳除了在艄部有一段是耐压的（耐压液舱），其余都是非耐压的轻外壳。与单壳体潜艇相比，双壳体潜艇的优点主要体现在以下几个方面。

（1）储备浮力大，增加了潜艇的抗沉能力。储备浮力是指潜艇水上排水量和水下排水量之间的差数。俄罗斯潜艇一般采用双层壳体，因而其储备浮力一般可达 30%，美国潜艇一般为单层壳体，其储备浮力一般比较小，仅为 11% ～ 12%。美、俄两国潜艇储备浮力相差悬殊是其设计思想不同的表现，俄罗斯把抗沉性作为潜艇的生命力指标，重视储备浮力的增加。美国则认为抗沉性仅是潜艇战术指标中的一项，战术指标还包括潜艇的水下速度、下潜深度、有效载荷自动化程度、低物理场特征和携带武器的数量等，必须通盘考虑。

（2）增大潜艇的使用空间，增加潜艇有效载荷。双层壳体潜艇的两个壳体之间，除可以装有压载舱外，还可以放置鱼雷、水雷导弹有效载荷，而单壳潜艇的压载水舱及有效载荷均须放置在耐压艇体里面，因而携带有效载荷较少。

（3）减缓水中武器的爆炸威力，提高耐压壳体的抗破损能力。双层壳体潜艇两个壳体之间的距离达 2 ～ 3 米，当潜艇受到鱼（水）雷攻击，外层的非耐压壳体损伤后，由于鱼（水）雷的爆破威力与距离的三次方成反比并随之迅速减衰，所以当冲击波达到内层耐压壳体时，爆炸的破坏威力已大大减弱，耐压壳体的强度足以使自己免受损伤。

（4）改善潜艇水动力特性，提高潜艇快速性。双层壳体的非耐压壳体易于加工，因此潜艇外形能做到十分光顺，从而改善潜艇水动力的特性，降低潜艇的水下阻力，提高潜艇的快速性。

双壳体潜艇的不足之处主要是增加了潜艇的体积和重量，影响了潜艇航行性能。此外，由于结构复杂，致使潜艇的建造工作与潜艇的维修比较困难。在靠近潜艇艏、艉两端的部位，空间十分狭窄，所以建造施工、检查及涂装都难以进行。

随着近些年潜艇科技的快步发展，潜艇壳体结构不再以传统的单、双壳体为主流。德国和日本分别从单壳体和双壳体结构走向了以单壳体为主的混合壳体形式，法国和俄罗斯的常规潜艇也从双壳体转向了单壳体结构。传统的小分舱、大储备浮力的双壳体结构，被边缘化的趋势越来越明显。这主要是因为在现代发达的反潜技术面前，传统的双壳体结构因为水下排水量太大暴露率高，容易被侦测和跟踪，继而招来反潜方的连续攻击，给作战潜艇带来极大的威胁。

采用单壳体结构的英国“特拉法尔加”级攻击型核潜艇

采用双壳体结构的俄罗斯“亚森”级攻击型核潜艇

水滴形艇体为何被广泛采用

19 世纪末 20 世纪初，现代军用潜艇还处于萌芽状态，当时的潜艇设计师们为了使潜艇具有出色的水下性能，曾经把潜艇的艇体设计成纺锤形或雪茄形，以便于降低其水下阻力，利用有限的功率获得尽可能高的水下航速。但是一战爆发后，世界各国海军追求的是潜艇攻击水面舰艇的效果，在这种思想的指导下，世界各国海军仅仅把潜艇作为一种可以潜入水下的水面舰艇，因此，这一时期潜艇设计的重点是追求其水面航行性能，并且这种指导思想一直持续到二战中后期。

二战中后期，盟军加强了反潜作战的力度，因此迫使德国和日本加大了对以水下活动为主的新型潜艇的探索和研究力度。于是，德国和日本的水下高速型潜艇应运而生。潜艇的设计思想转变为以水下性能为主。而对潜艇水下性能展开大规模科学性和系列性的深入研究，则始于 20 世纪 40 年代末期。

二战刚刚结束，美国海军就对潜艇的艇体线型展开了研究。1948 年初，当时担任美国海军潜艇作战部队副司令的海军少将查尔斯・莫姆森提出了建造一艘具有最佳水下性能的战后潜艇的建议。他的这项建议得到了美国海军的认可之后，大卫・泰勒试验水池的研究人员建议展开潜艇模型的系列性研究，以便确定水下高速潜艇的艇体线型。经过严密的计算和系列试验之后，大卫・泰勒试验水池的研究人员最终确认，水滴形艇体线型是水下高速潜艇的最佳线型。为了进一步验证水滴形线型的适用性，研究人员又在美国航空研究所的兰利风洞进行了试验、比对和验证。经过长达数年的研究，最后美国海军决定建造“大青花鱼”号潜艇作为水滴形艇体的试验性潜艇。

“大青花鱼”号潜艇仅仅是一艘试验性潜艇，因此艇上没有装备任何武器装备，尽管如此，美国海军利用该艇进行的一系列试验都取得了出色的成果，对美国海军其后的潜艇发展乃至世界各国海军潜艇的设计和建造都产生了深远而广泛的影响。其试验中取得的 33 节高航速，不仅刷新了美国海军常规潜艇的航速纪录，而且在世界范围内也是空前的。“大青花鱼”号潜艇之所以能达到如此高的航速，其水滴形艇体的设计功不可没。

自此之后，水滴形艇体开始被世界各国海军广泛采用。尽管不同国家的水滴形艇体各有不同，但整体构型基本一致，其线型特点是艏部呈圆钝的纺锤形，潜艇的横剖面几乎都为圆截面，艇身从舯部开始向后逐渐变细，艉部呈尖尾状。水滴形潜艇的水下阻力小，有利于提高水下航速。不过，水滴形潜艇的水面航行性能较差，艇艏容易上浪，而且易出现埋首现象。有的水滴形潜艇为了提高水面航行性能，采用了艇艏浮力舱。

保存在博物馆中的“大青花鱼”号潜艇

采用水滴形艇体的英国“前卫”级弹道导弹核潜艇

第3章 火力篇

火力是衡量战舰性能的重要指标。现代战舰可以安装舰对空导弹、反舰导弹、弹道导弹、鱼雷、水雷、舰炮、机枪等多种类型的舰载武器，也可以搭载直升机、无人机、无人潜航器等装备，进一步增强侦察和攻击能力。本章主要就战舰火力相关的问题进行解答。

概述

战舰的火力主要来源于舰载武器系统。从广义上讲，舰载武器系统是配置在战舰上在预定的作战环境中能完成攻击和防御任务的目标跟踪设备、火控设备、投射设备、武器，以及相关物资器材、勤务和人员的综合体。

通常情况下，舰载武器系统与舰载情报指挥系统共同组成作战系统。舰载武器系统的作用是：为本舰提供攻击和防御能力，对陆、海、空各类目标实施有效打击，协同友舰或参加编队作战，完成对岸火力支援的任务，等等。

舰载武器系统可分为多种类型，如舰炮武器系统、反潜武器系统、电子战武器系统、舰对舰导弹武器系统、舰对空导弹武器系统、激光武器系统、火箭炮武器系统、电磁炮武器系统、软武器系统等。依据每种武器系统的使命、功能和全舰作战需要，在实际使用时，往往要综合使用舰上的多种武器系统。从使用角度划分，舰载武器系统又可分为舰载综合防空武器系统、舰载综合对海对岸作战武器系统、舰载综合反潜武器系统、舰载综合反导弹武器系统（含近防系统）。

德国“勃兰登堡”级护卫舰发射“飞鱼”反舰导弹

21世纪，随着科学技术的进步和发展，新的军事革命、新的作战观念和新概念武器不断出现，因此新的舰载武器系统也不断问世，而舰载武器系统的构成也正在打破传统的概念，朝着综合火控系统+武器的构成模式发展。

美国“提康德罗加”级巡洋舰的127毫米MK 45舰炮开火

舰载导弹垂直发射系统有何优势

舰载导弹垂直发射系统是针对倾斜式导弹发射臂存在的反应时间长、发射速率低、载弹数量少、占用面积大等缺点而研制的一种舰载导弹发射装置，最早用于潜艇发射弹道导弹和远程巡航导弹。

最初，美国、英国、俄罗斯等国并没有考虑研制舰载导弹垂直发射系统。直到20世纪60年代中期以后，随着第三代战斗机和新型反舰导弹的出现，军舰面临的空中压力骤然增大，美国开始投入大量的资金研制舰载导弹垂直发射系统。与倾斜式导弹发射臂相比，舰载导弹垂直发射系统具有以下优点。

（1）反应快、发射速度快，而且能全向发射。舰载导弹垂直发射系统的导弹都是封装好的，接到发射指令即可发射，即使遇到发射故障，也可以迅速选择其他发射单元来发射导弹，所以导弹发射速度可达每秒1枚。而且导弹发射升空后可向任意方向转弯飞行，具备全向攻击能力。而传统的倾斜式发射则需要导弹装填上架、发射架转向和俯仰等操作，同时架上导弹打完后还存在再装填问题，如果遇到故障导弹，还需要排除故障，因此其反应时间和发射速度就慢了许多，正常情况下5～10秒才能发射1枚导弹。此外，倾斜式发射装置受到军舰上层建筑的遮挡以及旋回、俯仰等限制，射界有限，无法实现全向发射。

（2）模块化、通用化能力好。舰载导弹垂直发射系统普遍采用模块化设计，没有甲板式弹库装填发射所需的复杂操作和控制部件，结构简单，明显减少了舰上所占空间，导弹又都预先封装在发射箱（筒）内，大大降低了日常维护和保养的工作量，提高了全系统的可靠性。通用化是指舰载导弹垂直发射系统实现了多种导弹共架发射，例如美国 MK 41 垂直发射系统就能发射“标准”系列和“改进型海麻雀”舰对空导弹、“阿斯洛克”反潜导弹、“战斧”巡航导弹、远程反舰导弹等。

（3）重量轻、结构紧凑、省钱。舰载导弹垂直发射系统不需要回旋、俯仰的伺服系统，也不需要导弹上架系统，所以模块重量大幅减轻，结构也很紧凑，对舰上的供电要求也很低。而结构上的简单化、标准化以及预先封装等技术的采用，又大幅降低了造价和全寿命使用费。

美国“阿利·伯克”级驱逐舰的舰载导弹垂直发射系统

美国“提康德罗加”级巡洋舰发射“标准Ⅱ”舰对空导弹

冷发射如何避免哑弹风险

舰载导弹垂直发射系统可分为热发射和冷发射两类。热发射系统是利用导弹本身的引擎产生推力将导弹射出发射管，因此系统本身无动力，并拥有排焰排气的机构。热发射系统的优点是效率较高，能够节省发射系统的体积和重量，并降低其维护成本。但在安全性方面，热发射系统比冷发射系统略逊一筹，因系统本身并无动力将有问题的导弹射出，当出现卡弹或其他的问题时，难以排除。

冷发射系统可以使用其他机构（最常使用的是高压空气）将导弹弹射出去，待导弹离开发射管后，再点燃引擎。该系统的优点是安全性高，因为它能够有效地将故障导弹射离舰艇以确保安全。此外，由于导弹离开发射管后才点燃引擎，因此冷发射系统不必承受点燃引擎所产生的高热火焰，使用寿命相对较长，对导弹气动外形改动也较小，有利于保证导弹的飞行性能。不过，相较于热发射系统，冷发射系统的效率较低。

在冷发射系统的实际使用过程中，导弹升空后不点火或者点火失败（俗称“哑弹”）极有可能危害发射舰艇。为此，如何避免“哑弹”造成的伤害是水面舰艇在安全性设计中必须考虑的问题。一般来说，影响“哑弹”砸回发射舰艇的因素主要是导弹出筒速度、出筒倾角和空中风速，要据此进行综合计算，才能得出“哑弹”砸回发射舰艇的概率，并在水面战舰的设计中将这一概率尽量降到最小。

由于水面战舰是在海洋上航行的，尤其是在对抗场景下，舰艇的航速较高，而且出于战术需要，会经常进行转弯，通常会受到海上风浪作用产生横摇和纵摇，在这样的情况下，“哑弹”砸回发射舰艇的概率就会变高。为了提高采用垂直冷发射系统的水面战舰的安全性，海军工程人员需要进行大量的研究工作，通过仿真运算，尤其是水面舰艇在各种横摇条件下“哑弹”砸回发射舰艇的概率，并根据这些结果，对水面战舰的设计提出修改意见，最大限度地保证舰艇安全。

严格来说，采用冷发射技术的舰载导弹垂直发射系统其实并不算真正的垂直发射，只能算是准垂直发射。在设计时为了保证发射舰艇的安全，往往会将发射轴向舷外倾斜一定角度，发射的导弹以一定的角度离舰，即使导弹引擎点火失败，导弹也会以较高的概率落入海中。

美国“阿利·伯克”级驱逐舰发射“标准Ⅱ”舰对空导弹

德国“萨克森”级护卫舰发射“海麻雀”舰对空导弹

驱逐舰只有8枚反舰导弹会火力不足吗

在现代海战中，反舰导弹是攻击水面舰艇的主要武器，而驱逐舰一般携带8～16枚反舰导弹。这不禁令人疑惑，一艘主力战舰只有这么点反舰导弹，不会火力不足吗？答案是不会。究其原因，主要有以下三点。

（1）现代驱逐舰作战时不再单打独斗，而是进行体系化的对抗。这种作战模式下，驱逐舰所携带的反舰导弹并不是数量越多越好，而是要寻求一种火力平衡。即便是在军事科技高度发达的今天，也没有任何一种武器能够做到打遍全场。驱逐舰的排水量有限，又需要承担反舰、防空、反潜、对陆打击等作战任务，如果携带较多的反舰导弹，必然会影响其他作战领域武器弹药的携带量，也会影响其他作战领域武器装备的布置。另外，现代海军舰队中能够执行反舰任务的武器平台越来越多，例如航母舰载机、潜艇等，并不需要驱逐舰独自承担反舰任务。同时，陆基战斗机、轰炸机也能打击水面舰艇。正是由于水面舰艇所面临的空中打击越来越多，驱逐舰都在尽力增强对空防御作战能力。

美国“阿利·伯克”级驱逐舰发射“鱼叉”反舰导弹

美国“阿利·伯克”级驱逐舰的“鱼叉”反舰导弹发射装置

（2）反舰导弹越来越先进，反舰导弹由数量优势阶段进入质量优势阶段。如今的反舰导弹在射程、精度和抗干扰能力等方面越来越强，驱逐舰并不需要携带过多的反舰导弹，占用宝贵的舰内空间。目前只有极少数国家掌握的超音速反舰导弹技术，让反舰导弹的突防能力大幅增强。

（3）驱逐舰弹药部署方式的改变。现代驱逐舰所采用的模块化垂直发射单元可以根据作战需要进行合理搭配，特别是共架发射技术越来越成熟。所谓共架发射技术，就是在驱逐舰垂直发射单元中既可以安装防空导弹、反潜导弹、对陆打击武器，又可以安装反舰导弹，这样就可以有效解决反舰导弹数量不足的问题以及驱逐舰远洋作战时的弹药补给问题。共架发射技术采用防空导弹一坑数弹的布置方式，这样就可以使用较少的单元实现较多的数量携带，从而为反舰导弹数量增加创造出有利条件。

机载轻型反舰导弹能否克制小艇

在现代海战中，导弹快艇、鱼雷快艇、扫雷艇、巡逻艇等小型舰艇的作用是不可忽视的。这些舰艇雷达反射面积小，机动性和隐蔽性都比较强，适合利用复杂海况和不良天候实施突袭，传统舰载中远程反舰导弹在这些小型目标面前往往束手束脚。而直升机搭载的轻型反舰导弹虽然在射程、毁伤能力等方面无法与（中）重型反舰导弹相比，不过这种反舰导弹体积小、重量轻，因此部署起来较为方便，同时再结合直升机的机动性，能以较高的性价比对许多隐蔽性较强的轻型水面舰艇进行打击。另外，一般小型舰艇的防空能力都偏弱，直升机的安全也能够得到保证。

目前，很多国家都在发展由直升机搭载的轻型反舰导弹，例如英法两国联合研制的“海毒液”反舰导弹。该导弹是英法两国根据防务合作协议于 2014 年开展的一项合作项目，两国各承担 50% 工作。研制新导弹的目的是增强对海打击能力，替代现有和老化的系统，例如英国的“海上大鸥”反舰导弹和法国 AS15TT 反舰导弹。

“海毒液”反舰导弹于 2017 年 6 月首次成功试射，其弹体长度为 2.5 米，直径为 200 毫米，总重量为 110 千克，配备了 30 千克半穿甲破片杀伤反舰战斗部。导弹采用直升机机载发射方式，射程约20千米，以高亚音速掠海飞行，可选择不同飞行弹道并实施末端机动突防；导弹具备发射前锁定和发射后锁定模式，其非制冷红外成像导引头和先进图像处理能力，能够自动选择和跟踪目标实现自导引；同时，弹上配备的双通道数据链能够将图像数据实时传递给作战者，做到“人在回路”，具备在飞行中重新定位、瞄准点校正、目标变更和安全终止等功能，降低附带毁伤。此外，“海毒液”反舰导弹还搭配有助于系统与平台集成组装的模块化的芯片组，因此能够适配不同种类的直升机平台，加之“海毒液”反舰导弹体积小、重量轻，因而1架中型直升机每架次可携带4枚。按照计划，“海毒液”反舰导弹将装备英国海军的AW159“野猫”直升机和法国海军陆战队的H160M“猎豹”联合轻型直升机。

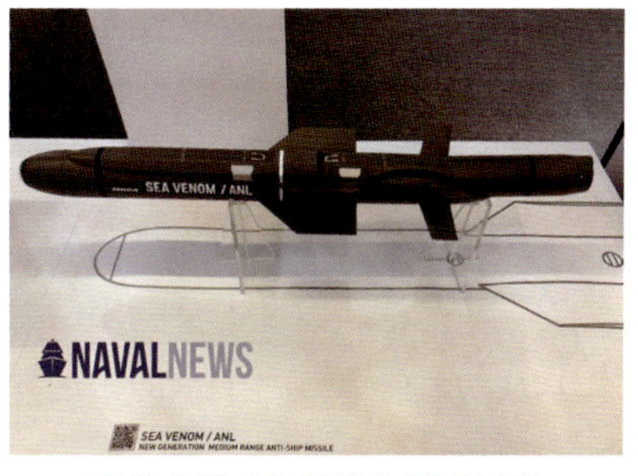

展览中的“海毒液”反舰导弹

H160M“猎豹”联合轻型直升机发射“海毒液”反舰导弹模拟发射

研发潜射弹道导弹有何难题

潜射弹道导弹作为三位一体战略核力量（陆基核武器、空基核武器、海基核武器）的重要一员，自美国第一代潜射弹道导弹“北极星”诞生以来，就一直受到各大军事强国重视。不过，潜射弹道导弹的制造和发射技术非常复杂，目前世界上只有极少数国家掌握了这项技术。具体来说，研发潜射弹道导弹必须克服以下难题。

（1）水下发射技术。潜射导弹要实现水下发射，必须有一个先进的水下导弹发射系统。简单来说，潜射导弹的发射技术可分为“冷发射”和“热发射”两种。所谓“冷发射”，是指借助外力实施发射。导弹先在发射装置中借助高压气体弹出，到达一定高度后，再借助火箭推进器进行点火。“热发射”则是依靠导弹的自身动力实现点火发射。即导弹在水下点火后，通过自身的推力射出水面，最大的技术难点是助推器在水中的点火技术。由于水的密度约是空气密度的 800 倍，水下发射环境与陆上发射有着天壤之别，如果点火失败，或者助推装置及其辅助系统设计不当，很容易引起高背压、水压和气压相互干扰、导弹出水后载荷失调等各种问题，最终导致发射失败。

（2）推进技术。导弹射程的长短由导弹的推进系统决定。推进系统主要由发动机和推进剂（即燃料）供应系统组成，发动机是其核心，发动机动力越强劲，其推进系统的动力越大，导弹的射程就越远。为此，美国、俄罗斯都在大力发展动力更强劲的超燃冲压发动机、多脉冲发动机。此外，减轻发动机重量也是提高发动机性能的一种途径。最常见的办法包括采用新型复合材料，如新型增强纤维、树脂复合材料等，作为发动机壳体材料，以降低发动机重量。在推进剂方面，部分国家在探索采用无烟少焰推进剂、高能复合推进剂、改性双基推进剂等，以提高发动机的推力，增大导弹的射程和载弹量。

（3）制导与控制技术。与陆基弹道导弹一样，潜射弹道导弹一般采用惯性制导和卫星导航相结合的方式进行制导。但潜射导弹技术比陆基导弹更复杂的是，潜射导弹发射前的自身位置信息由发射平台（潜艇）实时提供，导弹将这些初始信息和自身的制导信息结合起来，利用导弹内部的计算机分析后，实时修正弹道。如果导弹发射点的坐标发生偏移，那么导弹落点发生偏移的可能性会更大。所以，潜射导弹要实现精准打击，不仅对导弹自身的制导精度要求高，而且对潜艇也有相当高的要求。

（4）战斗部技术。战斗部是导弹的毁伤装置，直接影响导弹的威力。通过改进和发展战斗部技术，提升导弹的突防能力是军事强国改进导弹性能的有效途径。弹道导弹的战斗部主要有两种：一种是战斗部携带一枚真弹头和几枚假弹头，当到达既定距离内，真弹头和假弹头同时释放，迷惑敌方防空系统，同时释放功率强大的无线电、噪声等信号，干扰对方反导雷达。另一种是分弹头技术，可攻击多个目标，使对方反导系统疲于应对。

（5）可靠的运载工具。潜射弹道导弹的运载工具主要是核潜艇，它可以长时间隐蔽潜航，不需要像常规潜艇那样定时浮起充电，暴露的概率较小。核潜艇可以根据需要，移动至指定发射地点，发射导弹后可迅速转移，避免被摧毁。所以，弹道导弹核潜艇具备陆基和空基核打击手段所不具备的二次核打击能力。因此，研制核潜艇成为各国发展核打击能力、研发潜射弹道导弹技术必须克服的难题。

博物馆中的美国“北极星”潜射弹道导弹

美国“三叉戟Ⅱ”潜射弹道导弹点火升空

潜射导弹的头部为何多为钝圆形

按照常识，导弹的头部采用尖锥形可以更好地减少空气阻力并降低发动机能耗，从而提高速度，尽可能地扩大射程。因此，世界上主流的陆基洲际弹道导弹，无论是俄罗斯的“白杨 M”陆基洲际弹道导弹，还是美国的“民兵 3”陆基洲际弹道导弹，无一例外都采用锥形减阻战斗部设计。

事实上，大多数早期潜射导弹也都采用尖头设计，例如美国的“北极星Ⅰ”导弹、俄罗斯的 SS-N-6 导弹等。然而随着潜射导弹技术研究的逐渐深入，其头部也逐渐向圆形过渡，例如美国的“三叉戟”导弹、俄罗斯的 SS-N-32 导弹均采用了钝头体外形。这是因为水的密度约为空气密度的 800 倍，尖头形物体在水中的运动并不稳定，如果潜射导弹采用尖锥形头部，其后部需要安装一个较大的圆锥体以稳定导弹在水中的姿态。这样不仅增加了导弹的长度，还会使导弹破水而出时由于阻力的急剧减小而导致姿态紊乱，有可能造成发射失败。

钝头体外形适用于潜射导弹，还有空泡效应的作用。由于该形状弹头顶部表面积较大，因此在推进过程中可以打开较大的水域，弹头可以在膨胀的空腔中向前移动，如果在弹头上增加气泡发生器，就可使其在水中的阻力最小化。

美国“民兵”陆基洲际弹道导弹（左方，锥形头）和“三叉戟”潜射弹道导弹（右方，钝圆头）

虽然钝头体外形解决了水下发射问题，但也带来了新的困难，即其在空气中的阻力增加，导弹的速度和射程也因此降低。为了解决这个问题，美国人选择在“三叉戟”导弹的头部安装可伸缩的减阻杆，导弹发动机点火后，减阻杆伸出并刺穿空气。虽然这种针状的减阻杆并不起眼，但它可以将“三叉戟”导弹升空时的阻力降低 50%，并增加至少 300 千米的射程。

潜射弹道导弹发射筒数量为何都是4的倍数

战略核潜艇是以洲际弹道导弹为主要武器的核动力潜艇，所以又被称为弹道导弹核潜艇。目前，各大海军强国的现役战略核潜艇包括：美国“俄亥俄”级潜艇，设有24具导弹垂直发射筒，发射“三叉戟Ⅱ”导弹；俄罗斯“德尔塔Ⅳ”级潜艇，设有16具导弹垂直发射筒，发射SS-N-23导弹；俄罗斯“台风”级潜艇，设有20具导弹垂直发射筒，发射SS-N-20导弹；俄罗斯“北风之神”级潜艇，设有16具导弹垂直发射筒，发射SS-N-32导弹；英国“前卫”级潜艇，设有16具导弹垂直发射筒，发射“三叉戟Ⅱ”导弹；法国“凯旋”级潜艇，设有16具导弹垂直发射筒，发射M51导弹。

显而易见，上述战略核潜艇的导弹发射筒数量无一例外都是4的倍数（16具、20具或24具）。事实上，不仅仅是这些现役战略核潜艇，其他已经退役的同类潜艇的导弹发射筒数量也都是4的倍数，如美国的“拉斐特”级（16具），“伊桑·艾伦”级（16具）、“乔治·华盛顿”级（16具），俄罗斯的“杨基”级（16具）、“旅馆”级（16具），还有英国的“决心”级（16具），等等。

战略核潜艇的导弹发射筒数量必须为4的倍数这个世界各国默认的规则，早在第一代战略核潜艇上就已经定下了。1957年，美国开始建造世界上第一种战略核潜艇“乔治·华盛顿”级，当时为了保证工程进度、尽快实现战略核潜艇的实战部署，通用公司建议美国海军将正在建造中的“鲣鱼”级攻击型核潜艇的二号艇“天蝎座”号的艇身在指挥舱与反应堆舱中间一分为二，并在其间插入16具弹道导弹发射筒。

自此之后，美国海军后续建造的战略核潜艇以及其他海军强国建造的战略核潜艇，均将导弹发射筒的数量定为4的倍数。即便是仅具备近程弹道导弹发射能力、无法执行战略攻击任务的印度“歼敌者”号潜艇，其导弹发射筒数量也为4的倍数（12具）。

造成这种结果的主要原因，在于战略核潜艇对稳性的特殊要求。战略核潜艇在发射潜射弹道导弹后，容易因艇身两侧重量不均造成不稳。对于战略核潜艇来说，这种不稳非常致命，轻则容易导致发射失败，重则会使艇身侧翻、造成艇毁人亡的后果。因此，战略核潜艇在导弹发射顺序上，都严格遵循同一组 4 枚导弹按对角线顺序交叉发射的原理，以尽量避免发生艇身不平衡的问题。由此可见，各国战略核潜艇导弹发射筒数量都是 4 的倍数，绝不是巧合，而是工程设计上的必然结果。

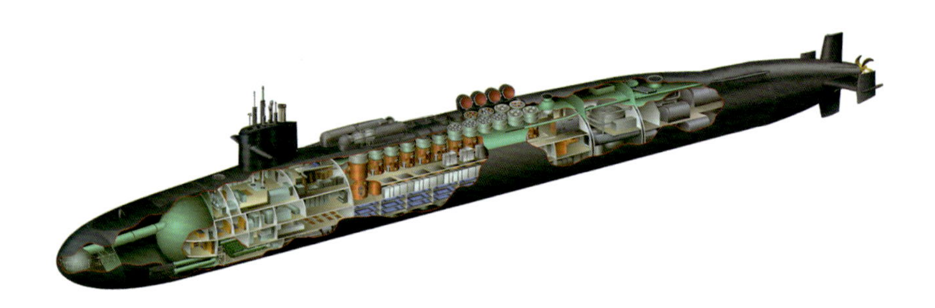

设有 24 具导弹垂直发射筒的美国“俄亥俄”级战略核潜艇

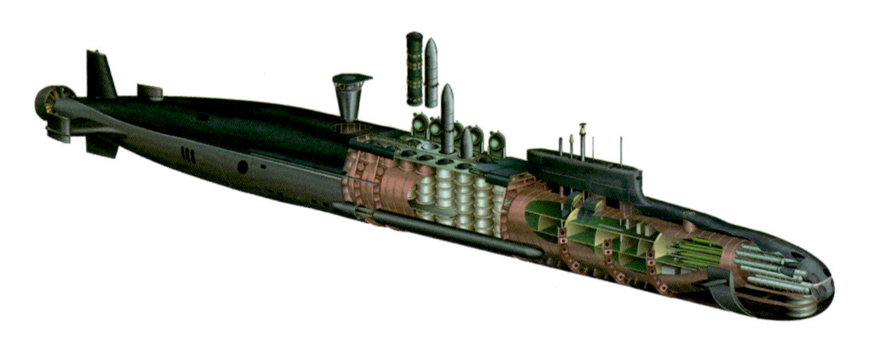

设有 16 具导弹垂直发射筒的俄罗斯“北风之神”级战略核潜艇

潜艇如何发射弹道导弹和反舰导弹

潜艇在水下发射弹道导弹时，一般在水下 30 米深度，以 2 节左右的速度航行，导弹置于发射筒内，发射筒垂直装于潜艇中部，有的在耐压壳体内部，有的则位于耐压壳体与非耐压壳体之间，一般每艘艇携带

12 ～ 24 枚导弹。在 30 米水深时，发射筒盖外承受约 3 个大气压的水压。因此，要想打开筒盖十分费力，必须先用高压气进行筒内增压，使筒内外压力大致相等后，便可轻易开启筒盖。为了防止开盖时大量海水涌入导弹发射筒，筒口上还特意安装了一层水密隔膜。

发射时，导弹发射筒上盖打开，由于发射管筒是一种水密和气密结构，且经过充气和填注少量海水，与海洋海水压力相等，不存在压力差，因此海水也就进不来，筒内气体也不会溢出水面。接到发射指令后，电爆管起爆，点燃燃气发生器，使其产生的高温高压气体从发射筒底部喷入筒内，在反作用力的推动下，导弹将穿透水密隔膜径直向上推出筒外。出筒后的导弹在第一级火箭的助推下直冲云霄，飞行 20 ～ 30 千米之后，第二级火箭进行接力助推，然后将导弹推向外层空间，按预定弹道飞行后，再入大气层对目标实施攻击。

重达十几吨的导弹在离艇后会造成两个方面的影响：一是潜艇稳性被破坏，这时必须立即向发射筒内灌注海水，以弥补部分弹重；同时潜艇均衡水柜也必须抽水以弥补均衡保持稳定；二是发射瞬间的后坐力，往往会使潜艇略微下沉。如美国“乔治·华盛顿”级核潜艇在发射第一枚“北极星”导弹时，就下沉了 4 米，不过这对潜艇来说没有什么危险。最初，美国就采用出水后点火的方式发射潜射弹道导弹，即导弹飞离水面 15 ～ 25 米高度时第一级火箭开始点火。后来改为水下点火，即导弹发射离艇后，在一个安全距离上点火，这样能保证导弹在出水时，有一个巨大的垂直向上运动的推力，不致受水面复杂风浪的影响。

除了垂直发射弹道导弹外，一般潜艇仍采用鱼雷发射管发射反舰导弹。反舰导弹平时置于一个特制的鱼雷容器中，通常按 533 毫米标准口径设计。鱼雷容器自带动力装置，其尾部装一台固体火箭发动机和一个燃气发生器。发射时，潜艇像发射鱼雷那样把它推出艇外，当容器航行至一个安全距离时，固体火箭发动机点火，容器在火箭发动机的推动下进行潜航。容器在潜航 150 ～ 200 米后，以 45 度角跃出水面并升至 20 米高度时，顶部自动脱落，尾部燃气发生器所产生的燃气，将导弹以 12 度至 15 度倾角射出。这时，导弹自身的助推器点火，将其推向 30 米左右高度。随后，弹上主发动机点火，导弹降至巡航高度（15 米左右）。

美国“俄亥俄”级战略核潜艇的弹道导弹发射筒

美国“俄亥俄”级战略核潜艇模拟发射弹道导弹

潜射弹道导弹为何非要齐射

对于在大洋深处航行的潜艇来说，齐射弹道导弹并不是一件简单的事情。所谓齐射，并不是同时将弹道导弹发射出去，而是在极短的间隔时间内完成发射，例如 1 ～ 2 分钟。可以想象，当 1 枚几十吨重的弹道导弹发射后，巨大的反作用力必然使潜艇发生漂移，而为满足齐射的要求，潜艇必须立即调整姿态，回到预设发射阵位实施下一次发射。两次发射间隔的时间越短，就越能够实现齐射的效果。

潜射弹道导弹为什么一定要齐射？按部就班、从容不迫地发射不可以吗？这背后涉及的其实是核战争的战略战术问题。

准确地说，不是潜射弹道导弹一定要齐射，而是所有的核武器都要齐射。一旦爆发核战争，所有的核武器都要在最短的时间内发射出去。简单来说，核战争就像放鞭炮，点燃之后只能噼里啪啦一口气炸完。这是冷战时期美苏对核战争的基本设想。

为什么会这样设想核战争？从根本上说，就是因为核武器破坏力太强，所以容不得一点迟疑和误判，只能对情况做最坏的打算，否则就可能失去还手的机会。常规武器杀伤力有限，除非是目标极其有限的战争，一战定乾坤是不可能的，即使遭到对方最猛烈的突袭，也有机会反败为胜，二战时的英国和苏联都经历了这样的大逆转。但是核战争不行，一个国家遭受第一波次核打击就很可能彻底崩溃，完全没有回旋的余地。因此，常规战争那种循序渐进的方式显然不适合核战争。一个国家无论是主动发起核战争，还是对他国的核打击进行报复，都只能按照这种设想进行，即在最短时间将自己的核武器全部发射出去，否则将失去使用剩下的核武器的机会。

具体到潜射弹道导弹，情况又略有不同。陆基洲际弹道导弹是多个发射井独立存在，1 枚导弹发射并不意味着其他导弹位置也被暴露。而弹道导弹核潜艇通常搭载十几枚甚至更多导弹，发射 1 枚导弹之后，潜艇的位置就暴露了。在这种情况下，潜艇很可能遭到敌方反潜力量的攻击，潜艇内的导弹就有全军覆没的可能性。所以，对于潜射弹道导弹来说，齐射不仅是一般意义上核战争的战法，也是为了防止己方因长时间暴露而被反潜力量围歼的需要。

美国“三叉戟”潜射弹道导弹首次试射

当然，以上设想在某种程度上都是冷战时期美苏高度对抗的产物。在 21 世纪，大国之间发生核战争的可能性已经微乎其微，核武器已回归到其作为威慑工具的本色，只是任何战略战术都有其惯性和连续性，齐射仍然是对潜射弹道导弹发射的基本要求。

博物馆中的俄罗斯 SS-N-20 潜射弹道导弹

潜艇发射导弹需要停下来吗?

众所周知，潜艇发射导弹具有隐蔽性好、生存能力高等优点。以目前的技术，潜艇可以在水下几十米的深度发射导弹，足以保障发射时的隐蔽性。不过水下环境毕竟不同于空气环境，仅水和空气的密度就相差了数百倍，发射难度大幅增加。

潜艇发射导弹需要根据两者的性能相互协调配合，简单来说，可以在运动中发射导弹，也可以停下后再发射导弹。两种方式各有利弊。

在运动中发射导弹时，不需要潜艇迅速停下，降低了对潜艇操控性能的要求，特别是在执行突发任务的情况下，可以在潜艇巡航状态下快速发射导弹，不会因为潜艇停下花费时间而导致错过战机。此外，由于发射导弹将会暴露潜艇位置，此时处于运动状态将有利于潜艇迅速转移，大大提高了潜艇的生存概率。然而由于存在潜艇运动，发射过程中导弹与海水之间产生相对运动，从而引起海水的横向流体动力作用在导弹上，使导弹发射受到很大的横向作用力，这大大增加了导弹方案设计的难度，可能会增加导弹结构上的无效质量，影响导弹的射程、性能等。

浮出水面的美国“海狼”级攻击型核潜艇

相反，停下后再发射导弹则对潜艇不利、对导弹有利。不过考虑到潜艇的众多人员、大量设备以及潜艇本身更高的造价成本，各国通常会选择在运动中进行导弹发射，即在导弹研制阶段就针对在潜艇运动中的发射可行性进行设计。

俄罗斯“德尔塔Ⅳ”级战略核潜艇在水面航行

导弹时代为何还要使用舰炮

舰炮自14世纪装备军舰以来，经过了滑膛炮时代（14—19世纪）、线膛炮时代（19世纪至今）。作为现代海军最古老的舰载武器，在20世纪舰载机和导弹武器出现之前，舰炮一直是水面战舰进行海战的主要武器。

二战期间，载满舰载机的航母取代以大口径舰炮为主要武器的战列舰，成为海上作战新的霸主，舰炮的作用大大下降。20世纪60年代，反舰导弹的出现以及接踵而至的舰对空导弹和巡航导弹等精确制导武器的大量应用，使舰炮面临有史以来最大的一次挑战。这些精确制导武器射程远、精度高、威力大、作战效能好，舰炮与其相比自然相形见绌。因此，一场关于军舰还要不要装舰炮以及装什么舰炮的争论日益激烈起来。一些西方国家曾经提出极端的观点：现代军舰可以不装舰炮，舰炮可完全为导弹所取代。

然而，在经过了多次实战检验之后，舰炮的不可替代性得到了重新确立。1982年英阿马岛战争期间，英国海军MK 8型114毫米舰炮一共发射了包括诱饵弹在内的8000余发炮弹，有效地打击了阿根廷的空中和地面有生力量。据英军司令部白皮书记载，MK 8型114毫米舰炮击落了7架阿根廷飞机。1991年海湾战争期间，美国海军出动了2艘“艾奥瓦”级战列舰（“密苏里”号和“威斯康星”号），使用舰上的406毫米大口径舰炮连续数日对伊拉克军队部署在滨海地区的军事目标进行了猛烈的轰击，共发射100余发炮弹，摧毁了伊军的岸防导弹阵地、岸炮阵地、雷达站、指挥所等多处军事目标，使伊军遭受重大损失。

显然，虽然导弹的出现使舰炮的作用大为降低，但舰炮仍是现代水面舰艇上必不可少的武器。在和平时期，舰炮可执行低烈度作战。军舰在执行巡逻警戒任务时，对入侵本国领海的外国船只，可用舰炮实施警告射击。

在现代海军的任务中，支援两栖部队、实施对陆打击是舰炮的重要任务之一，如果仅有导弹对敌滩头、近岸阵地进行打击，因其面积大，数量多，需要发射大量导弹，则将使作战成本剧增。而使用舰炮打击陆地目标，可在短时间内向目标区倾泻大量弹药，成本相对较低，同时炮弹的体积较小，舰上可大量存放。以美国海军“朱姆沃尔特”级驱逐舰装备的“先进舰炮系统”（advanced gun system，AGS）为例，每艘驱逐舰可以储备 600 ～ 750 发炮弹，在使用“远程对陆攻击弹药”后，最大射程达到 185 千米，同时圆概率误差仅有 20 米。

美国“阿利·伯克”级驱逐舰搭载的 127 毫米 MK 45 舰炮

印度“塔尔瓦”级护卫舰搭载的 100 毫米舰炮

电磁炮实用化为何遥遥无期

电磁炮是利用电磁发射技术制造的一种先进动能杀伤武器。与传统火炮将火药燃气压力作用于弹丸不同，电磁炮是利用电磁系统中电磁场产生的安培力来对金属炮弹进行加速，使其达到打击目标所需的动能。

电磁炮和电磁弹射器的工作原理基本相同。虽然电磁炮更早开始研究，但其进度却明显落后于电磁弹射器。美国“福特”级航母已经安装了电磁弹射器，而计划安装电磁炮的“朱姆沃尔特”级驱逐舰却取消了电磁炮的安装，改为 155 毫米常规舰炮。为什么电磁炮出现了这么严重的进度延期呢？其原因主要有以下两点。

首先，电磁弹射器是航母发挥战斗力所依赖的重要装备，所以电磁弹射器会在航母研制过程中受到特别关照。电磁弹射器研制的成败，直接影响整艘航母的系统设计，必要时可以适当放宽电磁弹射器设计方案中要求的性能指标。相比之下，电磁炮在整个系统中的地位并没有这么突出，而且电磁炮的性能也没有超出常规舰炮太多，这在一定程度上阻碍了电磁炮的研制进度。

其次，在工程设计上，电磁炮也遇到了很多困难。虽然电磁炮和电磁弹射器都是用电能转化机械能，但是电磁炮要满足高初速，即使电磁炮的总功率比电磁弹射器小，其瞬时功率也远大于电磁弹射器。在很长一段时间里，电子工业都无法提供瞬时功率如此巨大的电力器件，因此电磁炮的发展受到了严重限制。直到21世纪后，超导技术和超级电容的完善才给电磁炮带来一线曙光。此外，超高的加速度也使电磁炮的加速电极烧蚀非常严重。

美国海军在2008年1月试射电磁炮

美国“朱姆沃尔特”级驱逐舰搭载的155毫米舰炮

近防系统如何对抗来袭导弹

近防系统（close-in weapon system，CIWS）是一种装设、配属在海军舰艇上，用来侦测与摧毁逼近的反舰导弹或相关的威胁飞行物，只作为近距离防卫用途的武器系统。目前，世界上较为成熟的近防系统有美国的“密集阵”系统、俄罗斯的“卡什坦”系统、荷兰的“守门员”系统、意大利的“标枪”系统、西班牙的“梅洛卡”系统、以色列的“台风”系统、土耳其的“海天顶”系统等。

近防系统的发展与航母及反舰导弹的发展有着紧密的联系。早期航母的固定武器主要有100毫米以上口径的舰炮（主要用于攻击敌方舰艇）、20～30毫米口径的高射炮以及高射机枪。这些高射炮及高射机枪多为人工操作，其射速低、精度低、毁伤能力低，不能给航母提供有效的保护。更多的防空任务则交给其他护航舰艇，整个航母战斗群的防空能力十分有限。之后，近程防空导弹应用于航母，才使航母的防空能力有所提高。

然而，反舰导弹的速度越来越快、隐身性能越来越好、自身规避能力越来越强，使防空导弹有时也无能为力。因此，近防系统受到了一些国家的关注。这些国家纷纷着手研制新一代防空武器，用小口径舰炮发射高速密集炮弹来拦截反舰导弹及飞机。

一般来说，航母战斗群的防御区域可分为三层，即远程防御区、中程防御区和近程防御区。远程防御区主要由舰载预警机、战斗机以及航母和护航舰艇上的中远程防空导弹、搜索雷达等系统构成。当预警机和搜索雷达发现入侵者时，便可在第一时间作出反应，变被动为主动，让战斗机和防空导弹进行拦截。中程防御区以近程防空导弹及电子干扰系统为主，但近程防空导弹不能有效拦截低空、高速的反舰导弹，而电子干扰系统也无法保证 100% 的干扰成功率，一旦反舰导弹突破前两层防御，整个航母战斗群就会完全暴露在敌方可视范围内，每艘舰艇都可能成为攻击目标。此时，就需要近防系统进行最后的拦截反制。

一套近防系统通常由以下构件组成：雷达、火控计算机、多管快速发射的中型口径机炮（加特林机枪），且炮座基台可进行方位性角度旋转。该系统的原理就是依靠高速、密集的炮弹引爆来袭的反舰导弹，通常具有精确度高、火力密度大、毁伤力高、适应性强、探测跟踪手段先进的特点。例如，荷兰“守门员”近防系统中的 GAU-8/A 型 30 毫米七管火炮，射速可达 4200 发 / 分。

美国“提康德罗加”级巡洋舰搭载的“密集阵”近防系统

荷兰“守门员”近防系统正在开火

近防系统是航母和护航舰艇的最后一道防线，因此其目的不是击落所有导弹，而是攻击导弹的弹头，避免导弹对舰艇造成严重损害。如果不能攻击导弹弹头，近防系统就会射击导弹前后，在导弹上打洞，以使导弹偏离航线或过早引爆。

近防系统在发展初期多使用机炮系统为基础，但之后逐渐出现有效防御范围更远、可同时追踪与攻击多重目标的导弹基础系统，成为新的主流设计。

不同战舰如何配置近防系统

战舰安装近防系统的位置很讲究。首先应该考虑到能够防御不同方向来袭的目标，一般在驱逐舰、护卫舰上安装 2 座近防系统就能达到全方位防御的要求，但在航母上的数量有明显增加。

由于航母的船体庞大、机动性较低、上层建筑复杂，所以需要 3 ～ 4 座近防系统才能满足全方位防御需要。以美国航母为例，“小鹰”级、“企业”号（CVN-65）以及“尼米兹”级航母的前两艘均只安装了 3 座“密集阵”近防系统，而“尼米兹”级航母的后续舰则安装了 4 座“密集阵”近防系统，以确保拦截从各个方位来袭的导弹及战机，不留死角。

考虑战舰的整体布置，在一艘战舰上，近防系统通常安装在较高的位置，射击时可以较少受到战舰上其他设备的影响，确保方位射界。但航母要考虑的因素就很多了，航母有宽阔的飞行甲板，为了舰载机能够安全起降，飞行甲板上安装了许多特殊设备，近防系统不能安装在起降面上以防影响飞机起落。因此，在飞行甲板的一侧，近防系统安装在甲板下层平面上，且高度不能超过飞行甲板，安装位置比较低，其方位射界相应减小。所以，在航母上需要安装多座近防系统来完成防御任务。

美国“尼米兹”级航母搭载的“密集阵”近防系统

例如，美国“尼米兹”级航母（不包括前两艘）采用4座“密集阵”近防系统，安装在舰艏的左右两侧。俄罗斯“库兹涅佐夫”号航母上的30毫米AK-630近防炮在左右舷台上成对安装，在艉部的左右舷台上单座安装，“卡什坦”近防系统对称地安装在前后部。

美国“美国”级两栖攻击舰搭载的“密集阵”近防系统

近防系统为何难以抵御高速反舰导弹

虽然近防系统被称为水面战舰对空防御的最后一道防线，但是面对高速（超音速、高超音速）反舰导弹，仍然显得力不从心，现役大多数近防系统很难拦截速度超过2马赫的反舰导弹。目前，近防系统在对付高速反舰导弹以及末端机动的反舰导弹时，面临的挑战主要有以下几个方面。

（1）系统反应时间。新一代超音速反舰导弹大都采用低空甚至超低空掠海飞行方式，使水面舰艇难以在远距离发现来袭导弹。当目标速度大于3马赫后，现役大多数近防系统都没有足够的反应时间对目标实施拦截，最终会导致拦截失败。

（2）有效拦截区段发射的炮弹数。近防系统对反舰导弹的最佳拦截区段通常都在2～3千米以内，当反舰导弹飞行速度越来越快后，在同样的有效拦截区段内火炮能够发射的炮弹数将越来越少，势必会降低拦截成功概率。以俄罗斯“卡什坦”系统为例，在有效拦截区段内，当来袭导弹速度达到3马赫时，至少需要发射400发炮弹才能成功拦截，而“卡什坦”系统很难在这么短的时间和距离内发射这么多的炮弹。

（3）系统跟踪预测的精度。反舰导弹的高速机动飞行，特别是末端的不规则机动，将导致火控系统解算精度大幅度降低。由于近防系统发射的炮弹与目标相遇需要飞行一段时间，所以在炮弹飞行时间内对超音速和末端机动反舰导弹运动规律的准确预测，是决定炮弹命中精度最关键的因素。

（4）弹丸的威力。现代反舰导弹的威力不断增大，对近防系统的炮弹拦截也带来了严峻挑战。如果近防系统的炮弹威力不足以迅速消灭目标，那么反舰导弹上威力巨大的战斗部仍然有可能对舰艇造成很大的伤害。此外，在近距离命中时，还可能出现由推进剂等造成的附加破坏效应。

（5）对多目标的处理能力。饱和攻击曾被苏联海军元帅戈尔什科夫誉为对付航母编队最好的也是唯一的办法。如今，航母及其护航舰艇仍然可能受到多枚反舰导弹的协同攻击。对近防系统而言，对付多目标的能力实际上考验的是火炮动态跟踪、多目标预测和解算以及随动系统的火力转移能力。

俄罗斯“卡什坦”近防系统

意大利“标枪”近防系统正在开火

鱼雷为何历久弥新

鱼雷是一种水中兵器，它可以从舰艇、飞机上发射，发射后可以自己控制航行方向和深度，遇到舰艇，只要一接触就可以爆炸。自 19 世纪 60 年代问世，20 世纪初应用于实战以来，鱼雷便一直在反舰、反潜作战中发挥着重要作用。

一战开始时，鱼雷就已经被公认为是仅次于舰炮的舰艇主要武器。一战期间，被鱼雷击沉的运输船达 1153 万吨，占被击沉运输船总吨位的 89%；被鱼雷击沉的作战舰艇有 162 艘，占被击沉作战舰艇总数的 49%。到了二战期间，这个比例虽然有所下降，但是仍旧非常可观。

1938 年，德国首先在潜艇上装备了无航迹电动鱼雷，克服了热动力鱼雷在航行中因排出气体形成航迹而易被发现的缺点；1943年，德国首先研制出单平面被动式声自导鱼雷，可以接收水面舰艇的噪声，这种功能极大地提高了鱼雷的命中率；二战末期，德国又发明了线导鱼雷，发射舰艇通过与鱼雷尾部连接的导线进行制导，不易被干扰；20世纪50年代中期，美国研制出双平面主动式声自导鱼雷，可以在水中三维空间搜索，攻击潜航的潜艇；1960年，美国又研制出“阿斯洛克”火箭助飞鱼雷（也被称为反潜导弹），它由火箭运载飞行至预定地点入水自动搜索、跟踪和攻击潜艇；20世纪70年代后，鱼雷安装了微型计算机，改进了自导装置的功能，增强了抗干扰和识别目标的能力。

可以说，正是因为鱼雷随着科技的进步在不停地升级换代，所以这种古老的武器才能在导弹时代继续发光发热。尽管反舰导弹的出现使鱼雷的地位有所下降，但它仍是海军的重要武器。特别是在攻击型潜艇上，鱼雷是最主要的攻击武器。

现代鱼雷具有航行速度快、航程远、隐蔽性好、命中率高和破坏性大的特点，可用于攻击潜艇和大中型水面舰艇。除由舰艇、飞机携载外，还可配置在要塞、港口和狭窄水道两侧的岸基发射台，用于攻击入侵的敌方舰艇。

与反舰导弹相比，现代鱼雷对水面舰艇造成的破坏有过之而无不及。鱼雷的杀伤原理是折断舰艇的龙骨，被攻击的舰艇极有可能沉没，而反舰导弹通常是利用爆炸破坏舰艇的水上部分，如果舰艇的吨位够大且损管得当，则仍能保持不沉。例如，在1982年的英阿马岛战争中，阿根廷海军“贝尔格拉诺将军”号巡洋舰被英国海军“征服者”号核潜艇发射的鱼雷击中，仅仅1小时便葬身海底，舰上官兵有1/3丧生。相比之下，英国海军“谢菲尔德”号驱逐舰在被“飞鱼”反舰导弹击中6天后才被迫自沉。

时至今日，海军面临的反潜、反舰形势更加严峻，水面舰艇和潜艇都有十分完善的反导手段，并有强大的对海、对空及反潜火力。在这种形势下，鱼雷在水下的作战地位越来越高，不仅是未来海战有效的反潜武器，而且也是打击水面舰艇、破坏岸基设施的重要手段。目前，世界各海军强国都非常重视鱼雷的研究、改进和制造，目的是使鱼雷更轻便，进一步提高命中率、爆炸力和捕捉目标的能力。

美国海军装备的 MK 46 轻型鱼雷

美国“阿利·伯克”级驱逐舰发射鱼雷

重型鱼雷有何特点

重型鱼雷又称长鱼雷，是重量较大、航程较远、战斗部威力较大的鱼雷，直径通常在533毫米以上，主要作战目标是敌方的水面战舰和潜艇。从一战到今天，重型鱼雷依然是潜艇的主要武器，在海面之下的战场上发挥着重要的作用。

早期的重型鱼雷都是无自导的近程直航鱼雷，单发鱼雷的命中率较低。为了保证命中率，潜艇必须占据有利的发射阵位，并在较近的距离上进行几枚鱼雷的齐射。随着水面战舰航速、机动性和声呐探测性的显著提高，直航鱼雷逐渐难以满足潜艇的作战需要。1943 年，德国海军首先研制成功了被动声自导鱼雷，开启了鱼雷发展的新时代。二战后以美国为代表的西方国家开始着重研究鱼雷的制导系统，并研制出了具有主动声自导能力的鱼雷导引头。

声自导系统让鱼雷拥有了自主追踪、攻击敌舰的能力，但声自导也存在局限性：声自导所利用的水声信号同海洋环境噪声、鱼雷自噪声、人工干扰噪声等混杂在一起，尤其在鱼雷航速很高时其自噪声大，目标检测和识别更加困难。现代的重型鱼雷采用线导系统和尾流跟随技术来弥补声自导的不足：拖着长长的控制电缆或光纤的重型鱼雷在抗干扰能力上有了显著提升；尾流跟随技术则是通过探测敌舰螺旋桨所产生的细微气泡或波浪轨迹进行制导，主要用于攻击水面战舰。

现代重型鱼雷的动力系统主要分为热动力和电动力两种。热动力鱼雷以燃料为动力源，其特点是航速高、航程远，但也存在噪声大、航迹导致隐蔽性差等难以克服的问题，特别是其航行深度受水压影响较大，不适合在大深度环境下使用，美国的 MK 48 鱼雷、俄罗斯的 53-65 鱼雷和瑞典的 TP2000 鱼雷均采用热动力系统。常规热动力重型鱼雷的航速为 40 ～ 50 节（70 ～ 100 千米 / 时）。

电动力鱼雷采用电动力，以电池组作为鱼雷的主要动力源。虽然电动力鱼雷由于推进功率要弱于热动力鱼雷，航速和航程稍显逊色，但电动力鱼雷航行时噪声低、无航迹，航行过程中电池重量保持不变，易保持鱼雷的稳定性。电动力鱼雷的技术研制难点在于性能可靠的海水电池，1988 年铝 - 氧化银海水电池研制成功，用于法国的“海鳝”鱼雷以及意大利的“黑鲨”鱼雷，使鱼雷的航程和航速有了明显提高。

由于重型鱼雷往往是由潜艇的鱼雷发射管所发射，鱼雷的最大发射深度决定了潜艇的最大攻击深度，因而各国海军对重型鱼雷在大深度条件下发射的要求非常高。目前，主流重型鱼雷的最大发射深度在水下 300 米左右。

当前，世界各海军强国依然在加强现有重型鱼雷的改进和新型重型鱼雷的研制工作，美国和日本等国着重改进鱼雷的制导和探测能力，进一步提升重型鱼雷的最大发射深度，同时还能兼顾浅水区域的作战要求。重型鱼雷的一大发展方向是鱼雷能够同水下网络进行通信，鱼雷不仅可以从潜艇上发射，也可以从变成遥控水下平台的无人水下运载器上发射，这可使潜艇不用以身犯险就能完成对敌方舰船的打击任务。

美国“洛杉矶”级攻击型核潜艇填装 MK 48 重型鱼雷

展览中的俄罗斯 53-65 重型鱼雷

轻型鱼雷为何能在浅水区反潜

轻型鱼雷又称短鱼雷，主要指直径为324毫米左右的鱼雷。这种鱼雷由于体积较小、重量较轻，因而成为二战后水面战舰和固定翼反潜机、反潜直升机所载的主力反潜武器之一。

鱼雷发展之初是为了反舰作战而设计的，战斗部装药量较大，因此鱼雷直径以533毫米、610毫米居多。但是，这些重型鱼雷的吃水较深，无法有效对付在浅水区活动的敌方常规潜艇。轻型鱼雷的设计目标，就是在水深50～100米的浅水区，打击在这一区域内活动的常规潜艇。轻型鱼雷也因此成了浅海反潜作战中的重要装备。

324毫米轻型鱼雷重量在300千克以内，战斗部装药重量只有50千克左右，但是一些轻型鱼雷凭借空心聚能装药结构的战斗部，爆炸后产生的金属射流可以轻易地在敌方潜艇上炸出一个直径10厘米左右、贯通双层壳体的洞，从而对潜艇造成严重损伤。同时，由于重量较轻，轻型鱼雷在水下的机动性也优于重型鱼雷，这为轻型鱼雷在水下及时改变航行路线、追踪潜艇带来了显著的优势。

由于浅海与深海在海水的盐分浓度、水温、洋流、海底地形等诸多海洋环境因素上有着不同程度的差别，水声条件较深海恶劣，故对鱼雷的导引系统有着更加严峻的考验。为此，各国开始重视有更强信号处理能力、配备数字式导引系统的轻型鱼雷。这种鱼雷能对回波信号的特性进行分析，将潜艇与其他物体区别开来。此外，新型的宽波段探测技术也正在研究之中，它能够将噪声信号扩展到全频段，从而排除特定频率上的高强度噪声干扰。

由法国、意大利等国共同研制的MU90鱼雷是目前轻型鱼雷中的佼佼者。该鱼雷采用的德国永磁电动机能够通过脉冲转换来自行连续调节电动机速度，实现鱼雷的无级变速，以适应不同的作战环境和要求。同时，MU90鱼雷还拥有90度垂直下潜的能力，可以在大深度条件下灵活攻击在深水区域活动的敌方潜艇。

凭借独特的浅水环境作战优势，轻型鱼雷在未来相当长的一段时间内依然是反潜战场上的主力武器之一。当前，各海军强国的轻型鱼雷技术发展方向是：可以同时在浅海和深海进行反潜作战。为此，改进导引系统和动力系统、强化战斗部的杀伤力和抗干扰能力等，依然是摆在各海军强国轻型鱼雷研制过程中的重要课题。

美国“阿利·伯克”级驱逐舰搭载的 MK 46 轻型鱼雷

展览中的 MU90 轻型鱼雷

火箭助飞鱼雷缘何而生

随着军事科技的不断进步，潜艇在机动性、隐蔽性、攻击距离方面的性能日益提升。普通的深水炸弹、轻型鱼雷等反潜武器在对付新一代潜艇时显示出了性能不足的情况，反潜形势趋于严峻。为了让水面战舰拥有远程打击潜艇的能力，西方国家海军率先将导弹火箭技术与现代鱼雷技术相结合，打造出了全新的反潜利器：火箭助飞鱼雷。

火箭助飞鱼雷综合了导弹和鱼雷两类武器的优点，是一种高效实用的反潜武器。火箭助飞鱼雷具有的优势主要有：①速度快，它能利用火箭助推技术在空中高速飞行，可将鱼雷快速投放到目标区域，使潜艇难以发现和规避；②射程较远，与平均射程只有 10 千米左右的轻型鱼雷相比，火箭助飞鱼雷拥有 20 千米以上的有效射程，使水面战舰能够在远距离实施高效的反潜作战；③火箭助飞鱼雷由舰载火箭发射架或垂直发射系统发射，与需要调整舰体姿态从鱼雷发射管内射出的方式相比，作战时更具灵活性，提升了水面战舰反潜作战的反应速度。

目前世界各海军强国研制的火箭助飞鱼雷大致可分为弹道式和飞航式两种。弹道式助飞鱼雷的作战过程：鱼雷发射后，火箭推动鱼雷进入飞行弹道，到达计算好的预定地点后，自动驾驶仪控制火箭发动机熄火、与鱼雷分离，鱼雷则凭着惯性继续弹道式飞行。到达目标上空后，鱼雷后部的降落伞打开，帮助鱼雷缓冲平稳入水，鱼雷入水后下潜到预定深度，然后利用其自导系统自动对目标进行搜索、跟踪和攻击。

与如同炮弹一般飞行的弹道式助飞鱼雷相比，飞航式助飞鱼雷更像是一枚巡航导弹：鱼雷发射后，先爬升到一定高度，经过高度的调整后进入巡航平飞状态直至到达目标上空，随后鱼雷与火箭分离，打开降落伞入水，开始自主搜索潜艇。弹道式助飞鱼雷只能依靠惯性制导，而飞航式助飞鱼雷由于飞行速度相对较慢，能够对其发出指令修正飞行轨迹和下落弹道，使得鱼雷落水点更加精确，打击精度更高。

目前具有代表性的火箭助飞鱼雷有美国的“阿斯洛克”和俄罗斯的91RE1等。其中“阿斯洛克”是北约国家海军装备的主力火箭助飞鱼雷，最大射程为20千米。从冷战时期至今，美国一直在协助其他北约国家改进“阿斯洛克”，并且率先将“阿斯洛克”整合进驱逐舰的MK 41垂直发射装置，提升整体作战效率。美国曾经考虑过为“阿斯洛克”及后续的火箭助飞鱼雷改装核弹头，但最终不了了之。

日本“朝雾”级驱逐舰搭载的“阿斯洛克”火箭助飞鱼雷

面对复杂多变的反潜作战形势，与火箭助飞鱼雷相关的技术也在不断地改进和发展。在未来，射程更远、飞行速度更高的火箭助飞鱼雷，能够使水面战舰的反潜作战从防御型作战转变为进攻型作战，配合水面战舰自身和反潜直升机携带的轻型鱼雷，从而在反潜战场上掌握更大的主动权。

美国“布朗斯坦”级护卫舰发射“阿斯洛克”火箭助飞鱼雷

潜艇各类鱼雷发射装置有何利弊

世界各国海军装备的潜艇种类繁多，其鱼雷发射装置也各不相同。归纳起来，大体上可分为自航式发射装置、气动不平衡式发射装置、水压平衡式发射装置、气动冲压式发射装置、空气涡轮泵式发射装置等。

自航式发射装置是潜艇鱼雷发射装置的鼻祖，其工作原理就是把鱼雷装填到一个框架式的圆筒形栅状管中，使其浸没在水中，只要打开鱼雷的扳机使鱼雷发动机工作，螺旋桨产生的推力就会使鱼雷自动游出栅状管。这种发射装置通常设在潜艇耐压壳体外面的上层建筑中，有固定式和可转动式两种。这种结构极为简单的圆筒形栅状管可保证发射过程无气泡，也无倾差，而且由于其没有向鱼雷提供能量的动力系统，所以很轻巧，使用简便。它的缺点主要是对鱼雷的要求较高，鱼雷要长时间浸泡在海水中，难以进行及时和必要的保养和维护。此外，自航式发射装置不能发射无动力的武器（如水雷）和热动力鱼雷。

气动不平衡式发射装置是二战期间世界各国潜艇广泛采用的一种发射装置。该装置的工作原理如下：把鱼雷装填在带有前盖和后盖的密封圆筒形发射管中，在发射前打开前盖，然后根据艇长的命令，打开发射开关，使贮存在发射系统高压空气瓶中的压缩空气进入发射管鱼雷的尾部，压缩空气膨胀做功后，把鱼雷和雷体附近的海水一起挤出发射管。这种发射装置的最大发射深度为 80 ～ 100 米，可发射各种类型的鱼雷，也能布放无动力的水雷以及相应结构尺寸的水声干扰器材等。

水压平衡式发射装置是在气动不平衡式发射装置中增加了一个水压平衡系统，其功用就是让待发射的鱼雷后部也与舷外海水相通，使其在发射过程中当鱼雷向前运动时原来作用在雷头上的海水背压被作用在雷尾上的背压所抵消，这样一来，在发射过程中所需要的发射能量——压缩空气的压力和容积可以保持定值，不再随发射深度的增大而增多。这种发射装置较好地解决了潜艇在水下大深度发射鱼雷等武器的技术难题，能在航行深度不大于 600 米的大中型潜艇上配置。但由于采用了往复活塞式工作原理，水缸和汽缸的体积比较庞大，这种发射装置对安装技术要求较高。

美国“弗吉尼亚”级潜艇正在填装 MK 48 重型鱼雷

气动冲压式发射装置比水压平衡式发射装置体积小、重量轻。每具发射管自有一个冲压器，便于根据作战需要组织齐射，齐射间隔时间不受结构的限制。但该装置通过冲压器把发射推力集中在鱼雷尾部，这就要求所发射的鱼雷等武器必须能承受这一推力。此外，在发射管后盖上安装一个颇长的冲压器不仅会使开关操作不便，而且所需的回转空间颇大，对潜艇总体布置和充分利用宝贵的空间也很不利。

空气涡轮泵式发射装置是水压平衡式发射装置改进和发展的产物，是目前性能最好的鱼雷发射装置。该装置结构布置比较简便，省掉了尺寸庞大和笨重的汽缸和水缸等组件，既节省空间，又可直接利用海水的静压力作为水泵的进口压力，促使发射过程中作用在鱼雷头部和尾端的海水静压力基本相同，两种压力由于作用方向相反而相互抵消。其结果就是发射武器所需的能量为定值，与发射深度无关。这就满足了潜艇在最大工作深度范围内的任意航行深度上作战的需要，可随时按艇长的命令立即发射鱼雷。

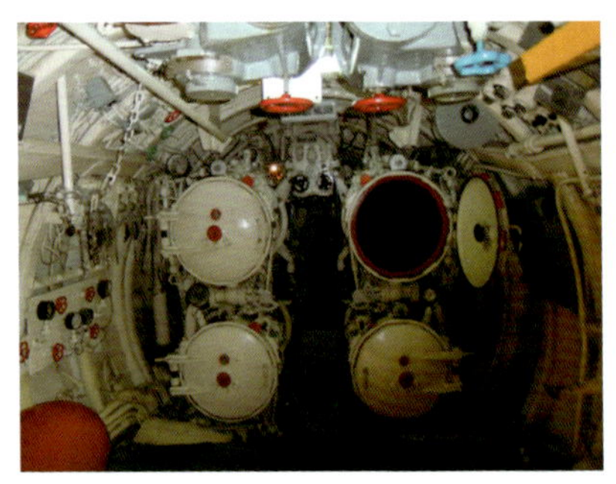

印度尼西亚海军“巴梭巴蒂”号潜艇的鱼雷发射装置

现代海战中水雷是否过时

在现代海战中，水雷不仅没有过时，其应用价值还随着技术的进步越来越大。水雷具有长期性、突然性、隐蔽性、对抗性、灵活性、易布难扫、效费比高等特点，这就决定了水雷不仅能在战术层面发挥很大作用，还能发挥战略性作用。尤其是对海岛和航道的封锁，水雷的作用是其他武器远远无法比拟的。

水雷可由水面舰船、潜艇、飞机等进行布设，很多国家还采用民用船只来布设水雷。按照作战目的，水雷可分为防御性布雷和攻势布雷两种。防御性布雷，就是在己方近海重要航道进行布雷，扰乱、迟滞敌方海上编队，配合己方其他兵力实施防御。攻势布雷则是用飞机和潜艇在敌方港口和重要航道实施布雷，对敌方实施严密封锁。

据美国海军统计，其在二战后共有 15 艘军舰因遭水雷攻击而受重创或沉没，是反舰导弹、战斗机和小型舰艇对美舰攻击战果总数的近 4 倍。水雷还有巨大的心理威慑作用，即使其没有对敌舰直接造成伤害，也能起到阻挡敌舰进入某个海域和迫使对方停止战斗的效果。例如在 1991 年的海湾战争中，伊拉克布设的水雷不仅炸伤了美国海军现代化的“提康德罗加”级巡洋舰“普林斯顿”号和“硫磺岛”级两栖攻击舰“的黎波里”号，还迫使美军放弃了两栖攻击计划。

现代水雷广泛采用磁、水声、水压、核、电子、遥控、计算机、火箭发动机等技术，催生出了火箭上浮水雷、自航水雷、自导水雷、自掩埋水雷、反直升机水雷、导弹式水雷、遥控水雷、可编程智能水雷等新型水雷。例如俄罗斯的 PMK-1 火箭上浮水雷可以布设在 200 ～ 400 米深度，上浮速度为 100 节，采用主被动水声系统探测、识别并跟踪目标。当水雷探测到目标时，可根据水雷所在水深和目标的航向计算出攻击弹道。该水雷装药 350 千克，再加上是水下爆炸，所以其毁伤威力显著超过重型反舰导弹。

一战时期德国海军使用的水雷

1988 年美国“塞缪尔·罗伯茨”号护卫舰被伊朗水雷炸伤后进行维修

美军如何实现远程空投水雷

2020年10月，美国海军发布了“远程空中部署水雷”计划信息征询书，进行可用于远程空投部署水雷的相关技术的市场调研，以掌握相关厂商设计、制造、测试空投布雷技术能力的现状。该消息引发了各界对于美军远程空投水雷的关注。

水雷虽然诞生已久，但仍具备很多优点。一方面，水雷威力巨大，即便是一些老式水雷也会对现代战舰构成相当威胁。另一方面，水雷研发难度低，制造成本也不高，因此平时可以大批量地制造、储备，战时可以大面积布设，但是对于另一方来说，想要扫除却不容易。所以直到现在，水雷依然是各国海军武器库的必备武器。

目前，水雷战也是美国海军在西太平洋地区的重要作战手段之一，该地区战略性关键水道很少，是水雷的理想战场。而美国海军表示，现代海军指挥作战过程中，将水雷准确部署到对抗性环境中的能力非常重要。现在水雷的部署方式主要包括传统水面部署、空投部署以及“迅击”部署（主要指用航空炸弹加装传感器）等。但美军认为即使对于“迅击”来说，布雷飞机也必须以低空、低速方式直接飞越计划雷区，以运送并空投水雷。在这个过程中，布雷飞机极易受到敌方防空武器的攻击。因此美军开发了“增程迅击”水雷。

“增程迅击”水雷由原“讯击”水雷加装 BSU-104 增程型联合直接攻击弹药（joint direct attack munition，JDAM）的弹翼和 GBU-38 炸弹的制导组件而成，代号为 GBU-62B，可以通过轰炸机在防区外投放并高精度定点部署。据悉，如果在 10 000 米高空投放，水雷可无动力滑翔 75 千米以后，在预定位置入水，大大增强了载机平台的生存力。同时，“增程迅击”水雷可以通过感知水声、磁场、水压等物理场变化，智能识别军舰和民船及其类型，并决定是否实施攻击。这种水雷重量为 1 吨，可以在水下 100 米位置工作，1 枚水雷就可以重创甚至击沉 1 艘 10 万吨级舰艇。而且“增程迅击”水雷可通过 F-35A 战斗机、B-52 战略轰炸机等多种载机进行空投部署。

美军认为，“增程迅击”水雷具备威力大、射程远、成本低、效率高的特点，配合战机使用，能够在短时间内布设大面积雷场，可担负瘫痪航道、封锁港口等攻势布雷任务，并可用于阻滞两栖登陆，有助于在西太平洋地区为美国海军的海域控制作战提供支持。特别是 F-35A 战斗机的武器舱可搭载 2 枚最大尺寸的联合直接攻击弹药，因此在复杂作战环境中，基于 F-35A 战斗机实施的“增程迅击”水雷精确部署具有先天优势。不过美军并不满足于此，2020 年 2 月波音公司研制的“动力增程型联合直接攻击弹药”面世，可以在 200 海里外投放，而美国海军的“远程空中部署水雷”计划会从中获得灵感，有可能沿用其弹翼设计方案，并加装小型涡喷发动机，由此可以预计“增程迅击”水雷的部署性能将会再次得到提升。

B-52 战略轰炸机挂载“增程迅击”水雷进行测试

可用于挂载“增程迅击”水雷的 F-35A 战斗机

现代反潜战为何不再使用深水炸弹

深水炸弹是一种古老的反潜武器。20 世纪初，潜艇装备逐步完善，性能逐渐提高，出现了具备一定实战能力的潜艇。一战前，各主要海军国家共拥有 260 余艘潜艇，成为海军的重要作战装备之一。潜艇对水面战舰和运送作战物资的船队构成了严重威胁，而且牵制了大量水面战舰去围剿潜艇。当时水面战舰的主要武器是舰炮、鱼雷，但是舰炮对水下的潜艇无能为力，鱼雷也难以对付深潜的潜艇。于是，英国人发明了深水炸弹这种武器，并于1915年开始用于反潜作战。

二战期间美国“弗莱彻”级驱逐舰搭载的深水炸弹

深水炸弹主要由弹体、炸药、雷管、撞针、弹簧等构成。雷管用于引爆炸药，和撞针、弹簧相连；撞针受控于弹簧，用于撞击雷管，从而引爆炸药；弹簧安装在雷管和撞针的中间，在投放前调节爆炸深度，入水后，随着水压增大，弹簧带着撞针向内压缩，达到预定深度（依调节弹簧弹性而定）后，撞针自动引爆雷管。

展览中的英国WE.177系列深水炸弹

深水炸弹可分为舰载和空投两大类。舰载深水炸弹最初是靠舰员人工投放，速度较慢。后来，有些驱逐舰在舰艉两舷布置了导轨，一次可以连续投放数枚深水炸弹，加快了投放速度。深水炸弹最大的缺点是：反潜舰艇通常是在前方发现敌方潜艇，而且不能立即投弹攻击，需要加速追赶，等到了潜艇上方才能投放，可是潜艇不会坐以待毙，而是想方设法进行躲避。所以才有了后来的前投式“刺猬弹”、反潜迫击炮、火箭深弹等反潜武器。

冷战期间，美国、英国、苏联等国还研制了核装药深水炸弹，主要由飞机或直升机投放。例如美国的MK 90“贝蒂”深水炸弹、英国的

WE.177 系列深水炸弹、苏联的 8F59 SKAT 深水炸弹等，其威力在千吨到万吨级 TNT 当量，爆炸深度为水下数十米至数百米，利用水下核爆炸产生的强烈冲击波压毁潜艇外壳来摧毁目标，毁伤半径在 800 ～ 1000 米。

随着潜艇技术的发展，深水炸弹因其投掷方式和投射距离、无制导装置等原因已不能满足反潜战的作战需要，其地位逐渐被鱼雷所取代。在反潜导弹出现后，深水炸弹的各项战术技术性能都无法与之相比，所以在反潜武器库中逐渐成了鸡肋。

俄罗斯战舰为何安装致幻武器

2019 年，俄罗斯海军在“戈尔什科夫海军上将”号和“卡萨托诺夫海军上将”号护卫舰上安装了“菲林”视觉光学干扰系统。这种特殊武器不仅能使直视它的人头晕恶心、大脑产生幻觉，甚至无法操纵武器瞄准射击，还会对武器装备的光电设备产生“致盲”效果。

“菲林”视觉光学干扰系统是一种能制造出快速亮光脉冲的非致命性武器。据接受测试的志愿者称，由于受到强光直射，志愿者在距离目标 2 千米时就无法使用小型武器进行射击。还有志愿者表示，经历过炫目“摧残”后，头脑中产生了“浮动”光点形式的幻觉因素。事实上，强光照射在人眼中会转换成热能灼伤人眼，并诱发眼角膜、视网膜等病变，长时间照射甚至会导致眼睛永久性失明。据悉，“菲林”视觉光学干扰系统可在 10 度到 15 度的扇形区内影响到 500 ～ 700 米距离内的敌人。

人眼招架不住，武器装备上脆弱的光电设备同样难以承受。“菲林”视觉光学干扰系统产生的强光照射，超出武器装备上的光电系统的承受范围，会造成“致盲”效应。“菲林”视觉光学干扰系统能在 5000 米范围内有效压制包括夜视仪、红外激光测距仪、反坦克导弹制导系统等各类武器系统的夜视装备。

事实上，视觉光学武器并非新鲜事物。早在二战初期，美英两国就曾为轻型坦克配备闪烁频率较高的探照灯，敌方坦克手在遭到照射时会产生头晕恶心等感觉。激光问世后，各军事强国相继研发出激光致盲武器。英阿马岛战争期间，英军还曾使用激光武器照射阿根廷战斗机，最终导致其机毁人亡。

虽然美国媒体嘲笑俄罗斯在护卫舰上安装的“菲林”视觉光学系统“技术落后且根本没什么作用”，但现代战场瞬息万变，一旦关键岗位士兵遭遇致盲或设备被干扰失效，就将对整个战局产生致命影响。更何况视觉光学武器还会引发恐慌，打击被攻击方的士气。这样来看，俄罗斯海军的光学武器不容小觑。

俄罗斯“戈尔什科夫海军上将”号护卫舰

俄罗斯“卡萨托诺夫海军上将”号护卫舰

“波塞冬”无人潜航器为何被称为末日武器

与传统海战的集群对峙、抵近攻击、机动缓慢等特点相比，现代高科技海战作战样式多元、作战空间广阔、作战节奏紧凑。俄罗斯以“波塞冬”为首的系列无人潜航器的快速发展就是佐证。

就装备性能而言，无人潜航技术是推动海洋战场态势融合的有力支撑。和平时期，海军无人装备能够提前探测战场的水文电磁环境，掌握敏感海域的战场环境。战争时期，海军无人装备不仅可以作为侦察打击单元，还可以作为网络传输节点。无人潜航器负责发现和识别水下环境数据信息，在无人机、无人艇等平台之间搭建数据交互链路，共享信息，实现协同作战的同时，能够整合海军作战力量，提升海洋作战系统的可靠性和风险承受能力。

在反潜战中，潜艇、海上巡逻机等有人平台价格昂贵，无法大量建造使用，而利用廉价的海上无人系统平台形成的网络化作战力量，虽无法完全替代有人平台，但在经济效益上，可高效替代有人平台执行任务。发展无人潜航器将缓解美俄军事博弈对俄罗斯带来的经济压力。

2018 年，俄罗斯对外公布了“波塞冬”无人潜航器。这款无人潜航器从 2019 年开始进行试验，俄罗斯将其列入了“2018—2027 年武备计划”中，预计会在 2027 年之前装备部队。虽然目前关于这款无人潜航器的信息不多，但是从已经透露的信息来看，它的性能十分强大。“波塞冬”无人潜航器的水下航行速度可达 200 千米 / 时（约 108 海里 / 时），远远超过各国现役核潜艇。一旦“波塞冬”无人潜航器锁定目标，很难有潜艇能够逃脱。

俄罗斯很早就开始研发深水潜航器。早在 20 世纪 60 年代末，苏联就已经研制出先进的 L2 型潜航器。如今，俄罗斯继续在这个领域进行研发，计划研制出符合现代作战要求的自动化潜航装备。俄方希望它能自动检测水下物体，对其进行分析，从而判断是否要对其进行打击。“波塞冬”无人潜航器采用核动力装置，能够不受限制地自由航行，其航程近乎无限。与其说“波塞冬”是一款大型无人潜航器，不如说它是一款具备先进性能的无人核潜艇。关于“波塞冬”无人潜航器的下潜深度，目前还没有确切的数字，不过有报道猜测它能下潜到水下 10 000 米以上的深度。

另外，“波塞冬”无人潜航器受到多方关注的主要原因是它具备核武器的功能，能够携带爆炸当量相当于 200 万吨 TNT 当量的核鱼雷装置，这种鱼雷不仅能够对敌方的水面战舰造成伤害，而且还能对附近的城市进行打击。预计它在爆炸时产生的杀伤范围达到 10 千米，在此范围内的所有舰艇（包括航母在内）都会受到影响。如果使用“波塞冬”无人潜航器对敌方的海军基地进行袭击，预计只要一发就能将其彻底摧毁。如今的航母战斗群不但要面对导弹、潜艇的袭击，未来可能还要对抗像“波塞冬”这样的无人潜航装置。这也难怪“波塞冬”无人潜航器被美国人称为后冷战时期的“末日武器”。

“波塞冬”无人潜航器模拟航行

第4章 动力篇

动力系统是战舰的“心脏”，其重要性不言而喻。无论是较早开始运用的蒸汽轮机推动装置、燃气轮机推动装置，还是核动力推进装置、柴电混合动力系统及综合电力推进系统，都在不断地进行技术革新。本章主要对与战舰动力相关的问题进行解答。

概 述

在蒸汽时代，船舶由明轮推进。当时，人们将用来推进船舶航行的动力机械称为轮机。后来，随着科学技术的进步和造船技术的发展，在原来轮机基础上，又增加了其他一些机械设备，人们将其统称为船舶动力装置。其中用于保证船舶航行的各种机械设备称为推进装置，即船舶主动力装置。

船舶主动力装置包括主机、传动设备、轴系、推进器等。启动主机，即可驱动传动设备和轴系，使推进器工作。当推进器（通常是螺旋桨）在水中旋转时，就能使船舶前进或后退。在船舶主动力装置中，主机是最重要的组成部分，所以主动力装置以主机类型命名，主要有蒸汽机、蒸汽轮机、柴油机、燃气轮机和核动力装置五类。其中，蒸汽机曾经在船舶发展史上起过重要作用，但目前已几乎全部被淘汰。

蒸汽轮机动力装置是以蒸汽轮机为主机的推进装置，包括主锅炉、主蒸汽轮机、主冷凝器、主传动装置、轴系、推进器、有关辅机和管路系统等。这种动力装置是在 19 世纪末期发展起来的，其优点是单机功率大，寿命长，可靠性高，可使用劣质燃油；缺点是重量和体积大，机动性差，经济性低，操纵管理复杂。20 世纪 70 年代以来，新建的大、中型水面舰艇（航母除外），有不少已采用燃气轮机动力装置和各种联合动力装置代替蒸汽轮机动力装置。

柴油机动力装置是以柴油机为主机的推进装置，包括主柴油机、主传动装置、轴系、推进器、有关辅机和管路系统等。这种动力装置是在 20 世纪初期发展起来的，至今仍为中、小型舰艇广泛采用。其优点是经济性好，重量和体积小，机动性高，操纵管理方便。缺点是噪声高，震动大，单机功率小。这种动力装置的发展趋势是进一步提高增压比以增大单机功率，采用减振和消声技术以提高隐蔽性，进一步提高经济性和自动化程度。

燃气轮机动力装置是以燃气轮机为主机的推进装置，包括主燃气轮机、进排气装置、主传动装置、轴系、推进器、有关辅机和管路系统等。它是在 20 世纪中叶发展起来的新型动力装置，70 年代以后开始被大、中型水面舰艇和特种舰艇广泛采用。它兼有蒸汽轮机和柴油机动力装置的优点，单机功率、经济性和寿命等性能指标已达到较高的水平。缺点是低负荷热效率低，须用结构较复杂的变向传动装置或变螺距螺旋桨，进排气装置尺寸大，对制造材料和制造工艺要求高，造价较高。这种动力装置的发展趋势是提高进气压缩比，以增大单机功率；改进涡轮叶片的材料、工艺和冷却方法，以提高燃气初温，从而进一步提高热效率；提高易损件的质量，改良进气过滤技术，以延长使用寿命；进一步改进换向技术。

核动力装置是以核裂变所释放的能量为能源的推进装置，包括核反应堆、蒸汽发生器、主蒸汽轮机、主冷凝器、主传动装置、轴系、推进器、有关辅机和管路系统等。核动力装置工作时不需要空气，核燃料的储存能量极大，是潜艇理想的动力装置。不过，核动力装置的重量和体积较大，建造周期长，费用高昂，有放射性污染。

采用燃气轮机动力装置的英国“伊丽莎白女王”级航母

为了获得高航速，战舰必须配备大功率动力装置。战舰以高速航行的时间很少，大部分时间是以巡航速度或经济航速航行。因此，一种类型或型号的主机很难满足战舰对主动力装置的全部需求。为此，一些国家的战舰配备了联合动力装置，即由两种不同类型或型号的主机联合组成的推进装置。它能扬长避短，较好地满足上述要求。其种类有蒸汽轮机—燃气轮机联合动力装置、柴油机—燃气轮机联合动力装置、全燃联合动力装置（巡航燃气轮机和加速燃气轮机）等。

此外，舰艇主动力装置还有电力推进装置和喷水推进装置等。它们通常用于少数特种舰艇，其主机仍为柴油机或燃气轮机。

俄罗斯“基洛夫”级核动力巡洋舰

战舰航速为何以节为单位

众所周知，在陆地上表示速度所采用的国际通用单位是米 / 秒或千米 / 时，但在海洋中不一样，舰艇的航行速度通常用“节”（knot）来表示。对此，许多人都感到不解。实际上，“节”是一种历史悠久的航海速度计算单位，其来源颇有趣味。

16 世纪时，欧洲国家的航海技术已经有了一定的发展，但是由于没有时钟和记录航程的仪器，所以人们无法得知舰艇的航行速度。后来，有一位聪明的水手想到了一个记录航行速度的办法：他在舰艇前进的时候，把拖有绳锁的浮体抛向水面，然后根据一定时间内拉出的绳索长度计算舰艇的速度。由于当时使用的是流沙计时器，放出的绳索有时会长短不一，水手便在绳索上标注了许多等距节，这样只要计算一定时间内的节数就能知道舰艇的航行速度了。此后，舰艇的航行速度便用“节”来计算，并成为国际上通用的航海速度计算单位。

时至今日，现代舰艇的测速仪已经非常先进，随时可以用数字显示出来，“抛绳计节”早已成为历史，但“节”作为航海速度计算单位仍然被沿用。海水流速、海上风速、鱼雷等水中兵器的速度等，也是以“节”为单位。现在国际上通用的是 1 节为 1 海里 / 时，1 海里等于 1.852 千米，所以 1 节等于 1.852 千米 / 时。

高速航行的韩国“忠武公李舜臣”级驱逐舰

需要注意的是，海面上并不适用“千米”这个概念，而是普遍采用“海里”来作为海上长度单位。“海里”原指地球子午线上纬度 1 分的长度，由于地球略呈椭球体状，不同纬度处的 1 分弧度略有差异。在赤道上 1 海里约等于 1843 米；纬度 45 度处约等于 1852.2 米，两极约等于 1861.6 米。1929 年，国际水文地理学会议确定用 1 分平均长度 1852 米作为 1 海里。

1948年，国际海上人命安全会议承认1852米或6076.115英尺为1海里，故国际上采用1852米为标准海里长度。

值得一提的是，舰艇上锚链分段制造和使用标志长度单位也用“节”来表示，通常规定锚链长度27.5米为1节。

最高航速可达60节的挪威“盾牌”级导弹艇

大中型战舰为何只维持30节最高航速

从风帆时代到蒸汽时代，再到核动力时代，战舰的动力系统已经发生了翻天覆地的变化。然而，现代大中型战舰的最高航速大多都在30节左右，甚至比不上二战时期的战舰。在一贯追求速度的海上装备中，为什么会出现这种现象？

首先，现代海军的作战方式已经和二战时期大不相同。二战时期，战舰主要使用火炮和鱼雷作战，往往需要在战斗中利用高航速来抢占阵位、突防，相较而言，高航速比适航性更为重要。二战后，随着军事科技的发展，在雷达、导弹、飞机大发展的背景之下，战舰必须注重隐蔽性和防御性，不能再单纯地追求速度，否则会招致严重的后果。毕竟，即便是喷气式飞机这样的高速飞行器也无法摆脱雷达的追踪和导弹的攻击，何况体积庞大的战舰。面对反舰导弹的攻击时，不管是30节航速，还是40节航速，都没有太大的意义。反倒是30节航速时战舰的稳定性更好，电子设备能够更好地工作，战舰的战斗力和生存力反而更强。

其次，战舰要想追求高航速，在技术水平相当的前提下，只能将舰体建造得更细长，以便减小海水的阻力。不过，这样一来战舰的适航性会受到很大影响，在风浪中难以维持平台稳定。以美国"自由"级濒海战斗舰为例，其最高航速可达47节，但是其船头非常小，不仅影响战舰的内部空间，而且还影响战舰的舒适性。另外，战舰的航速越高，阻力越大，所需功率也就越高，而且并不是线性关系。也就是说，可能花了很大代价提高功率，但航速只提高了一点。

经过长期的实践总结，各国海军都将30节左右航速作为大中型战舰平衡航速与功耗的最佳折中范围，如果超过这个范围的话，要么会增加功耗，要么会牺牲战舰携带武器弹药或者物资的数量，从而影响作战效能。

最高航速为30节的法国"乔治·莱格"级驱逐舰

相对于航母、驱逐舰和护卫舰这些大中型战舰来说，小型舰艇由于需要面对特殊的作战环境和任务要求，所以对其速度就不会进行限制。例如，美国建造的“先锋”级远征快速运输舰的最高航速为43节，而挪威建造的“盾牌”级导弹艇的最高航速可达60节。不过，小型舰艇都是牺牲了装载量和武器配置才获得了高航速。与大中型战舰相比，小型舰艇配备的武器简单至极。

总而言之，30节航速作为大中型战舰在性能与经济之间的最佳平衡点，在革命性技术出现之前，还会维持很长一段时间，未来随着激光反导、半潜战舰的出现，这个速度还有可能被下调。

最高航速为30节的美国“福特”级航母

安德森回旋数据为何必须保密

战舰正式服役前要进行多种测试，最小半径转弯测试就是其中之一，这个测试动作也被称为“安德森回旋”。对于航母等大型战舰来说，安德森回旋是一种经常使用的重要机动动作。在规避水中障碍物、水雷时，航母需要急速转弯，此时会产生最大30度的倾斜角度，安德森回旋就是要验证倾斜是否会对甲板上的舰载机或内部设施造成影响，会不会因此影响舰载机起降，是航母等战舰实际航行能力、操纵性能的关键性指标。此外，航母舰载机在起飞或降落的时候，很多情况下需要航母进行机动调整来配合寻找合适角度，这时也需要航母进行大范围转弯机动。

排水量高达几万吨甚至10万吨的航母，其安德森回旋半径（最小转弯半径）小得令人吃惊。确切的数字一般被各国海军列为绝对机密。当航母的方向舵完全打向左/右舷时，在一定速度范围下航母会大幅度向转弯一侧的反方向倾斜。在这种大倾斜的状态下，由于航母自身重力的作用，可能导致航母侧翻倾覆，因此必须谨慎处理。实际上飞机转弯一般也采用倾斜自身的办法，但飞机可以主动向转弯一侧倾斜，其结果是飞机升力的分量转向倾斜的方向，令飞机向这一侧快速转弯，这一力学动作上的原理与航母转弯有本质区别。

安德森回旋的最小半径，与水面战舰、潜艇的生死存亡有着极大的关系，因为敌人发起攻击时会考虑目标舰艇的转弯能力，以便设置鱼雷等武器的提前量等数据，提高命中概率。反舰导弹等武器如果错过目标，往往会进行“8”字形等回旋飞行操作，争取尽快搜索360度方向上的舰艇，增加重新捕捉目标的概率。所以安德森回旋的数据总是被各国海军和军工业界严格保密。

从航海学上来说，安德森回旋是一种让一艘船在动力作用下回到之前经过的位置的机动动作。有美国水兵称，美国海军10万吨级航母可以很容易地在2千米之内完成安德森回旋。美国海军核潜艇也利用安德森回旋来清除声呐探测的盲区，这是因为在核潜艇转弯过程中，声呐总会在某一时刻直接指向360度范围的某一点，而不致受到艇体阻挡。

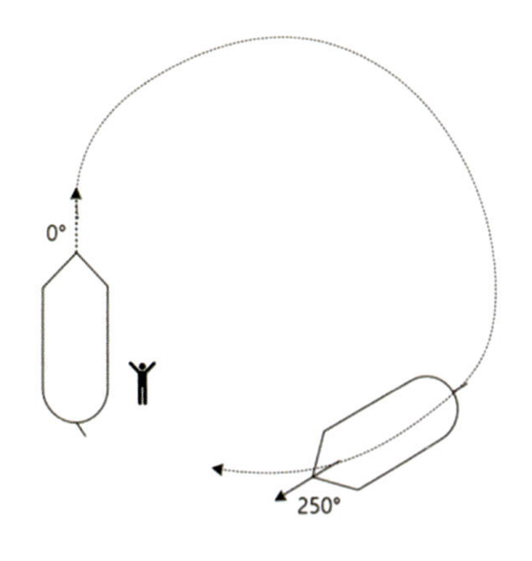

安德森回旋轨迹

急速转弯的美国“尼米兹”级航母

如何实施威廉姆森回旋

“威廉姆森回旋”是国际海事组织《商船搜寻救助手册》推荐的一种船舶搜寻救助落水人员的操作方法，也是战舰常用的一种机动动作。运用这个动作可以使船舶迅速回到原点，接近落水人员。它是以 1943 年使用这一动作的美国人约翰·威廉姆森的名字命名的。然而，据约翰·麦克菲在其《罕见的航母》一书中称，这种战术动作最初可能是“布塔科夫管”，在日俄战争中被用来实现与敌人保持相同距离，从而令火炮瞄准的距离参数不至于变化太多。

威廉姆森回旋的操纵方法：在海上全速航行的船舶得知有人落水后，用满舵使船舶向人员落水的一舷转向，当航向离开原航向 60 度时再用向反方向满舵，当船艏与原航向的相反航向差 20 度时正舵，使船舶驶到相反航向上。当接近开始操作的地点时，必须将船舶的搜寻速度减至能快速停船的程度。如果发现落水人员，保持让船舶逆风航行，在适当时刻停船并救起落水人员。

威廉姆森回旋会令船舶转向180度，而不是像安德森回旋那样最终保持航向不变。在搜寻救助落水人员时，选择哪一种转弯动作，主要取决于转弯目的以及当时的风向和天气状况。如果要进行转弯动作的是航母，其周边必然有执行护航任务的驱逐舰、护卫舰、潜艇等，必须协调指挥，避免发生碰撞。

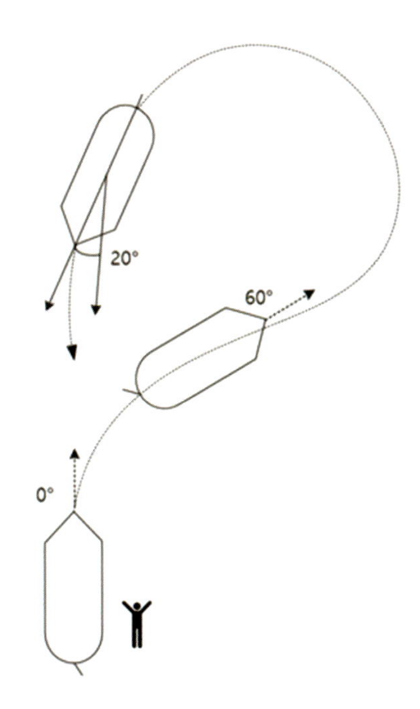

威廉姆森回旋轨迹图

综合电力推进有何优势

综合电力推进（integrated electric propulsion，IEP）也被称为全电推进，其原理就是把动力系统和电力系统合二为一，发动机（内燃机）通过轴系将机械传动螺旋桨前进改为发动机负责发电，由电动机推动螺旋桨前进。

传统的战舰动力系统中，通常由一套功率最大的主机，通过直接机械耦合来驱动推进器，另外再设置独立的发电机组来供应舰上所需的电力。一般而言，战舰推进系统的功率远高于发电机组，然而在实际运作时，战舰推进系统全功率满载的情况不多，导致许多能量遭到浪费；而舰上的各项用电设备则每时每刻都需要电力供应，导致发电机组经常处于满载，有时甚至会供电吃紧、部分系统无法获得足够功率。根据研究显示，战舰推进机组与发电机组的总功率比为8：1～9：1，然而年度燃料消耗比例却降为 2 ： 1 ～ 3 ： 1，显示两者之间的操作负载失衡。

相比之下，采用综合电力推进的战舰可以根据战舰的航速变化、排水量变化、战舰上电力负荷的变化而任意调整发电机组的运行数量，减少燃料的消耗，故具有较好的经济性。现代战舰综合电力系统具有电力实时调节功能，这对于装备大功率探测装备、电磁弹射装置、电磁炮、激光武器等高能耗武器的战舰极其重要。综合电力系统可以在电力推进系统和高能耗设备之间进行快速切换，如电磁弹射器在需要大量电能时，可以对电力推进系统的电能和其他系统的电能进行短暂限制，将电力推进系统的电能快速全部或部分转换给电磁弹射系统，当电磁弹射系统工作循环完毕后又快速将电能转换给电力推进系统。

此外，综合电力系统还有不少优点。采用电力推进系统的战舰在总体布局上具有很大的灵活性，发电机组的布置比机械式推进系统更为方便，可以摒弃串联式布置方式而布置在战舰上其他合适的位置，优化、节省了空间，简化了动力系统的结构，提高燃料和弹药的携带量。由于只需将推进电机布置在战舰艉部，可用短轴系，减少轴系噪声和制作成本。由于安装综合电力系统的战舰可不再需要庞大的推进动力舱，一些武器如导弹垂直发射装置的布置可以更为方便和优化。

采用综合电力推进系统的英国“伊丽莎白女王”级航母

当然，综合电力系统也并非没有缺点，电力推进虽然采用线路传输节省了大量的空间，但线路的稳定性不及机械轴系；损管的难度远高于机械轴系，而且战舰内部的复杂程度更高意味着对舰员的素质要求也更高；柔性电缆的绝缘套管和金属外护套强度不高，即便加上薄钢管，其战时防护能力也相当有限。一旦电力系统受损，不但舰艇无法机动，甚至无法进行有效的防御性作战。

采用综合电力推进系统的英国“勇敢”级驱逐舰

战舰能否采用油电混合动力

在能源危机和环境污染双重压力的当下，购买一辆节能减排的汽车成为明智之举。如何发展新能源汽车，已经是汽车行业迫在眉睫的事情了。

汽车使用油电混合动力，在起步和刹车时将更加平稳，而且燃油消耗可以减少 10% ～ 20%。那么战舰使用油电混合动力是不是一个明智的选择呢？美国海军已经用实际行动给出了答案。

美国海军是世界上首屈一指的海军部队，其战舰不仅性能先进，而且数量众多。拥有这么多大大小小的战舰，美国海军每天的舰用燃油消耗量就是一个天文数字。近几年，美国政府开始缩减美国海军经费预算，导致美国海军各支舰队和各个基地不得不开始想办法减少燃油消耗，将油电混合动力作为战舰的新动力就是办法之一。

2015 年，美国海军的战舰动力改造开始实施，首批改造对象就是美国海军现役的 34 艘“阿利·伯克”级驱逐舰。以 3 台柴油机产生的电力加上 LM2500 燃气轮机产生的常规动力，成为“阿利·伯克”级驱逐舰的新型动力系统。

虽然“阿利·伯克”级驱逐舰的改造工程很顺利，但是很快就出现了问题。“阿利·伯克”级驱逐舰只能在低速航行状态下使用电力，在进入战斗模式时还得使用 LM2500 燃气轮机产生的常规动力。而在使用电力进行低速航行时，3 台柴油机产生的电力仅能驱动驱逐舰航行，然而舰上的雷达警戒系统、武器控制系统等电子电力系统所需的动力却是 3 台柴油机难以提供的。所以“阿利·伯克”级驱逐舰还是只能一直开着 LM2500 燃气轮机，所谓的油电混合动力改造最后成了鸡肋，该计划也在 2019 年被美国政府叫停。

编队航行的美国“阿利·伯克”级驱逐舰

美国“阿利·伯克”级驱逐舰正前方视角

潜艇如何确定航行状态

航行状态是潜艇特有的战术技术性能，它是指潜艇在水面和水下不同深度航行时所处的各种状态。潜艇指挥官必须根据战术需要、海区条件、机械状况等情况，选择适当的航行状态。具体来说，潜艇的航行状态包括以下几种。

英国“特拉法尔加”级攻击型核潜艇在水面航行

（1）水面航行状态。这是指主压载水舱不注水，潜艇浮于水面，可在水面航行，又能随时潜入水下航行的一种状态。潜艇处于水面航行状态时与水面舰艇航行状态基本相同，能在舰桥进行观察和操纵，具有良好的水面稳定性和机动性，主要用于潜艇离、靠码头，进、出基地，水上抛锚和起锚，水上系、离浮筒，通过浅水区、狭窄水道航行以及短距离航渡和战时艇体破损后航行等。常规动力潜艇为了充电，在海况条件不允许潜艇用通气管航行时，也可采用这种航行状态。

（2）半潜航行状态。这是指大部分主压载水舱注入海水，耐压艇体基本淹没，部分上层建筑和指挥室围壳尚露出水面，可随时潜入水下航行或上浮至水面航行的一种状态。它是潜艇下潜、上浮过程中的中间过渡状态。此时，潜艇吃水较深，储备浮力较小，稳定性较差，适航性能减低，只有在风浪不大时，才允许以此状态进行低速航行。半潜航行状态主要用于：在下潜过程中，检查艇体水密情况，发现并消除纵倾和横倾力矩，保证潜入水下的安全；在上浮过程中，为了节省高压空气，先浮至半潜状态，再利用低压气排除主压载水舱的水，使潜艇浮至水面状态；测定艇位或进行必要的检修；等等。

即将进入半潜航行状态的法国“红宝石”级攻击型核潜艇

（3）水下航行状态。这是潜艇的基本航行状态，按深度又可分为潜望深度航行状态和工作深度航行状态。前者是主压载水舱全部注满海水，消除了储备浮力，艇体淹没，潜艇可在水下使用潜望镜的航行状态。通常潜艇在潜望深度进行均衡，使浮力差和力矩差接近于零，为潜艇水下航行状态打下良好的基础。潜望深度航行状态，包括潜望镜航行状态和通气管航行状态。潜望镜航行状态是潜艇处于水下使用潜望镜观察海面、空中情况时的航行状态，主要用于升起和使用各种升降装置（潜望镜、雷达天线、雷达侦察仪天线、无线电天线等），保证潜艇在水下进行观察、测位、导航、通信联络和实施攻击等。在潜望镜航行状态时，由于各类潜艇的升降装置高度有所不同，其潜望镜深度航行状态所处深度也不同，常规动力潜艇距水面的高度为7～10米，核动力潜艇为9～15米。潜望镜航行状态的下潜深度较浅，使用的升降装置顶端露出水面，易被从空中、水面用目力和侦察器材发现，隐蔽性较差，并有与水面舰船发生碰撞的危险。航行中必须加强观察，并采取安全隐蔽措施。在大风浪条件下，处于潜望镜航行状态时受浪涌的影响较大，可能产生不利的纵倾、横倾，须防止艇体露出水面，随时作好下潜至工作深度航行状态的准备。

通气管航行状态是潜艇在潜望深度时升起通气管、使用柴油机作动力所处的航行状态。这是常规动力潜艇的重要航行状态之一，核动力潜艇在必要时也可采用。使用通气管航行状态时，柴油机工作所需的空气，经过通气管进入舱室内，保障其正常工作，柴油机工作产生的废气，经过排气管排入水中。其优点：节省电能，增大水下续航力；在水下充电，补充蓄电池电能；为舱室通风，更换新鲜空气；进行充气，为高压气瓶补足高压气。但升起通气管，会增大潜艇水下的阻力，影响航行速度；通气管易被折或变形，使用柴油机的航速不能过大；通气管露出水面，易被水面舰船和飞机侦察发现；在风浪较大时，通气管有时会被海浪淹没，影响柴油机正常工作；柴油机工作时，产生的噪声较大，对隐蔽性不利，易被敌方发现并遭受攻击。在有敌情威胁的海区，须尽量避免和减少使用这种航行状态。

工作深度航行状态是潜艇在水下安全深度到最大工作深度范围内所处的航行状态。这是最适合潜艇在水下进行战斗活动的航行状态，在此状态下，潜艇可使用电力推进或核动力推进，潜艇的艇体结构、机械、系统和装置均能保证长时间正常工作，潜艇可在水中实施各种机动。工作深度的上限为安全深度，是潜艇为防止与水面舰船和冰层相碰撞所处的深度。通常防止与水面舰船碰撞的安全深度在30米以下；而防止与冰层碰撞的安全深度，则可根据冰层的厚度决定。当潜艇从大深度上浮时，须先浮至安全深度航行状态，探测水中和海面情况，预防浮起时发生碰撞危险。工作深度的下限为极限深度，耐压艇体有被海水压力压缩、变形，甚至破裂的危险。通常规定潜艇只允许在最大工作深度以上的水层进行活动，极限深度以下的水层，潜艇的生命力将受到破坏，是潜艇航行的禁区。潜艇工作深度的大小，根据耐压艇体所承受的海水压力大小而定，耐压艇体钢材质量好，承受海水压力大，工作深度就大。潜艇下潜深度越大，潜艇工作深度航行状态的活动空间范围就越大，对潜艇的机动、作战行动越有利。同时，潜艇产生的噪声也越小。

潜艇的水下停泊状态有哪些

水下停泊状态是指潜艇停泊于一定深度的海水中或海底时所处的状态，主要包括潜坐海底、水下锚泊和水下悬浮三种。

潜坐海底是潜艇潜坐于海底的停泊状态，主要用于艇员休息、隐蔽待机、节省能源、排除故障或从事其他必要的活动。潜艇可在工作深度范围内潜坐于固体海底和液体海底上，不允许在最大工作深度以下潜坐。

潜坐固体海底时，可选择海底平坦、流速较小，没有沉船和危险物的海区，底质以粗沙、泥沙、贝壳底为宜，避免在黏泥、烂泥、岩石底上潜坐，以防艇体及艇舷装置被粘住、陷入或损坏。潜坐固体海底的特点是停泊稳定性好，不易因海流发生移位；利于艇员恢复体力。但潜坐时操作比较复杂，潜坐后机动性受到一定限制；长时期潜坐时，要经常注意潜坐状态的变化，防止陷入海底和艇位移动。

潜坐液体海底，是利用海水密度急剧增大的水层对潜艇产生的正浮力使之停泊于水中。潜坐时，须了解液体海底的密度、厚度、范围等情况，选择液体海底海水密度跃变的水层。潜坐液体海底的特点是操纵比较简单，潜坐后能随时进行机动，利于隐蔽待机。但液体海底不稳定，潜艇会随流漂移，海水密度可能会发生变化，停泊的可靠性比较差，须经常观察潜坐状态的变化情况。

水下锚泊是潜艇利用锚和锚链系泊于水下的状态，主要用于在待机活动时节省电能，机械故障时进行修复，以及使艇员获得休息等。水下锚泊的特点：依靠锚和放出锚链的重量固定于海底，使潜艇停泊在海水中，并调整浮力使潜艇稳定在某一深度上。水下锚泊深度须在工作深度的范围内，不允许停泊在最大工作深度以下。锚位选择在海底平坦、底质良好、流速较小和宽阔的海区。

水下锚泊时，易受海流影响而产生漂移，易受浮力变化影响而产生深度变化，须及时进行水量微调；水下锚泊稳定性较差，须随时观察潜艇锚泊状态的变化，及时采取措施，以保证锚泊的安全。水下锚泊操纵比较复杂，可靠性和机动性较差，一般在无法潜坐固体海底又无液体海底可停泊时采用。

水下悬浮是潜艇保持在一定深度海水中停泊的状态。此时浮力为零，潜艇既不上浮、又不下潜，处于水中某一深度上，目的是隐蔽行动，利于侦听，节省电能，实施水下待机。水下悬浮停泊，受水文条件的影响很大，保持一定深度悬浮比较困难，必须利用浮力调整水舱，进行水量微调。有的潜艇在与潜艇重心相一致的位置上设有专门的悬浮水舱或悬浮系统，通过注、排水的方法，实现水量微调，达到浮力等于零，使潜艇保持在一定深度的海水中悬浮停泊。

潜艇水下悬浮模拟图

潜艇是否像鱼一样上浮下潜

众所周知，鱼类靠改变自身体积来调节自身密度，从而实现上浮和下潜。鱼在下潜时，要把鱼鳔内的一部分气体排出体外，使自身体积减小，密度增大，当密度大于水的密度时，鱼就可潜入水下；当想浮上水面时，把鳃滤出的一部分气体放入鱼鳔内，使自身体积增大，密度降低到小于水的密度，鱼类就会浮出水面。

与鱼类不同，潜艇通过改变自身的重力可实现上浮和下潜。潜艇上设置有主压载水舱，其功能就是通过注、排水实现潜艇的下潜、上浮。对于双壳体结构的潜艇，其通常设在耐压艇体外的左右舷和艏艉端，并沿潜艇纵向前后、左右对称布置。

潜艇主压载水舱的水增多时，潜艇的重量增加，当重量大于水所产生的浮力时，即从水面潜入水下。潜艇要从水下浮出水面时，要用压缩空气把主压载水舱内的一部分水排出，使潜艇的重量减轻，当自身重力小于水产生的浮力时，便可实现上浮。

为了更好地控制潜艇的运动，潜艇通常还设有辅助压载水舱，包括浮力调整水舱、纵倾平衡水舱、补重水舱和快潜水舱。浮力调整水舱位于潜艇重心附近，通常为左右舷对称布置。当潜艇重力或浮力改变时，通过向该舱注入或排出适量的水来保持潜艇平衡，也可用来调整潜艇的横倾。纵倾平衡水舱设在耐压艇体艏端和艉端，主要用于调整潜艇的纵倾。补重水舱包括鱼雷补重水舱和导弹补重水舱等，用来补偿消耗掉的备用鱼雷和导弹的重量。快潜水舱注满水时会使潜艇产生一定的向下作用力，加快潜艇的下潜速度。

为了向这些水舱注、排水，潜艇上还有通海阀、通气阀、传动装置、压缩空气系统、低压气吹排系统、应急吹排系统、潜浮操纵站等各种管道和设备。

韩国海军 214 级潜艇浮出水面

日本海上自卫队“苍龙”级潜艇在水面转弯

现代潜艇为何在水下航行更快

一般情况下，物体在陆地上的行进速度要比水下快，因为空气的阻力远远小于水的阻力。然而，现代化潜艇却正好相反，在水下航行的速度往往比水面航行更快。

潜艇在水面航行时影响航速的阻力一般有摩擦阻力、漩涡阻力、兴波阻力、附体阻力和空气阻力。这几种阻力随着航速的增加而变大。不过，当潜艇在水下航行时，空气阻力就不存在了。由波浪造成的兴波阻力也会随着潜艇下潜深度的增加而减小，即使水面巨浪滔天，水下也可能风平浪静。如此一来，影响潜艇水下航速的阻力就只剩下摩擦阻力、漩涡阻力和附体阻力。

如果潜艇都是以同样的低速航行，其在水面所受到的阻力要小于水下受到的阻力，航行速度以水面为快。这是因为潜艇低速在水面航行时，其兴波阻力和空气阻力都相当小，所面对的只是摩擦阻力、附体阻力和漩涡阻力；而潜艇在水下低速航行时的主要航行阻力虽然也是这几种阻力，但因潜艇在水下状态时浸水表面积大大增加，会使摩擦阻力较水面增大许多，同时由于潜艇在水下时一些附体（如指挥台）入水后会加大附体阻力，所以潜艇水下低速航行时的阻力要大于水面低速航行时的阻力。也就是说，低速水下航行比低速水面航行要消耗更大的功率，其航行速度自然低于在水面航行的速度。

不过，潜艇在高速航行时，会出现完全不同的状态。随着航速的增加，潜艇在水面上的空气阻力和兴波阻力将大大增加，使其总阻力值大于在水下高速航行的总阻力值。据计算，当潜艇达到一速度后，水面阻力甚至是水下阻力的两倍。

对于核潜艇来说，不管是水面航行还是水下航行都采用同一动力装置，在同样的额定功率条件下，在水面和水下就会产生出不同的最大航速值。此外，由于核潜艇的主要活动是在水下，在动力装置的设计上主要考虑的也是尽量减少水下的阻力，以适应在水下航行的特点，所以核潜艇的水下航速高于水面航速。至于常规潜艇，在水下航行和水面航行时往往会采用两种不同的动力装置，水下航行时采用的动力装置通常功率更大，所以航速也更快。

法国“凯旋”级弹道导弹核潜艇在水面航行

英国“机敏”级攻击型核潜艇在水面航行

潜艇的航行速度与艇体形状密切相关。现代化潜艇大多采用水滴形艇体，在水下航行时受到的阻力并没有想象中的那么大。而当潜艇在水面航行时，不仅有空气阻力还有水的阻力，并且现代化潜艇大多是圆头的，在水面受到的摩擦阻力也非常大。事实上，二战时期的潜艇在水面航行的速度往往比水下更快，这是因为当时的潜艇大多采用艇艏尖削的船形设计，兴波阻力较小，加上艇体构造和动力装置等方面的限制，在水面上更容易航行。

潜艇与航母采用的反应堆是否一样

自从核动力装置被用作舰艇动力以来，先后出现了五种反应堆的方案设想，构成五种不同的舰艇推进装置形式，它们分别是压水反应堆、液态金属反应堆、气冷反应堆、有机反应堆和沸水反应堆。目前，世界各国海军的核动力潜艇和核动力航母采用的反应堆都是压水反应堆，两者原理是一样的，但功率大小不同，具体设计细节也不同。核动力航母是世界上建造技术最复杂的舰艇，集中体现在建造大功率、运行时间长和高可靠性的核反应堆上。而与核动力航母不同，核潜艇反应堆的设计理念是先保证低噪声再实现高功率。

压水反应堆由压水堆、一回路系统和设备、二回路系统和设备及推进轴系组成。因为反应堆和一回路系统均在高压下运行，作为反应堆的载热剂和慢化剂的水在约300℃时也不会沸腾，所以此类反应堆被称为压水反应堆。压水堆和一回路系统因具有放射性，所以需要布置在屏蔽内。蒸汽发生器产生的蒸汽由于被传热管壁与一回路系统隔开，因此二回路系统和设备同常规蒸汽动力装置一样没有放射性，不需要屏蔽。

压水反应堆的工作原理是：载热剂在反应堆中被加热送到蒸汽发生器，将其加热经传热管传给蒸汽发生器的二次侧水（二回路一侧的水）并使其变成饱和蒸汽，从蒸汽发生器流出的载热剂经由主泵又被送回到反应堆再加热，形成一回路循环。饱和蒸汽送至主推进蒸汽轮机作功，从汽轮机排出的蒸汽在冷凝器中冷凝后经给水泵再送至蒸汽发生器，形成二回路。主推进蒸汽轮机经减速齿轮带动螺旋桨推动潜艇航行。

压水反应堆推进装置的轴系与常规动力装置的轴系基本相同。不同之处是，在压水反应堆推进装置上，通常轴上安装有一个套轴的低速推进电动机，在核动力装置发生故障时或需要进行低噪声航行时，利用应急电源供电以便使潜艇获得推进动力。二回路系统和设备与常规蒸汽动力装置基本相同。其推进装置一般分布在潜艇的艉部，占 3 ～ 4 个舱室的位置。

压水反应堆推进装置的电力系统和应急电力系统，也与常规动力装置基本相同，但其供电的品质、可靠性要求比较高，一旦正常电力系统发生故障时，应急电力系统要能在 5 秒甚至更短时间内提供可靠电源。

美国核能管理委员会压水反应堆容器顶盖

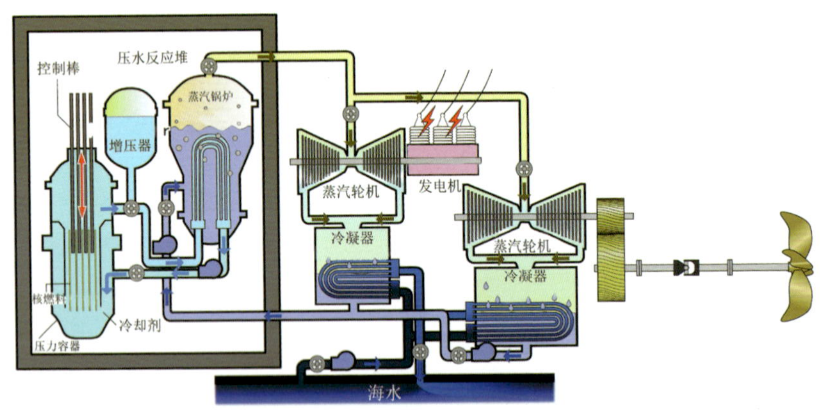

压水反应堆工作原理

美国为何不再追求大潜深核潜艇

潜艇下潜深度可分为危险深度、极限深度和工作深度。潜艇在接近水面的深度上航行时容易与水面舰艇发生碰撞，比较危险，这样的深度范围称为危险深度。潜艇能下潜的最大深度称为极限深度。一般来讲，潜艇下潜的深度极限在 300 ～ 600 米，当潜艇下潜超过极限深度，其外壳就会被海水压破。在危险深度与极限深度之间的深度上，潜艇可以相对安全地从事各种战备训练任务，常称为工作深度。

随着现代对潜探测技术的不断改进完善，核潜艇被探测到的概率不断增加，除了传统的声呐探测技术日臻完善外，磁探测技术、热探测技术、尾迹探测技术、流体内部扰动探测技术、激光探测技术等也取得突飞猛进的发展，核潜艇受到的威胁日趋严重。而大潜深技术则能比较有效地应对这些威胁，甚至能有效地规避反潜武器的攻击。

因此，当今世界主要核潜艇大国，都比较重视对核潜艇大潜深技术的研究和应用。俄罗斯是目前世界上在大潜深核潜艇领域技术最为先进的国家。俄罗斯“麦克”级攻击型核潜艇最大设计下潜深度高达 1250 米，并在试验中成功下潜到 1020 米深度，成为名副其实的超大潜深核潜艇。在战略导弹核潜艇方面，俄罗斯第四代战略核潜艇“北风之神”级最大下潜深度为 450 米。

美国在役的核潜艇中，“俄亥俄”级弹道导弹核潜艇的最大潜深为 400 米，而“弗吉尼亚”级攻击型核潜艇的极限下潜深度已减少到传统的 300 米。美国之所以没有进一步增加攻击型核潜艇的下潜深度，主要原因是随着冷战的结束，特别是“9 • 11”事件后，美国重点发展具有反恐、特种作战、对陆目标常规打击等多用途的攻击型核潜艇，更强调近海作战，而不是大洋深处捉迷藏式的对抗。

俄罗斯“麦克”级攻击型核潜艇

潜艇遭遇掉深有多危险

“掉深”是潜艇在水下航行遇到的最危险的状况，稍有不慎就会导致艇毁人亡。

了解“掉深”就必须知道海水跃层。海水跃层也称“跃变层”或“飞跃层”。跃层是海水参数随深度变化而显著变化的水层。指海水温度、盐度、密度、声速等状态在垂直方向上出现突变或不连续剧变的水层。跃层对水下通信和潜艇的隐蔽具有积极的作用。水声设备在深海声道中的使用效果最好，在深海声道中航行的潜艇可以探测到距离很远的目标。在声速跃层之上发射的声呐信号，不易探测到跃层之下的目标，潜入跃层以下的潜艇被发现的可能性大为减少。如果海水跃层强度较小、上界深度较深、厚度较大、较持久稳定，会形成不规则的声反射，大幅降低作反潜声呐的作战效能，给反潜行动造成困难。在战斗中海水跃层比较适合潜艇隐蔽行动，潜艇在作战中会尽量寻找海水跃层，来隐蔽待击。水面战舰在有水下敌情状态下，如果探测到水下有海水跃层，通常会迅速脱离，以防止自身反潜能力下降，敌方潜艇利用海水跃层隐蔽出击。

但是，如果海水跃层是上层密度大、下层密度小的状态，形成负密度梯度跃变层，海水浮力由上至下急剧减小，被称为“海中断崖”。潜艇在水下航行中，如果突然遭遇海中断崖，会立即失去浮力，急剧掉向海底，即是“掉深”。大多数常规潜艇的有效潜深为 300 米，潜艇不受控制地掉到安全潜深以下时，会被巨大的海水压力破坏，造成失事。

二战以后，各国海军潜艇出现过数次因海中断崖导致的事故。1963 年 4 月 10 日，美国海军“长尾鲨”号攻击型核潜艇在美国东部科德角沿海 330 千米的大陆架边缘处进行下潜 300 米的潜水试验时，就因“掉深”而沉入 2300 米深的海底，夺走了 129 名艇员的生命。这是世界潜艇史上最大的灾难之一，也是世界上第一艘失事的核潜艇。

美国“长尾鲨”号攻击型核潜艇

美国阿灵顿国家公墓“长尾鲨”号核潜艇纪念碑

核潜艇需要更换燃料吗

在远洋作战中，核潜艇相对于常规潜艇具有无可比拟的优势。常规潜艇的续航能力有限，在水下最多持续作业十几天时间，就要返回基地充电，因此常规潜艇就注定无法执行跨海域作战或巡逻任务。此外，常规潜艇运行中还要浮出水面换气，每一次上浮都有暴露行踪的可能，但是核潜艇就不一样了，因为使用了小型核反应堆，可以潜伏水下长达一个月甚至几个月，大大增加了续航里程，提高了作战隐蔽性。

当然，核潜艇的核反应堆也是有寿命的。以前，核潜艇核反应堆的核燃料寿命一般为 5 ～ 10 年，正好与核潜艇本身的大修周期相同。由于设计紧凑，核潜艇更换燃料棒非常麻烦，几乎要拆掉一半的耐压艇壳以及大部分核反应堆部件。同时，还要更换冷凝剂和抑制剂。更为麻烦的是需要等待核反应堆冷却，并做好防止核泄漏的措施。

随着核潜艇动力技术的不断改进，军事强国核潜艇核反应堆的使用寿命越来越长。目前，美国最新研制的“哥伦比亚”级弹道导弹核潜艇在 40 年之内都不需要更换堆芯，几乎与潜艇同寿命。而俄罗斯建造的新一代核潜艇也无须重新装载核燃料，潜艇的利用率将大大提高。俄罗斯国家原子能集团公司下属企业——阿夫里坎托夫机械制造试验设计局网站上发布的 2017 年公开年度报告显示，俄罗斯首次制成并测试了可供核潜艇整个寿命周期使用，即无须重新装载核燃料的核反应堆堆芯。

美国“哥伦比亚”级弹道导弹核潜艇模拟图

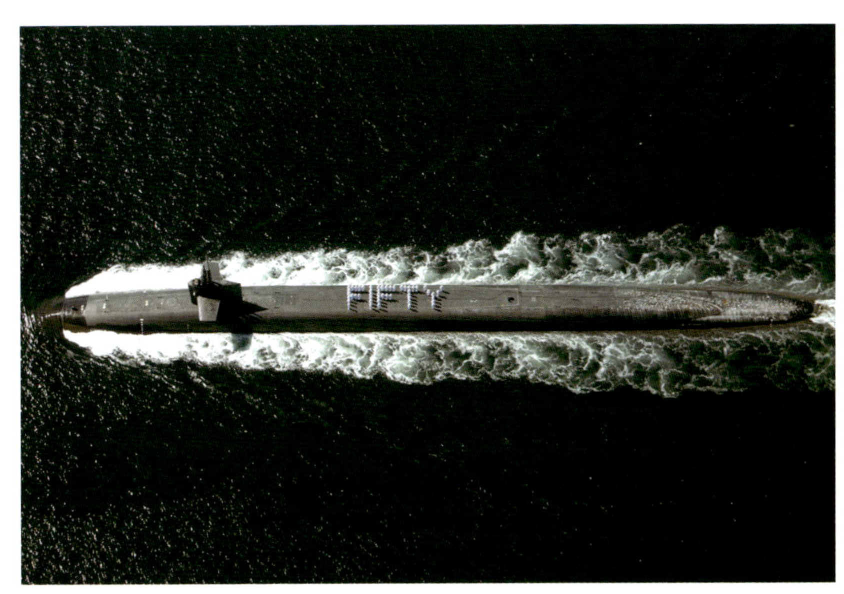

美国“俄亥俄”级弹道导弹核潜艇在水面航行

AIP潜艇为何备受欢迎

AIP是英文Air Independent Propulsion的缩写，意为“不依赖空气推进”。与传统的柴电动力装置相比，AIP由于自身就可提供氧气，因此潜艇不需要经常浮出水面，可长时间在水下航行，从而大大提高了生存能力和持续作战能力。

一般来说，常规动力潜艇不能在水下作长时间的航行，必须经常上浮至海面“呼吸”，即在通气管状态下使用柴油机为蓄电池充电。这样就很容易被敌方雷达发现，同时柴油机为蓄电池充电时的噪声，也极易被敌方水声器材探测到，因而大大增加了常规动力潜艇的暴露概率，使其生存能力受到严重的威胁。为此，各国海军一直在探索无须借助空气的推进方式。

早在二战期间，德国和苏联就已经开始研究 AIP 系统。此后数十年，各大海军强国一直没有停止研究 AIP 的脚步。20 世纪 60 年代初，瑞典海军联合瑞典国防物资局、考库姆公司等单位，开始对 AIP 系统发起技术攻关。经过 20 余年的不懈努力，考库姆公司终于在 80 年代初研制出斯特林发动机 AIP 系统，并于 1985 年进行了首次试验。1988 年，瑞典海军开始用 AIP 系统改造一艘“水怪”级潜艇。他们将潜艇从中间割开，加装了一段长约 8 米的舱段，用于安装 AIP 系统的各个部件。这艘改造后的“水怪”级潜艇后来成功进行了一系列海试。

20 世纪 90 年代初，瑞典海军决定为“哥特兰”级潜艇安装 AIP 系统。1996 年 7 月，“哥特兰”级首艇开始服役，由此拉开了世界常规潜艇 AIP 时代的序幕。时至今日，瑞典、德国、法国、俄罗斯等国均已制造出采用 AIP 系统的潜艇。

从各种类型的 AIP 系统的试验情况以及实际使用结果来看，装备了 AIP 系统的常规潜艇，明显地减少了潜艇使用通气管航行的时间，增加了潜艇的水下续航力，降低了潜艇的暴露概率，弥补了常规潜艇水下续航力不足的重大缺陷。此外，AIP 系统还具有体积小、重量轻、噪声小、运行费用低等优点。AIP 系统可使常规潜艇的作战效能成倍提高，大大缩小了常规潜艇与核潜艇之间的差距。大多数国家的海军受限于自身军费和狭小的作战海域，AIP 潜艇就成了他们的最佳选择。

瑞典“哥特兰”级 AIP 潜艇

希腊海军从德国进口的 214 级 AIP 潜艇

潜艇各类AIP系统孰优孰劣

世界各国研发的AIP系统多种多样，在工作原理、构成、性能等方面可谓各有千秋，其中技术上较为成熟的主要有以下四种。

（1）闭式循环柴油机AIP（CCDAIP）。除了进、排气系统与普通柴油机不同外，闭式循环柴油机AIP的工作原理与目前常规动力潜艇所使用的普通柴油机相同。其工作原理是：用潜艇自带的氧气代替空气中的氧气，将废气中的二氧化碳经过冷却和吸收后排到艇外，部分二氧化碳作为工质参加循环工作；同时用氩气取代空气中的氮气，以改善循环气体的燃烧质量。

由于柴油机技术成熟，性能比较可靠，寿命长，所以CCDAIP系统所用柴油机的使用寿命要比其他AIP系统的主机时间长；CCDAIP系统所用柴油与普通常规潜艇所用的一样，可广泛采购，不存在后勤供应问题；CCDAIP系统所用柴油机与普通柴油机一样，随时可以在闭式循环和开式循环两种工况下进行自由转换，潜艇使用的灵活性较强；由于可以使用大量成熟技术，且水上、水下均可使用，所以耗油率较低，维修费用也相对较低，因此CCDAIP系统是AIP系统中最经济的一种形式。不过，CCDAIP系统存在工作效率低、氧气消耗量大、排出的热量多、产生的噪声大、系统输出功率受到限制等问题。

（2）斯特林发动机AIP（SEAIP）。SEAIP系统与CCDAIP系统大致相同，最主要的不同就是发动机。SEAIP系统使用的是热气机，而CCDAIP系统使用的是闭式循环柴油机。热气机是一种由外部热源加热，并将热能转换为机械能的热机，其循环是一种闭式、采用定容下回热的气体循环，简称斯特林循环。斯特林发动机主要是在水下续航状态下工作，与蓄电池并联，向推进电机、全艇辅机及其他用电设备供电。

SEAIP系统的优点是机械噪声与震动较小。因为斯特林发动机是一种从外部对内部气体工质连续加热使之做功的活塞式往复发动机，燃烧过程中没有柴油机的爆燃现象，燃烧过程平稳，因此发动机的噪声与震动较小，但是有些斯特林发动机的部件依然采用往复式运动机械，所以在装备潜艇时仍要加装双层隔振系统以减小水下噪声。此外，SEAIP系统废气排放较为方便，在潜深 200 米内可以自主排放，即使增加潜深也只需要小型压缩机协助，不需要闭式循环柴油机系统的庞大水管理系统。

SEAIP 系统的缺点是功率较低，斯特林发动机由于其自身固有的低功率密度的特点，因而决定了整个 AIP 系统的功率密度小于 CCDAIP 系统。如果要加大功率，需要配备几台发动机，势必会影响整个潜艇的布局与使用。此外，SEAIP 系统的燃油消耗量较大，通常要高于普通柴油机。

采用 SEAIP 系统的瑞典“哥特兰”级潜艇

（3）燃料电池 AIP（FCAIP）。FCAIP 系统是最具竞争力的 AIP 系统之一，它是直接将反应物质化学能用电化学方式直接转换为电能的能量供应系统。主要组成部分有燃料电池及其储存设备和转换器、氧化剂及其储存设备和转换器、控制装置。其中燃料电池的主要种类有碱性燃料电池、质子交换膜燃料电池、磷酸燃料电池、熔融碳酸燃料电池、固体氧化物电解燃料电池等，其中最有前途的是质子交换膜燃料电池。

FCAIP 系统的优点是能量转换效率很高，燃料电池通过电化学方式可直接将化学能转变为电能，省去了热机发电时复杂的转换过程，减少了能量损耗。由于能量转换过程中能量损耗较少，所以相应地散热也少，这就有效地降低了潜艇的热辐射，减小了被敌方红外探测仪器发现的概率。燃料电池系统由于可直接进行能量转换，本身并无机械运动部件，因此工作过程中非常安静，可以使潜艇在航行时获得极佳的隐蔽性。此外，系统维护保养、制造加工很方便；过载能力强，可进行短时的加速航行；燃料电池是由若干个电池单元串、并联而成，可根据潜艇内部布置的需要，灵活选择燃料电池的配置方式等都是其独有的优点。

FCAIP系统的缺点是燃料危险性非常大，易发生险情，目前的燃料电池只能用纯氢作燃料，纯氢的加工提取工作异常复杂，且在潜艇狭小空间内，纯氢一旦发生泄漏，浓度超过极限易发生爆炸，危险性很大；其工作寿命短、价格较高，目前的质子膜燃料电池的工作寿命只有5000小时，但价格也是柴油发电机组的3～6倍。

采用FCAIP系统的德国212级潜艇

（4）小型核动力AIP（SSNAIP）。SSNAIP系统又可称为自持式船用核反应堆发电装置，目前取得较大成果的国家是加拿大，其研制的AMPS型核电混合推进系统即将迈入实用阶段，这种只需经过简单改装就可使常规潜艇变成小型核潜艇的动力系统日益引起了各国海军的注意。

值得注意的是，目前无论哪种AIP系统，其输出功率均不能满足常规潜艇水下最大航速航行的需求。只有将AIP系统与当前潜艇的柴电动力装置组合在一起，构成混合推进装置才具备实用价值。

潜艇使用锂电池是否存在安全风险

2020年3月，日本海上自卫队“凰龙”号潜艇（SS-511）的交付入列仪式在三菱重工神户造船厂举行。该潜艇是“苍龙”级常规潜艇的第十一艘，与前十艘“苍龙”级潜艇不同，“凰龙”号潜艇使用锂电池代替传统常规潜艇使用的铅酸电池，是世界上首艘使用锂电池提供动力的潜艇。该潜艇的建造费用高达660亿日元，约合43亿元人民币。其长度为84米，宽度为9.1米，水下排水量为3300吨，最高潜航速度为20节。

与传统常规潜艇相比，“凰龙”号潜艇有着一系列优势，传统常规潜艇使用柴油机给铅酸蓄电池充电，铅酸蓄电池体积和重量都很大，而且充电慢、充电少，每充十几个小时，只能供潜艇以几节的速度在水下航行一天，之后就必须浮到水面上充电，隐蔽性较差。而“凰龙”号潜艇使用的是锂电池，与同体积的铅酸电池相比，锂电池储电量翻倍并且充电速度很快，其水下工作时间少则一周多则十几天。另外，“凰龙”号潜艇的内部空间明显增大，信息化水平较高，艇员编制一共才65人。

日本海上自卫队“凰龙”号潜艇

日本海上自卫队“登龙”号潜艇

日本防务省认为锂电池是未来常规潜艇的发展方向。2021年3月开始服役的第十二艘“苍龙”级潜艇“登龙”号（SS-512）同样采用了锂电池。不过相关专家指出锂电池存在着不少安全风险。因为锂的化学性质十分活泼，锂电池在放电或充电时，内部的温度会持续上升，再加上活化过程中产生的气体膨胀，导致内压增大，如果电池外壳有破损，会导致漏液、起火甚至爆炸。目前主流的AIP潜艇大多使用铅酸电池也是这个原因。

2013年，一架波音787客机在机场检修时突然着火，当时机上只有一名工程师，发动机并没有启动，事后发现就是日本汤浅公司生产的锂电池发热自毁了。而“凰龙”号和“登龙”号潜艇安装的锂电池也是由日本汤浅公司研发的。尽管该公司称“苍龙”级潜艇在换装锂电池之后，能够将之前水下持续航行两周的时间延长到一个月，并且能够大大减少浮出水面充电的时间，隐蔽性丝毫不比核潜艇差，但是只字未提锂电池的安全性能是否提高。

气垫船与排水型战舰有何不同

纵观历史上海军使用的战舰，从航母和巡洋舰等大型战舰，到驱逐舰和护卫舰等中型战舰，全部都是排水型战舰。这些战舰虽然拥有强大的攻击力，其航行速度却是个很大的问题。因为水的密度远大于空气的密度，战舰在水面上排水行进受到很大的阻力，因而其航速很慢。所以，很长时间以来各国海军一直希望能有一种技术将船体托离水面，使船像飞机一样在空气中快速前进。

英国是最早研制气垫船的国家，1959年英国建造了第一艘气垫船，在横渡英吉利海峡的航行试验中，它仅用125分钟就横穿了海峡，并直接冲上法国诺曼底海岸的沙滩。气垫船的性能给英国军方留下了深刻印象，随即英国海军组建了气垫船试验分队，并用于水面扫雷、两栖登陆、导弹发射等军事科目试验。继英国之后，美国和苏联等国也陆续展开气垫船的研究工作。20世纪80年代中期，美国开始建造LCAC大型气垫登陆艇，而苏联也在同一时期建造了“野牛”级气垫登陆艇。

气垫船是一种以空气在船只底部衬垫，利用船底与水面间的高压气垫作用，让船体部分或全部提升，能够快速水上行进的运载工具。气垫是用大功率鼓风机将空气压入船底，由船底周围的柔性围裙或刚性侧壁等气封装置限制其逸出而形成的。由于气垫船不是排水型舰艇，航行时不需要利用水的浮力支持船体，因此除了可以在水面航行，还可以在沼泽地、湿地以及较为平坦的陆地行驶。这些功能是其他水面舰艇所不具备的优势，因此可作为登陆作战中的运载工具，广泛用于运输大型装备，在那些浅水急流、江河上游险滩、沼泽地带、浅海滩涂、河口近岸以及冰雪地段航行更能够体现出气垫船的使用价值。传统登陆艇仅能通过全世界 15% 的海岸，而气垫船可在 70% 的海岸进行登陆作业。

气垫船按照垫升方式可分为全垫升式和部分垫升式。全垫升式气垫船又称为全浮式气垫船，是在船底四周设有柔性橡胶围裙，约束空气形成，使整个船体在压缩的空气作用下升离水面，使用空气螺旋桨推进，用空气舵控制方向；而部分垫升式气垫船，也称为侧壁式气垫船，船体两侧装有长长的刚性侧壁封住气垫，在艏艉部装有柔性围裙，它封住气垫，不向外逸散。侧壁式气垫船用螺旋桨或喷水推进器来推进，故只能在水面航行，不能上陆。侧壁式气垫船的速度低于全垫升式气垫船，但远高于一般舰艇。

编队航行的 LCAC 气垫登陆艇

高速航行的“野牛”级气垫登陆艇

高速拦截艇如何实现高速航行

按照海军的定义，一般将航速在30节以上的舰艇称为快艇。而有的舰艇在航速上远远超过了这个标准，甚至达到60节的超高航速。由于航速惊人，这类舰艇得以自立门户，被西方国家海军通称为高速拦截艇。目前，海外国家建造的高速拦截艇主要有美国M80“短剑”高速艇、英国VSV-22高速拦截艇、土耳其MRTP-33高速拦截艇等。

毫无疑问，高速拦截艇的最大优势在于航速。与此相应，它们所承担的任务有一个共同特点：速度即使不是唯一的要求，也是最重要的要求。目前，高速拦截艇的主要用户是海关执法人员和海军特种部队，前者使用高速拦截艇拦截海上走私分子或毒贩，后者多用于拦截海盗、武器走私分子和恐怖分子，或者在战时将特种作战小分队部署到敌人纵深地带。

对于高速拦截艇来说，要达到高速的目的，在设计时首先要确定两点：一是船型，二是推进装置。一直以来，滑行或半滑行船型是绝大多数高速拦截艇的不二选择，因为它们在实现高航速的同时，也很好地兼顾了适航性。近年来，复合船型逐渐成为追捧对象，其优点在于能快速而平稳地过渡到巡航状态，而且能显著提高最大航速。此外，一些颇具想像力和创造性的新船型，如穿浪船型、穿浪双体船型、M 船型等，也开始应用于高速拦截艇，并展示了不可低估的发展前景。

对于排水量小、吃水浅的小型舰艇来说，如果采用传统的螺旋桨，很难实现 35 节以上的航速。因为此时空泡效应将成为一个严重问题，伴随着剧烈震动，螺旋桨叶片会很快受损。发生空泡效应时的航速值，主要取决于螺旋桨叶片的长度、形状及当时的浸水深。但无论如何，就高速拦截艇这类对尺寸和排水量有着严格限制的舰艇而言，试图借助于传统的螺旋桨来实现超过 35 节的航速，基本上属于不可能完成的任务。因此，设计人员开始尝试半浸式螺旋桨和喷水推进器。

半浸式螺旋桨工作时有一半浸入水中，另一半在空气中旋转。喷水推进器则利用推进泵喷出水流的反作用力来推动舰艇前进。这两种推进装置均能在高速航行条件下有效地减缓甚至消除空泡效应，而且它们自身就可提供良好的转向和平衡能力，因此原则上不需要使用舵。当然，应用于高速拦截艇时，两种推进装置各有利弊。

就机动性而言，喷水推进器几乎在所有速度上都更胜一筹，特别是能实现良好的紧急转向、驻航和倒航，因为此时只要调整推进泵喷出水流的方向即可。此外，针对恶劣海况下的慢速航行，如航速低于 6 ～ 7 节时，喷水推进器也能游刃有余，而半浸式螺旋桨会遇到很多问题，某些情况下甚至无法工作。

高速拦截艇经常在海岸附近高速游弋，有时会发生撞上水下目标甚至触地等事故。此时，喷水推进器提供了更好的安全性，因为其进水口设置在艇的底部，而且驱动装置可以提供一定的牵引力。换句话说，采用喷水推进的高速拦截艇可以安全通过非常浅的水域。当然，如果浅水下方是细沙，或者周围出现塑料袋、树枝、海藻等漂浮物，将很容易导致推进泵停机，因为其工作时就像一台吸尘器，能吸入周围任何能够吸入的物体。

对于半浸式螺旋桨来说，由于比传统的螺旋桨有着更大直径，因此一旦撞上水下目标或触地会带来很大危险，甚至严重受损。此外，采用半浸式螺旋桨的高速拦截艇不适合执行部署和回收作战蛙人的任务。甚至不适合从事水上救援作业，因为巨大的螺旋桨叶片高速旋转时的噪声极大。

不过，半浸式螺旋桨也有着喷水推进器所不具备的优点。在相同条件下，半浸式螺旋桨通常能提供更快的航速和更好的加速能力。喷水推进器由于进水口设计，影响了其以 50 节以上航速前进时的性能。这一影响与空泡效应有关，有可能导致推进泵吸入空气而不是水。当然，目前也有少数喷水推进器，由于引入了先进的进水口设计，最终实现了高达 55 节的航速，但其代价是降低了恶劣海况下的巡航性能。

总之，如果将高速拦截艇的航速定在 50 节以下，那么半浸式螺旋桨和喷水推进器各有千秋，难分伯仲。不过，在复杂的工作水域，喷水推进器将成为理所当然的选择。如果航速超过 50 节，则半浸式螺旋桨应该受到推崇。

停泊在港内的美国 M80“短剑”高速艇

高速航行的美国 M80“短剑”高速艇

水翼艇的主要类型有哪些

水翼艇是利用装于艇体下的水翼在高速航行时产生的水动升力，将艇体全部或部分抬离水面的艇只，属高性能艇的一种。水翼艇具有较好的快速性和优良的耐波性，已广泛用于高速小型战斗舰艇中。水翼艇的种类较多，分类方法主要有以下几种。

（1）按水翼与自由水面的相对位置，分为全浸式水翼艇、割划式水翼艇和混合式水翼艇。全浸式水翼艇，在翼航时，其产生升力的翼板全部处于自由水面下。按相对浸深，又分深浸式和浅浸式。深浸式水翼艇，在翼航时，主水翼的浸深大于水翼弦长，其升力基本上不随浸深而变化。有专门的控制装置保证艇的飞高与纵、横稳性，其艇体几乎不受波浪影响，有良好的耐波性。但控制装置复杂、造价贵。浅浸式水翼艇在翼航时，水翼靠近水面，浸深小于水翼弦长，一般为弦长的 20% ～ 30%，其升力随浸深的改变而急剧变化，利用浅浸效应以保持艇的飞高与纵、横稳性。浅浸式水翼艇在静水中有较高的升阻比，结构简单、造价低，但耐波性较差，在波浪中水翼易出水，引起冲击和失速，一般用于内河艇。

割划式水翼艇，在翼航时，水翼割划水面，一部分在水面上，一部分在水面下，利用水翼浸水面积增减引起的升力变化，来保持艇的飞高与纵、横稳性。这种水翼艇自稳性较好，运行可靠，水动力性能较全浸式差，且对波浪干扰较敏感，耐波性比浅浸式水翼艇要好，比可控深浸式水翼艇要差。若加装简单的自控系统，就能明显提高艇在波浪中的航海性能。

混合式水翼艇是全浸式（主要是浅浸式）与割划式相结合的一种水翼艇。通常水翼的中间部分采用全浸式，两侧采用割划式，可以集中两者的优点。

（2）按前后两组水翼升力相对大小，分为鸭式水翼艇、飞机式水翼艇和串列式水翼艇。鸭式水翼艇，指后翼升力大于65%艇重。主要水翼面积在尾部，此处水流相对较稳定，受波浪干扰影响较小，艇的耐波性较好，但前翼面积较小，起飞性能稍差。若艇的重心位置偏后，采用鸭式配置较好。因此，鸭式水翼艇多用于海洋水翼艇。飞机式水翼艇，指前翼升力大于65%艇重。前翼面积大，起飞性能较好，但受波浪干扰影响较大，多用于内河与沿岸的民用艇，军用艇极少采用。串列式水翼艇，指前后翼升力相当，这种艇并不常见。

（3）按水翼升力可否调节，分为自控式水翼艇与固定式水翼艇。其中自控式水翼艇，是通过艇上安装的自动控制系统，对水翼进行控制，使其产生与波浪干扰力相反的力，以抵消或减轻波浪的干扰，保证艇在风浪中平稳航行。常用的控制装置有电子自动控制装置和通气控制装置。电子自动控制装置反应灵敏、控制效果好，但装置复杂、价格贵，多用于军用海洋水翼艇。通气控制装置简单可靠、经济方便，但控制效果和灵敏度较差，多用于沿岸民用水翼艇。

（4）按水翼展向是否连续，分为整体式水翼艇和分离式水翼艇。整体式水翼艇的水翼，有较大的展弦比，水翼有较高的效率。分离式水翼艇的水翼，易于收放，以利于低速航行、停靠码头、维护保养及在浅水区航行。常用的收放方式有侧翼收缩、垂直提升收缩、纵向回转上翻和横向回转上翻等。

（5）按水翼有无空泡，分为非空泡水翼艇与全空泡水翼艇。非空泡水翼艇，又称亚空泡水翼艇，在翼航时水翼不产生空泡现象。航速60节以下的水翼艇多采用非空泡水翼。全空泡水翼艇，又称超空泡水翼艇，其水翼一般采用楔形剖面。

美国“飞马座”级水翼导弹艇

意大利“剑鱼”级水翼导弹艇

小小的拖船为何能拖动庞大的航母

不管是航母，还是其他大型船舶，在靠港和离港作业时都是采用拖船拖动，而不是依靠自身动力活动。这是因为大型船舶自身的惯性太大，又不像汽车装有制动器，它只能依靠螺旋桨的反转而使自己停下来。但是螺旋桨从正转到反转存在延迟，而且大型船舶的惯性作用太大，即使螺旋桨开启反转，也无法在短时间内停下来。这就需要多艘小型拖船的帮助，使其缓慢靠港和离港，而不至于碰到其他船舶或者码头造成损坏。

由于港口航道狭窄、船舶密集，只能将拖船设计得小巧玲珑，以便灵活操纵。虽然拖船的体积较小，但是它的力量并不小。例如美国主流的航母拖船虽然只有一两百吨的排水量，但是功率都在 3600 千瓦以上，而拖动航母时一般有 4 ～ 5 艘拖船一起行动，总功率就能达到 14 000 千瓦以上。虽然这个数值与航母自身的发动机功率无法相比，但也足以让航母以 5 节的速度缓慢移动。

为什么还有拖船在航母后方使劲呢？其实拖船拖动航母主要有两种方式，一种是拖钩，一种是吸盘。如果使用拖钩连接航母，关键时刻可以反着开，起到刹车作用。如果使用吸盘连接航母，不仅可以刹车，在前面拖船力量不够时，还可及时帮忙推动航母前进。

正在拖动美国“华盛顿”号航母的拖船

由拖船拖动的俄罗斯“库兹涅佐夫”号航母

第5章
侦 搜 篇

侦察探测是现代海军作战时的焦点环节，所以各类战舰都配备了专门的侦察和搜索设备。同时，为了躲避敌方战舰的探测、增强作战隐蔽性，还需要采取多种措施降低自己的噪声水平、雷达反射截面和红外辐射特征等。本章主要就战舰侦察和搜索相关的问题进行解答。

概 述

在现代战舰的各类侦察和搜索设备中，舰载雷达无疑是至关重要的一类。舰载雷达是装备在战舰上的各种雷达的总称，它们可探测和跟踪海面、空中目标，为武器系统提供目标数据，引导舰载机飞行和着舰，躲避海上障碍物，保障舰艇安全航行和战术机动等。各种战舰上装备的雷达种类和数量，取决于战舰的战斗使命、武器装备和吨位大小。通常小型战舰装备 1 ～ 2 部雷达，大、中型战舰装备 10 余部，有的多达 20 余部。

按战术用途，舰载雷达可分为：①舰载警戒雷达。用于发现和监视海面、空中目标，与舰载雷达识别系统相配合判定目标的敌我属性。②舰载引导雷达。通常为舰载三坐标雷达，一般装在航空母舰和大型水面舰艇上，保证对舰载机进行指挥引导。③舰载相控阵雷达。能同时完成对空对海多目标的搜索、跟踪和对多枚导弹的中继制导。④舰载超视距雷达。用于超视距发现和监视海上目标，为反舰导弹超视距攻击提供目标指示数据。⑤舰载火控雷达。用于自动跟踪海面和空中目标，为火控计算机提供目标的精确坐标数据，控制舰炮的射击。⑥舰载导航避碰雷达。用于测定舰位，保障舰艇安全航行。

一艘战舰装备多部雷达时，通常采取合理分配频率和天线位置等电磁兼容性措施，以减小各雷达之间和雷达与舰上其他电子设备之间的相互干扰。舰载雷达天线通常安装在桅杆上或专设的平台上。

舰载雷达的主要特点有：①为适应战舰运动和海洋环境条件，天线平台常配有稳定系统或波束指向校准等设备，以减小战舰摇摆对雷达性能的影响；②设有海杂波抑制装置，以减小海水杂波对目标探测的影响；③设有航向稳定系统，以消除战舰航向变化对雷达跟踪和显示带来的影响；④具有体积小、重量轻，良好的防潮、防霉、防盐雾、抗震等性能。

未来，为适应高速、密集、隐身和全空域的复杂目标环境及强烈的主被动干扰，各国将广泛采用以下技术：①固态有源技术，使相控阵雷达的优越性得到充分发挥；②自适应技术，提高雷达的自适应抗干扰能力；③舰载地波超视距雷达将实用化，以满足反舰导弹超视距攻击的作战需求；④固态发射机技术、超低副瓣技术、低角跟踪技术、超宽带技术、低截获概率技术等将得到进一步发展和应用；⑤不同频段的舰载雷达将与红外、激光等舰载光电探测设备更完善地结合使用，组成综合探测系统，并与舰载武器、通信、电子对抗、导航和作战指挥控制系统协同，进一步向着一体化方向发展。

印度“塔尔瓦”级护卫舰上层建筑安装的雷达

俄罗斯“无畏Ⅰ”级驱逐舰搭载的“十字剑”火控雷达

战舰如何降低雷达反射截面

雷达探测是一种靠雷达照射目标物体后，接受反射回波来感知目标的探测方法。传统的战舰由于笔直、规则的外形，大面积的平面，板与板之间的直角连接等形状和结构对雷达波可产生强烈的反射，从而增大了雷达反射截面，增强了敌方雷达的探测距离。因此，如何减少物体的回波是雷达波隐身技术的关键。雷达波隐身技术的着眼点就是降低雷达反射截面，减小雷达探测范围。具体来说，现代战舰实现雷达波隐身的主要方法有以下三种。

（1）采用雷达吸波材料和涂料。吸波材料的工作原理是消耗雷达照射波的能量，减少雷达波的反射，改变舰艇的雷达反射截面以诱惑来袭导弹攻击舰艇的非重要部位。采用雷达吸波材料是减少舰艇雷达反射截面的最简单措施，这种隐身也是比较彻底的，但技术难度较大，环境适应性差，价格昂贵，所以各国普遍采用外形隐身技术，只有在外形隐身难以实施或需要加强隐身效果时，才采用涂覆吸波材料的方法。

（2）改进舰体及上层建筑的外形设计。舰艇的外形设计对降低雷达散射面积有着极其重大的意义。通过改变外形，使雷达照射波改变方向散射空间来减少回波的强度，从而达到降低雷达反射截面积的目的。例如，战舰舷侧采用倾斜设计，避免与水面相互垂直，使照射面进行异向反射，以减小回波的反射能量；上层建筑四周及相邻连接处避免直角，尽量采用圆弧过渡，防止产生波的尖角绕射；外露面积尽量减小；等等。

（3）控制甲板移动物体。一艘战舰的雷达反射截面积是该舰具体形状的函数，舰上移动的人员和装备，都是雷达的反射体，应加以控制。例如，舰员尽量在甲板内活动、严格控制舰载机的飞行时间等。

隐身性能出色的法国“拉斐特”级护卫舰

采用一体化桅杆以降低雷达反射截面的美国“圣安东尼奥”级船坞登陆舰

水面战舰有哪些声隐身技术

战舰在航行过程中产生的噪声向空中和水下传播，极易被敌方水面战舰和潜艇的水声探测系统发现，声隐身技术由此而生。在战舰的各类隐身技术中，声隐身技术起步较早、技术手段丰富、成熟，各海军强国在这方面都取得了长足发展。

除了采用优化船体外形、控制舰载设备震动噪声指标、对主要设备实施隔振和隔声处理、对管道进行弹性支撑和挠性连接等传统的措施外，近年来，部分国家还使用了许多高新技术，包括气幕降噪技术、浮筏技术、大侧斜螺旋桨和泵喷技术等。

气幕降噪技术是西方各国海军较为推崇的一种用来提高水面战舰（特别是反潜战舰）水下声隐蔽性的高技术。其原理是通过在舰壳水下部分和螺旋桨部位向水中喷射压缩空气，从而形成一定厚度的气幕来有效屏蔽、衰减和散射战舰的水下宽频带辐射噪声。该技术可大幅度地降低战舰水下辐射噪声和本舰声呐平台的自噪声，改变水下辐射噪声特征，衰减敌方主动声呐信号的反射。由于该技术降噪效果显著、造价低廉，因而广受各国海军青睐。如美国除航母外的所有战舰都装有气幕降噪系统。

浮筏技术是多台机组共用公共基座（即浮筏）的单层隔振或多层隔振技术。在实际应用中，由于布置空间和稳定性方面的限制，各国通常都使用了双层隔振装置。由于浮筏隔振装置具有显著的隔振、隔冲击性能，大幅度地降低了结构噪声向船体和水下的辐射，因此各国海军对该技术的研究非常重视。美国、俄罗斯、英国、法国、德国、意大利等国的战舰动力设备均广泛采用了浮筏技术。

水面战舰在高速航行时，螺旋桨噪声是最主要的噪声源，而一旦螺旋桨产生空泡，空泡噪声即成为螺旋桨最强烈的噪声源。因此，各国对螺旋桨噪声的抑制主要集中在推迟空泡的发生上。实践证明，在战舰尾部非均匀流场中采用大侧斜螺旋桨可在效率基本不降低的前提下延迟空泡发生，大幅度降低脉动压力和减小船尾震动。20 世纪 80 年代以来，随着大侧斜螺旋桨设计和制造技术的不断完善，该技术在西方国家得到了广泛应用。大部分新造水面战舰都使用了大侧斜螺旋桨。

随着战舰推进功率的加大，航速不断提高，有可能使螺旋桨重新产生空泡，此外螺旋桨尾流的旋转，使小部分耗散的能量转化为声能。为此，西方国家研制了一种新型的低噪声推进器——泵喷推进器来取代螺旋桨推进。泵喷推进器由转子、定子和减速阻尼导管组成。转子、定子产生的噪声被导管遮蔽，转子后的定子又可减少尾流旋转能量的损失。减速型导管能够延迟转子空泡的起始，最终达到降噪的目的。

美国“阿利·伯克”级驱逐舰的大侧斜螺旋桨

装有气幕降噪系统的美国“提康德罗加”级巡洋舰

潜艇如何降低自身噪声

潜艇噪声主要来自机械噪声、螺旋桨噪声和水动力噪声。这些噪声在潜艇的不同航速下，对潜艇的辐射总噪声有不同的影响。潜艇在电力推进工况条件下，低速时噪声主要来自机械噪声，而中高速时螺旋桨噪声是主要噪声源。

机械噪声是由于潜艇内主、辅机和轴系的运转以及与其相连的基座、管路和艇体结构的震动而引起的。这种震动辐射到舱室引起舱室空气噪声，再辐射到水中，构成潜艇的辐射噪声、自身噪声。对于机械噪声，一般可采取两种方式进行降噪处理。一是通过各设备的合理设计，减少各设备的震动，即对噪声源的降噪处理，如采取措施降低柴油机的噪声等；二是在传播途径上隔离和吸收噪声，从而使噪声向外辐射的能量尽量减少。由于噪声源是不可能消除的，因此如何在噪声传播途径上采取有效措施来抑制噪声的传播已成为降噪的重要课题。

目前，降低机械噪声的手段主要有两种，即隔振和阻尼。隔振是降低艇上机电设备通过基座传递结构噪声的主要手段。对于主机设备，一般可采用双层隔振技术，即两层隔振的弹性材料间夹用中间物质，利用弹性元件的阻尼性能和中间物质的设计来抑制和衰减波的传播，可以获得较好的效果。对于辅机设备，如泵、电机、风机等，西方国家大量采用了“浮筏隔振降噪技术”，即把多个不同的机械、设备紧凑地安装在一个共同的筏体或筏架上，柔性地支撑或悬挂在艇体结构上。

阻尼是在设备基座和艇体外部敷设吸声、阻尼材料，尤其是在艇体外表面敷设消声瓦。消声瓦的主要特点是可以吸收敌方主动声呐发射的探测声波，而且可以抑制艇壳震动，隔离艇内噪声向外辐射。因此，敷设消声瓦可以大大提高潜艇的隐蔽性，改善己方声呐的工作环境，提高其探测距离。

螺旋桨噪声一般是潜艇中高速航行时的主要噪声源，即使在较低速度航行时，螺旋桨噪声也不容忽视。与机械噪声不同，螺旋桨噪声产生在艇体外面，是由螺旋桨转动所引起的，即主要是由螺旋桨叶片震动和螺旋桨空泡产生的。众所周知，潜艇的尾部是有伴流场存在的，而且伴流场在周向是不均匀的，这样螺旋桨叶片在不均匀伴流场中工作就会产生非定常的推力和转矩，引起螺旋桨叶、轴系的震动。螺旋桨的空泡噪声是潜艇辐射噪声高频部分的主要成分。空泡的产生除了与潜艇的下潜深度及螺旋桨转速有关外，还与尾部螺旋桨区域的伴流场是否均匀有关。

基于上述原因，降低螺旋桨噪音的有效方法之一是采用七叶大侧斜螺旋桨，这在西方国家的潜艇中已经普遍采用。虽然七叶大侧斜螺旋桨比传统的五叶桨在效率上有所降低，但由于它的大侧斜特性，使叶片的叶根和叶梢不

以火力强大、噪声小而闻名的俄罗斯“基洛”级常规潜艇

会同时到达伴流场的高压区或低压区，即不会造成整个桨处在高压—低压—高压的循环状态，因此有效地抑制了螺旋桨的震动，从而降低了螺旋桨的噪声；又因为它比五叶桨的叶数增加，使承受推力的叶片面积增大，导致每一叶上的推力减少，从而延迟了空泡的产生，达到降低噪声的目的。

水动力噪声是由不规则或起伏的水流流过运动着的潜艇产生的。当不规则的水流流过艇体时，与之有关的压力起伏，可以作为声波直接辐射出去。更为重要的是不规则或起伏的水流还可能激起艇体上某些空腔、板和附体的共振，从而辐射声波，这是重要的水动力噪声源。一般情况下，水动力噪声产生的辐射噪声并不重要，它往往被机械噪声和螺旋桨噪声所掩盖。但在特殊情况下，如在结构部件、空腔等处出现共振时，噪声就会显著增大。为此，一般要尽量减少突出体、舷外孔和舱口的数量。

自身噪声极小的美国“海狼”级攻击型核潜艇

战舰如何减弱自身磁场强度

在现代信息化战争条件下，电磁对抗异常激烈，对战场制电磁权的争夺已成为影响战争胜负的关键因素之一。在海军领域，侦察探测是作战时的焦点环节，而探测的主要对象就是敌方战舰的电磁信号。因为战舰受地球磁力和机器运转、海水拍打等内外力作用，会逐渐形成较强的磁场。

战舰磁场主要可分为两种：一是由于钢铁的磁化特性，在地球磁场作用下产生的感应磁场，它随着航向和所处海区而变化；二是由于钢铁的磁滞特性，在受到较大磁场冲击、建造或航行过程中的应力作用后，会产生一定的剩余磁场，称为固定磁场。

要想减弱战舰的磁场强度并改善其分布特性，就必须经常进行消磁工作。这样可以提高战舰的磁性防护能力，防御水中磁性武器（如磁性感应水雷）的攻击和被磁探测仪器发现，消除磁化后的战舰对仪器设备和武器精度的影响，保障战舰航行安全及作战效能。

现代海军常用的消磁方法有两种：固定绕组消磁和临时消磁。固定绕组消磁是在战舰内部固定敷设消磁绕组，能随战舰所处的磁纬度、航向及摇摆等因素作相应变化的电流，用以补偿战舰感应磁性的磁场。

临时消磁是将战舰置于消磁场地内（消磁场地选择要求较高：水深足够、海底平坦、海流较小、风力不大，且周围海域无大量的磁性物质），再将消磁电缆按规定缠绕在被消磁战舰的船体上，通电后用以抵消战舰的固定磁场。临时消磁可由消磁船或消磁站实施，两者都配有消磁发电机组、消磁线圈、磁场检测设备、控制装置等。相比而言，消磁船在海上进行消磁，比消磁站更加灵活。

典型的临时消磁方法有以下三步：第一步，利用铺设在码头海底的数百个探头分别测量战舰两个相反航向的磁场，通过分析计算分别确定感应磁场和固定磁场的大小。由于平潮时间每日都在变化，因此测、消磁工作的时间也不固定。第二步则是绕缆，用电缆将战舰缠绕起来形成线圈，这些线圈或粗或细、或纵或横，其匝数因战舰的型号、吨位的大小和测得的固定磁场的强弱而各异。第三步是通电消磁，通过线圈产生的磁场来改变战舰固定磁场。通电过程中要不断测量战舰磁场的变化，最后还要经过合成磁场的测量及分析计算。

由于上述消磁方法对作业场地要求严格，要选择在无风锚地、平潮时段进行。一旦海况变化频繁，一艘战舰的消磁任务可能会持续半月之久。为此，近年来某些国家开始使用一种新的消磁技术——消磁车消磁。它直接利用船体通电产生的电磁场进行消磁，战舰不再需要缠绕消磁电缆。消磁车消磁的步骤为：将战舰系泊在海上，在舰艏和舰艉分别焊接电缆连接器，再将消磁电缆依次连入舰艏和舰艉，另一端联接至消磁电源车，即可进行自动测磁和通电消磁。与传统消磁方法相比，消磁车消磁的效率成倍提升，而且几乎不受海况和时段影响。另外，车载消磁设备经过集成优化全部安装在标准集装箱中，可由登陆舰搭载在海上进行消磁。

正在进行消磁作业的美国“尼米兹”级航母

正在进行消磁作业的俄罗斯“伊凡格林”级大型登陆舰

相控阵雷达为何是雷达中的皇冠

相控阵雷达（PAR）即相位控制电子扫描阵列雷达，它是借由改变天线表面阵列所发出波束的合成方式改变波束扫描方向的雷达，堪称雷达中的皇冠。相控阵雷达从根本上解决了传统机械扫描雷达的种种先天问题，在相同的孔径与操作波长条件下，相控阵雷达的反应速度、目标更新速率、多目标追踪能力、分辨率、多功能性、电子对抗能力等都远优于传统机械扫描雷达。

相控阵雷达可分为无源相控阵雷达（PPAR）和有源相控阵雷达（APAR）两类。前者技术性能较低，在20世纪80年代已有成熟的系统部署于战舰上，而性能更优异、发展前景更好，但技术性能较高的有源相控阵雷达则到了90年代末期才有实用的舰载系统开始服役。与传统机械扫描雷达相比，相控阵雷达的优势主要体现在以下几个方面。

（1）能对付多目标。相控阵雷达利用电子扫描的灵活性、快速性和按时分割原理或多波束，可实现边搜索边跟踪工作方式，与电子计算机相配合，能同时搜索、探测和跟踪不同方向和不同高度的多批目标，并能同时制导多枚导弹攻击多个空中目标。因此，适用于多目标、多方向、多层次空袭的作战环境。

（2）功能多，机动性强。相控阵雷达能够同时形成多个独立控制的波束，分别用以执行搜索、探测、识别、跟踪、照射目标和跟踪、制导导弹等多种功能，一部相控阵雷达能起到多部专用雷达的作用，而且还远比它们能够同时对付的目标更多。因此，可大大减少武器系统的设备，从而提高系统的机动能力。

（3）反应时间短、数据传输速率高。相控阵雷达不需要天线驱动系统，波束指向灵活，能实现无惯性快速扫描，从而缩短了对目标信号检测、录取、信息传递等所需的时间，具有较高的数据传输速率。相控阵天线通常采用数字化工作方式，使雷达与数字计算机结合起来，能大大提高自动化程度，简化了雷达操作，缩短了目标搜索、跟踪和发控准备时间，便于快速、准确地实施雷达程序和数据处理，从而提高跟踪空中高速机动目标的能力。

装备桑普森有源相控阵雷达的英国“勇敢”级驱逐舰

（4）抗干扰能力强。相控阵雷达可以将分布在天线孔径上的多个辐射单元综合成非常高的功率，并能合理地管理能量和控制主瓣增益，可以根据不同方向上的需要分配不同的发射能量，易于实现自适应旁瓣抑制和自适应抗各种干扰，有利于发现远距离目标和小雷达反射面目标（如隐形飞机），还可提高抗反辐射导弹的能力。

（5）可靠性高。相控阵雷达的阵列单元较多，且为并联使用，即使有少量单元失效，仍能正常工作，突然完全失效的可能性很小。此外，随着固态器件的发展，相控阵雷达的固态器件越来越多，甚至已生产出全固态相控阵雷达，其天线的平均故障间隔时间高达 15 万个小时，即使有 10% 单元损坏也不会影响雷达的正常工作。

装备 EL/M-2248 MF-STAR 有源相控阵雷达的印度“加尔各答”级驱逐舰

现代战舰如何进行内外通信

在无线电技术诞生前的很长一段时间里，战舰上的通信方法都很原始。早期用海螺、钟、鼓等发出声音以及用五色旗、手旗、狼烟、焰火、火箭等视觉信号传递消息，后来又发明了汽笛声和信号灯等方式。毫无疑问，这些原始手段严重限制着战舰的通信距离。而当战舰的动力以及作战系统实现机械化后，这些手段就更加难以满足战舰传递指挥命令及协同信息的需要了。

现代无线电船舶通信技术产生于19世纪末20世纪初。1897年夏，俄国人亚历山大·波波夫在波罗的海上的“非洲”号和“欧洲”号战舰之间首次进行了无线电通信试验。1899年，意大利人古列尔莫·马可尼在英国的3艘战舰上安装了无线电通信设备，第一次实现了战舰之间的无线电通信。20世纪20年代到80年代是现代无线电船舶通信技术的重要发展时期。20年代，短波远距离传播特性研究的深入及电离层反射的发现，使短波无线电报和电话得到迅速应用，世界各国纷纷建立了海岸和战舰用的短波电台。40年代，超短波视距通信得到发展，战舰与港口开始装备超短波无线电台。50年代末，随着短波通信技术的发展，战舰开始使用短波单边带通信设备。

20世纪60年代初，美国首次进行了舰载卫星终端的试验。此后，卫星通信进入高速发展的时期并大量应用于战舰。与此同时，美国与苏联先后研发并建立了用于与深潜核潜艇进行通信的超低频大功率发射台，同时对蓝绿激光对潜通信等新的对潜通信方式展开了相关研究并取得了一定的进展。80年代，短波通信技术的新发展又使短波通信的质量和应用提升到了新的水平。之后，由于计算机技术、微电子技术和信息技术的快速发展，战舰通信可以说进入了一个全面信息化和网络化的新时代。

目前，战舰通信可分为内部通信和外部通信，也就是在战舰内部以及战舰与外部之间的通信。两者的功能区别如下：内部通信是保障战舰内部指挥、会议电话、生活勤务、通播及监视报警等任务的通信；而外部通信一般应具有舰—岸、舰—舰、舰—空无线通信以及应急救生通信的功能和能力。两者在通信方式上的主要区别是内部通信以有线方式为主，其所用的技术与设备与民用电信系统的类似；外部通信主要采用无线方式，其在某些频段上与商业移动通信系统有不少共通之处，但使用了更多的频段和方式来保证其通信的可靠性。

内部通信和外部通信是战舰通信中两个密不可分的组成部分，它们在通信业务种类、调制方式、组网特点及信息的管理上有不少共通之处。事实上，从20世纪90年代开始，战舰通信中的内部通信和外部通信就基本上不再以独立系统的形式出现了，而是两者被完全结合在一起，形成了内外一体化的战舰综合通信系统。

正在使用内部通信设备的美国海军女兵

正在使用声力电话的美国“尼米兹”级航母舰员

神通广大的“宙斯盾”系统缘何而生

“宙斯盾”系统是美国海军现役最重要的整合式水面舰艇作战系统，每套系统（不含导弹）的造价超过2亿美元。自1983年至今，装备“宙斯盾”系统的战舰包括美国“提康德罗加”级巡洋舰和“阿利·伯克”级驱逐舰，日本“金刚”级驱逐舰、“爱宕”级驱逐舰和“摩耶”级驱逐舰，韩国“世宗大王”级驱逐舰，西班牙“阿尔瓦罗·巴赞”级护卫舰，挪威“南森”级护卫舰，澳大利亚“霍巴特”级驱逐舰等。

“宙斯盾”系统起源于20世纪60年代末，当时世界各国各类反舰导弹获得迅猛的发展。它们具有速度快、飞行高度低、雷达反射截面积小、被发现距离近、反应时间短等特点，对水面舰艇构成越来越巨大的威胁。特别是苏联海军总司令戈尔什科夫元帅提出了专门对付航母战斗群的“饱和攻击”战术后，美国人感到了严重的危机。

为了满足海军拥有抵御“饱和攻击”的舰载防空系统的迫切需要，

1967年美国国防部批准研究和开发“先进水面导弹系统”（Advanced Surface Missile System）。经过不断发展，该系统在1969年12月更名为“空中预警与地面整合系统”（Airborne Early-warning Ground Integrated System），英文缩写正好是希腊神话中的宙斯盾（Aegis），所以也被称为“宙斯盾”系统。在美国海军看来，“宙斯盾”系统就是可对从四面八方向舰艇同时袭击的敌方大量导弹组织有效防御反击的美国舰队的坚固盾牌。

“宙斯盾”系统由5个核心子系统组成，即AN/SPY-1相控阵雷达系统、Mk 1指挥决策系统、Mk 1显示系统、Mk 1武器控制系统、Mk 1战备检测系统。此外，还有Mk 29作战训练系统、AN/SRS-1战斗测向系统等。“宙斯盾”系统代表了当今世界最先进的海军科技水平，它能够快速搜索和跟踪来袭目标，最远搜索距离可达400千米；能够对海、对空三维搜寻，并且可以同时检测、识别、判断和跟踪多达400个目标；可同时对12枚“标准”系列防空导弹进行中段制导；可向随行的其他舰艇提供目标指示数据；可为多枚导弹使用的半主动制导雷达提供引导；可对武器杀伤效果作出及时、精确的评估。

美国“提康德罗加”级巡洋舰的“宙斯盾”系统控制中心

装有“宙斯盾”系统的日本“摩耶”级驱逐舰

AN/SPQ-9B 雷达如何为“宙斯盾”系统补漏

美国“提康德罗加”级巡洋舰和“阿利·伯克”级驱逐舰性能超群，很大程度上得益于它们安装的“宙斯盾”系统，因此也被称为“宙斯盾”战舰。不过，在它们的现代化改进项目中，名不见经传的 AN/SPQ-9B 雷达作为标准配置进行了加装，而且在新建的“圣安东尼奥”级船坞运输舰、“布什”号航母、“马丁岛”号两栖攻击舰上，也都装备了 AN/SPQ-9B 雷达。这不免让人好奇，AN/SPQ-9B 雷达究竟有何神通？

AN/SPQ-9B 雷达是一种多波形、窄波束、X 波段脉冲多普勒雷达，主要有对空、对海和信标应答三种工作模式，另外还有反舰导弹探测模式、动目标显示等子工作模式，既能够作为单独的探测设备进行独立工作，也可以与舰艇自防卫系统、“宙斯盾”系统集成，成为作战系统的一部分。因此 AN/SPQ-9B 雷达能够支持对岸攻击、反舰战和防空战，并能够在严重海杂波和电子干扰情况下探测到掠海飞行的具有极小雷达反射截面的反舰导弹。

尽管 AN/SPQ-9B 在名气上比不过“宙斯盾”系统的 AN/SPY-1 相控阵雷达，但它在结构上进行了全新设计，而且广泛应用了大量的先进技术，具有较大的发展潜力。AN/SPQ-9B 雷达采用了大量的先进技术，包括多普勒处理技术、数字副瓣对消技术、单次扫描探测与跟踪技术、机内测试技术等。最值得一提的是单次扫描探测与跟踪技术。由于 AN/SPQ-9B 天线能产生三个波束，如果主波束检测到空中目标，后两个波束会对该目标进行确认和跟踪，这样单次扫描即可实现跟踪，并能将获得的数据传送给火控系统。

“提康德罗加”级巡洋舰和“阿利·伯克”级驱逐舰等战舰之所以加装 AN/SPQ-9B 雷达，主要是因为“宙斯盾”系统存在漏洞。虽然“宙斯盾”系统功能强大，但其在低空、超低空探测方面存在不足，这主要是因为 AN/SPY-1 雷达天线重量较重，不能安装到舰艇较高的地方。而雷达的探测距离和天线高度的平方根、目标高度的平方根是呈线性关系的，天线高度越高或目标高度越高，则雷达探测距离就越远。由于 AN/SPY-1 雷达安装高度有限，致使“宙斯盾”防空系统对于低空目标的探测距离也十分有限。此外，由于其配备的“标准”舰对空导弹重量较大，因此在拦截目标的时候，需要爬升到较高的高度来积累足够能量，以便保持较高的机动性能，因此也增加了其最小拦截距离。

鉴于 AN/SPQ-9B 雷达在探测掠海反舰导弹方面的强大威力，美国海军决定将其安装到“提康德罗加”级巡洋舰和“阿利·伯克”级驱逐舰上，以弥补 AN/SPY-1 相控阵雷达在低空探测方面的不足。除美国外，澳大利亚也将 AN/SPQ-9B 雷达安装到“霍巴特”级驱逐舰上，实现 AN/SPQ-9B 雷达和 AN/SPY-1 雷达的联合探测。

AN/SPQ-9B 雷达

装有 AN/SPQ-9B 雷达和 AN/SPY-1 雷达的澳大利亚“霍巴特”级驱逐舰

主力战舰全盾化有没有意义

所谓“全盾化”，即海军主力战舰全部配备“宙斯盾”系统或者类似的作战系统。主力战舰配备相控阵雷达是目前的发展趋势。相控阵雷达的天线一般固定在上层建筑四周，不必像传统雷达那样做机械旋转，发射的波束由计算机控制，所以反应速度较快、探测距离较远，可360度随机扫描，同时探测、跟踪的目标数量可多达数百个。

不过，主力战舰全部配备相控阵雷达只是一个理想状态。目前，除了美国海军的主力战舰以外，其他国家的海军战舰并未实现“全盾化”。究其原因，主要有以下三点。

（1）研制相控阵雷达需要多领域的技术支持，并不是所有国家都有能力研发和生产，从国外购买又需要高昂的军费支撑。日本从美国购买的AN/SPY-1D雷达单价为2亿美元，而美国“福特”级航母装备的双波段雷达单价高达4亿美元。即便是经济实力雄厚的美国，也颇感吃力。

装有“宙斯盾”系统的韩国“世宗大王”级驱逐舰

（2）“宙斯盾”系统主要用于对空作战，但并不是所有战舰的主要任务都是防空，有些战舰的主要任务是反潜，所以要将有限的经费用于反潜装备。

（3）随着现代战舰信息化、网络化程度逐渐提高，战舰在没有获取到目标信息的情况下依然可以发射舰对空导弹拦截来袭目标，如美国海军的“协同作战能力”系统（CEC）和“海军一体化火控——防空”系统（NIFC-CA）已经具备这种能力。因此，主力战舰是否需要“全盾化”取决于各国的国情。

桑普森雷达为何采用球形设计

与美国海军“阿利·伯克”级驱逐舰的四面相控阵雷达不同，英国海军现役“勇敢”级驱逐舰的雷达采用了显眼的球形设计，而且高高耸立在舰体中部顶端，堪称该级舰外形上的最大特征。“阿利·伯克”级和“勇敢”级驱逐舰都是目前世界上综合作战能力较强的驱逐舰，却采用了两种风格迥异的雷达设计，后者的球形雷达与AN/SPY-1雷达相比到底有什么特别之处？

“勇敢”级驱逐舰使用英国宇航防务公司研发的桑普森有源相控阵雷达，采用了双面旋转阵列天线，内置于碳纤维复合球形抗风雨雷达罩内，每个阵面包括大约2600个辐射单元。相对于AN/SPY-1雷达的四面固定阵，桑普森雷达的旋转阵其实是一种妥协之后的产物。

由于相控阵雷达的波束扫描范围有限，要保证舰上相控阵雷达能360度全方位探测无死角，则理论上至少需要在战舰的不同方向上安装三面相控阵雷达天线才能保证全空域的覆盖。而如果要保证覆盖空域存在一定的重叠，以提高整体探测性能的冗余性，则至少需要在不同方向上安装四面固定的相控阵雷达天线，这也是“阿利·伯克”级驱逐舰采用四面固定阵的重要原因。但四面固定阵虽然是一种比较理想的安装方式，也可以保证“宙斯盾”战舰具备十分优秀的探测与防空性能，但一艘战舰上同时安装四面相控阵雷达天线则会造成整舰造价的居高不下，因为相控阵雷达系统的造价在整舰成本中所占比例很高。而旋转阵一般只配备了单面或双面（背靠背）相控阵雷达天线，通过机械旋转实现对360度空域的全方位覆盖，从而可以在保证基本作战能力的前提下大幅降低成本。

旋转阵一般采用单面阵或双面阵，配备机械式旋转基座以保证全向覆盖，虽然避免了四面固定阵的高成本，在一定程度上降低了整舰造价，但代价是降低了目标数据更新速率，对舰艇的整体防空性能带来了一定的影响。与四面固定阵相比，旋转阵对目标的持续探测与跟踪能力较差，因此难以适应存在高威胁的作战环境。

“勇敢”级驱逐舰之所以配备桑普森雷达，很大程度上是因为英国海军所面临的海上作战强度远不及美国海军。“勇敢”级驱逐舰采用旋转阵后，不但可以降低整体造价，而且双面阵的雷达天线重量也要比四面固定阵小得多，因此具备了安装至桅杆顶部的条件，从而使雷达可以居高临下实现更远的低空视距，这也是选择双面旋转阵的优点。

采用球形设计的桑普森雷达

英国“勇敢”级驱逐舰右舷后方视角

驱逐舰搭载无人机有何作用

随着吨位的不断增长，驱逐舰的任务范围越来越广泛，各国的驱逐舰也都配置了直升机停机坪和机库，用于停放侦察与反潜用的的直升机。但是近些年来，一些海军强国都在发展舰载无人机。既然由直升机来担任侦察与反潜任务，为什么驱逐舰上还要配备无人机？

其实，无人机虽然体积小、重量轻，却有着直升机所不具备的优点：①无人机系统配置较为完整，自成系统，不需要其他保障条件，操作使用十分方便。②无人机部署灵活机动，可以随驱逐舰出航执行任务，结合驱逐舰的远航能力，海上作战范围广。③无 人机系统可配置不同的任务设备完成战场侦察、监视、目标定位、侦察校射、电子对抗等多项任务，同时由于升空作战，其超微频段的工作性能有无可比拟的优势，可以方便地融入 C4ISR 系统，成为网络中心战的一个节点。④无人机系统结构简单、重量轻、成本与使用费用低、无人员生命危险，能够以优良的效费比完成任务。与直升机相比，无人机的目标较小，噪声也不大，所以不易被察觉和击落。

高科技军事技术在舰载无人机上的广泛应用，使舰载无人机装备的有效载荷具备了更多的功能、更强的战斗力，能够执行多种作战任务。

（1）情报侦察和战场监视。舰载无人机可搭载电视摄像机、红外传感器、激光指示器、合成孔径雷达等多种传感器，能够对可能发生武装冲突、局部战争的海域进行长时间的实时侦察、监视。

（2）空中电子压制和干扰。舰载无人机可搭载有源干扰机，在战前或战争中担负电子压制和干扰的任务。

（3）用作舰外有源诱饵。装载有源诱饵的舰载无人机可以作为舰外有源诱饵系统，在可能交战的区域，在预计要受到导弹攻击的紧急情况下发射出去，发射后按预先编制的程序飞行，利用舰载无人机承载的电子战有效载荷对来袭导弹实施干扰。

（4）用作反辐射攻击武器。在舰载无人机上搭载截获接收机、自动寻的器和战斗部，可用作对敌防空压制的有效兵器，不仅可攻击雷达，还可攻击干扰机、预警机及专用电子战飞机等辐射源。

（5）目标指示、攻击制导、战损评估和通信中继。舰载无人机可为驱逐舰的舰炮和导弹选定攻击目标、测定目标参数，协助舰载火控系统计算射击诸元，进行目标分析；可用激光目标指示器照射目标，对激光制导武器进行精确制导；攻击过后，可测定弹着校正参数、检查目标的毁伤程度。

美国“阿利・伯克”级驱逐舰配备的“扫描鹰”无人机

美国“阿利・伯克”级驱逐舰甲板上的MQ-8C“火力侦察兵”无人机

护卫舰如何成为情报专家

护卫舰的一项重要任务是海上监视、情报收集。在未来信息化战争中，护卫舰将是作战网络中的重要节点，如果信息作战能力不足，不但无法为编队提供实时战术态势的信息，而且会影响整个编队的协同作战。

国外新一代护卫舰在设计上都充分考虑了信息作战能力，其标志是：①普遍装备相控阵雷达，探测能力大幅增强。自西班牙海军“阿尔瓦罗·巴赞”级护卫舰装备SPY-1F雷达开始，各国新一代大中型护卫舰都装备了相控阵雷达，大多采用综合集成桅杆和平板天线。日本“最上”级、俄罗斯“疾风”级等新型护卫舰还装备了双波段雷达。②光电传感器为近海探测监视增加新手段。护卫舰在近海执行任务，光电传感器是一种适用的、价格低廉的探测手段。③水下探测装备因需配备，性能参差不齐。各国护卫舰因作战需求不同，所以装备情况大相径庭，有的中小型护卫舰不装，或只装性能一般的声呐系统。英国26型护卫舰将装备英国最先进的反潜装备，计划配备超级电子公司的2150型舰壳声呐和泰利斯公司2087型主动低频拖曳阵声呐。

美国海军对“星座”级护卫舰信息作战能力的要求是：在未来海军一体化作战网络中充当重要的传感器节点；在分布式海上作战中，能够承担情报监视侦察与跟踪任务，并为编队提供目标探测和火力打击支援。

“星座”级护卫舰计划配备的信息装备有很多是全新研发的。防空装备方面，配备AN/SPY-6(3)防空反导一体化雷达，作为主要的空中搜索雷达；COMBATSS-21作战管理系统；协同作战能力系统（CEC），以确保与其他平台共享作战信息。反潜方面，装备直升机和1架MQ-8C“火力侦察兵”无人机；AN/SQQ-89(V)15综合反潜战系统，这是美国海军水面舰艇反潜战系统的最新版本，可以综合控制反潜探测和对潜攻击的各个任务系统。该系统配备了AN/SQS-62变深声呐。电子战方面，配备AN/SLQ-32(V)6综合电子战系统，这是美国海军根据“水面电子战改进计划”研发的最新产品，配备了新的接收装置、控制系统。另外，“星座”级护卫舰还将装备150千瓦级激光武器。

日本“最上”级护卫舰的一大亮点是它的作战情报中心。该级舰不但装备了较强的情报侦察与监视设备，而且作战情报中心首次采用了圆形设计，舱室内360度环形布置了显示器，OPY-2雷达、OAX-3光电传感器等获取的信息经过OYQ-1情报处理装置处理后，实时显示在环形布置的显示器上。该级舰还首次在情报处理装置中应用了增强现实技术。增强现实技术可将真实世界信息和虚拟世界的信息进行融合，增强各系统操作人员的战术态势感知能力。

法国“追风”级护卫舰装备了先进的战斗管理系统，引入了多种先进的信息技术和网络技术，由多功能显控台、大型彩色显示屏、计算机等组成，综合控制舰上的传感器和武器系统。

英国26型护卫舰模拟图

建造中的日本“最上”级护卫舰

埃及“埃法特”级护卫舰（“追风”级护卫舰的埃及版）

磁异探测仪如何探测潜艇

磁异探测仪是利用潜艇运动引起地球磁场异变的原理制成的搜索设备。由于磁异探测仪在检测潜艇磁异常信号的同时，也检测运载磁探测平台的磁场异常信号，这种磁干扰限制了其安装在其他平台上，只能装载于航空平台上使用。由于磁异探测仪的尺寸较大，一般安装在反潜飞机的尾部。总体来说，磁异探测仪具有对潜艇识别能力强、定位精度高、隐蔽性好、不容易干扰、价格便宜等优点，但也存在作用距离近、受水文气象条件影响大等缺点。

磁异探测仪的搜索宽度和信号时间与磁异探测仪的作用距离、被探测潜艇的磁场强度、下潜深度和飞机的飞行高度有关，而磁场强度随距离的变化成立方关系衰减，只有当潜艇接近海面高度或飞机高度较低时，磁异探测仪才能发挥作用。目前，反潜飞机使用磁异探测仪来搜潜的飞行高度为 50 ～ 150 米。由于反潜飞机长时间低飞容易造成安全事故，所以美国海军发展了一种既能减少机体干扰，又能提高安全性的拖曳式磁异探测仪，缆绳长达 150 米。

尽管采用了复杂的信号处理技术，但磁异探测仪对常规潜艇的作用距离仅有 350 ～ 450 米，对核潜艇的作用距离也只有 600 ～ 900 米。由于磁异探测仪作用距离短，有效搜索宽度小，许多国家的海军只使用它作为鉴别器材，反潜飞机发现目标距离较近时，才使用磁异探测仪做进一步探测，以便较准确地测得潜艇位置以及运动要素。一般与潜艇保持 3 次接触，即可投放反潜鱼雷或深水炸弹进行攻击。不过，一些搜潜器材较差的国家，仍将磁异探测仪作为主要探测手段。

尾部装有磁异探测仪的美国海军 P-3C“猎户座”反潜巡逻机

潜艇配备的各类声呐有何特点

随着现代潜艇担负的任务种类越来越多以及水下作战时的隐蔽性要求也越来越高，仅仅装备一个性能单一的主水声站，已经远远不能满足现代条件下的作战需求。因此，现代潜艇通常会装备七八种不同特性的声呐，用以提高潜艇的探测能力。具体来说，现代潜艇配备的声呐主要包括以下几种。

（1）艇艏多功能声呐。潜艇的艏部远离动力舱室和推进器，受艇体后段噪音与震动影响较小，有利于提高水声探测器材的探测性能，所以潜艇的主水声站一般都会设置在艇艏。艇艏声呐往往具备主、被动工作能力，并能保障潜艇执行警戒、搜索、跟踪、识别、攻击等多种作战任务。由于艇艏声呐的多任务性，所以它难以在个别的任务特性上进行突出的优化设计，在探测性能上有均衡、全面、中庸的特点。

（2）舷侧阵声呐。艇艏基阵受到艇体布置的限制，进一步增大声阵孔径和降低工作频段都较为困难，致使声呐的被动探测距离受到了限制。同时艇艏声呐基阵在艇体舷侧和艇体后方也都存在着盲区，不能做到全方位监测，影响了潜艇的实时警戒和监测范围。为了提高潜艇探测能力，现代潜艇又开始在艇体上布置舷侧阵声呐。舷侧阵声呐是指将众多的水听器，沿着艇体纵向方向，布置在艇体左右两舷侧的声呐。由于舷侧阵声呐可以充分利用艇体长度扩大基阵的声阵孔径，在工作频段上可以进一步降低，所以被动探测距离也得到了有效的提高。

（3）拖曳线列阵声呐。不管是艇艏声呐还是舷侧阵声呐，都要受限于艇体布置条件，基阵体积不能无限扩大，声阵孔径受到限制，声呐的工作频段难以进一步降低，在探测距离上无法进一步提高。为了改变这种情况，20 世纪 60 年代一些国家开始在潜艇上装备拖曳线列阵声呐。这种声呐是将一连串的水听器按一定间隔排列后，布置到透声的保护导管中，再通过布放机构拖曳于艇体外。拖曳线列阵声呐突破了以往潜用声呐受限于艇体布置条件的局限，布置在导管中的几百个乃至上千个水听器有效地扩大了声阵孔径，将潜用声呐的工作频率降低到了低频甚至极低频，极大地增加了潜用声呐的探测距离。为潜艇水下远程警戒、远程武器的目标指示都提供了有利条件，有效地扩大了潜艇的作战范围，提高了潜艇的作战威慑力。

（4）其他辅助功能声呐，包括侦察声呐、通信声呐、探雷和避碰声呐、水环境传感器等。侦察声呐用来侦测敌方潜艇或者自导鱼雷的主动声呐信号，可以获得敌方主动声呐的工作参数，如方位、发射频率、脉冲宽度、脉冲重复率等。侦察声呐的接收频率较宽，观察范围较广，有的可以进行360度全方位探测。在基阵形式上一般采用细小的圆柱阵，以布置在艇艏部位居多。

通信声呐也叫水声通信机，一般由几个定向换能器阵组合而成。一般用于潜艇与水面舰艇或者水下潜艇编队通信联络使用。该系统通过发射机产生话音或者电报调制信号，再由换能器阵发出，在接收方经接收机处理后，就可送到耳机或者扬声器以及电讯机处，将话音或者电报信息提供给接收人员。通信声呐的工作距离有限，工作时要向外发射信号，容易暴露潜艇位置，所以仅限于潜艇周围情况明确时使用，有着非常严格的使用限制条件。

探雷和避碰声呐以主动方式工作，工作频率较高。因为频段高，所以探测距离有限，一般在几百米。不过较高频段的声呐分辨率较好，所以能探测到航道上的一些障碍物，比如礁石、沉船、水雷等异物，帮助潜艇操纵人员避离这些危险物体，保障潜艇水下航行的安全性。

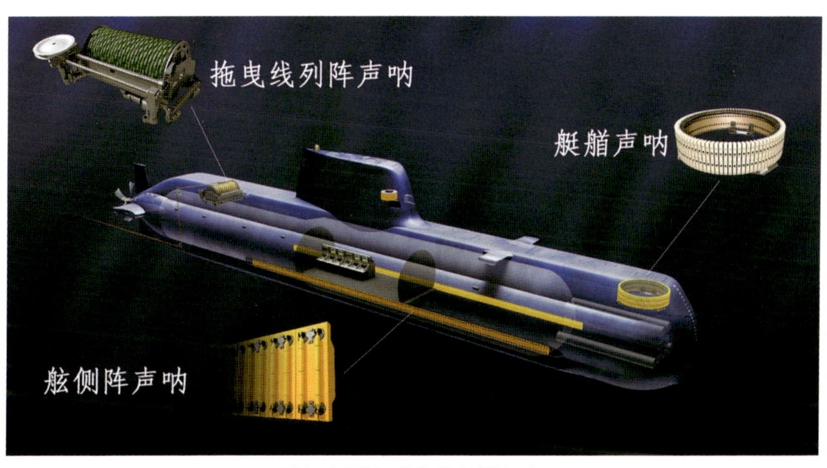

潜艇主要声呐安装位置示意

老式潜艇的水环境传感器比较简单，一般只安装一个声速梯度仪，用以测量潜艇所在水层声速，让声呐系统利用不同途径的声道，改善探测性能。此外，也能让潜艇利用强负度梯层水层，或者温度跃变层进行隐蔽和机动。现代潜艇安装了更多种类的水环境传感器，具备了更复杂的功能。以俄罗斯潜艇为例，通常还装有尾流指示器、来流指示器等水环境传感器，能更好地让艇员获悉潜艇所在水层的各种信息，提高潜艇战时的水声对抗能力。同时还具有探测敌方水面舰艇和潜艇尾流信息的能力，便于潜艇利用尾流制导鱼雷进行快速攻击。

战略核潜艇声呐系统可以监听多远

美国海军现役战略核潜艇为“俄亥俄”级，有消息称其声呐系统的探测距离可达300～400千米，并可在130～160千米距离辨别目标舰型。对此，很多人都持怀疑态度，毕竟这些数据非常惊人。

事实上，潜艇声呐对目标的探测距离是有具体条件的，并非定值。例如同级战舰在不同航速、不同海域所发出的噪声都不一样，潜艇在不同航速、不同海域、不同深度所发出的噪声也不一样，所以潜艇声呐对舰艇的探测距离有远有近。一般来说，声呐对于高噪声舰艇的探测距离明显大于对低噪声舰艇的探测距离，被动声呐的探测距离要大于主动声呐。

美国海军在20世纪六七十年代装备的战略核潜艇有三代，即第一代“华盛顿”级、第二代“伊桑·艾伦”级、第三代“拉斐特”级，它们都装有AN/BQS-4主动探测声呐、AN/BQR-2B被动探测声呐以及用于远程警戒和搜索跟踪的AN/BQR-7被动声呐。

就探测距离来说，AN/BQR-7被动声呐的探测距离最远。它由排成3列的156个水听器单元组成，在艇艏排成半圆形，并向两舷延伸15.24米，水下最大探测距离为100海里（约185千米）。这已经是理想状态下的探测距离，也就是潜艇在低速航行时，对敌方高速舰艇的最大探测距离。“俄亥俄”级潜艇的声呐系统虽然有所改进，但也很难达到300～400千米的探测距离。即便是如今侧重静音性能的潜艇，在低速航行时采用最先进的被动拖曳线列阵探测声呐，对舰艇也难以达到如此惊人的探测距离。

300 ～ 400 千米的探测距离可能只是偶然状态下的数据，属于美国海军的夸大宣传，主要目的是对敌人进行心理威慑。

此外，在远距离探测时，潜艇声呐的精度很低，只能用来警戒。虽然 AN/BQS-4 主动探测声呐的精度要高一些，但其最大探测距离不到 20 千米。AN/BQR-2B 被动探测声呐的最大探测距离为数十千米。所以，潜艇声呐在 130 ～ 160 千米辨别舰型也是无法做到的，同样是夸大宣传。

美国“俄亥俄”级潜艇浮出水面

美国“俄亥俄”级潜艇在水面航行

光纤水听器为何被称为魔术师

声波是目前已知唯一能在水中远距离传播的能量形式，当声波在水中遇到物体时，还会被反射回来。不同频率的声波，在水中被吸收和反射的程度也不同，人类根据声波这一特性发明了声呐，并在反潜作战中广泛使用。然而随着潜艇的静音性能越来越出色，利用传统声呐装置进行侦听的难度大大增加。在这种背景下，光纤水听器应运而生。

光纤水听器是一种建立在光纤传感和光电子技术基础上的水下声信号探测器。它利用相关检测技术，如同魔术师一般直接把水声信号变换成光信号，并通过光纤传输至信号处理系统。经过后续处理，技术人员就能从看似宁静的信号中提取出潜艇的独有声响。

早在 1937 年，研究人员就发现了深海中存在着一个能让声波传输到更远距离的“深海通道”。在“深海通道”和反潜技术发展的基础上，美国海军研究实验室于 1977 年发表了光纤水听器的首篇论文，开启了属于光纤水听器的水下侦听新时代。此后，美国海军研究实验室开始执行光纤传感器系统计划，光纤水听器是该实验系统的重要内容之一。

美国海军在“流动噪声驳船”系统上对塑料芯轴光纤水听器进行了第一次海上实验，并于 1983 年 7 月在巴哈马群岛成功部署。其后，美国海军相继进行了多次拖曳式光纤水听器阵列的海上实验，并取得了重大成功。伴随着美国海军研究实验室正式制订潜艇用“光纤水听器系统标准”，光纤水听器也开始了向实用武器系统的巨大迈步。

作为未来水下侦听系统的重要发展方向，英国、法国、意大利等国也相继开展光纤水听器领域的研究。光纤水听器能有效克服传统声呐需要大量水下电子元件、价格高、重量大、密封性不好等问题，能有效提高水声信号的侦听精度和系统的稳定度。

英国海军主要聚焦利用阵列进行浅海监视和海岸线监控技术，已经成功研制出光纤海底阵系统，可实现远距离组建的光纤水听器阵列技术具有巨大的应用前景。法国、意大利与挪威合作执行全光纤光纤水听器线阵计划，旨在发展静态光纤水听器阵列，后来继续发展成为欧洲长期防卫联盟项目的一部分。

与传统水听器相比，光纤水听器具有诸多优势。光纤水听器能把大量信号从一根光纤里传输，其模块单元也可灵活设计，且响应带宽较宽、灵敏度极高，在信号传输和单元布设时还无须担心电磁环境的干扰，具备组建形成光纤水听器大规模探测阵列的巨大潜力。光纤水听器与反潜巡逻机和反潜战舰协同作战，就能形成一张洞察汪洋的立体反潜“水听网”。此外，光纤水听器还能与地面侦听站和空天探测卫星配合使用，成为“军事物联传感网络”的重要组成部分。

美国“弗吉尼亚”级攻击型核潜艇在水面航行

“基洛”级常规潜艇在近海航行

潜艇如何使用潜望镜观察目标

潜望镜是指从海底伸出海面，用以窥探海面活动物体的装置。其构造与普通地上望远镜相同，只是另外增加了两个反射镜，使物光经两次反射而折向眼中。潜望镜的主要部件是一根长钢管桅杆，可升至指挥塔外约5米高的位置，两端都装有棱镜和透镜，可将潜望镜的视野放大1～6倍。潜艇在浮出水面前，艇长必须指挥潜艇在潜望镜深度先用潜望镜对海平面作一次360度的观察，以求尽早发现可能出现的敌情。只有在确认没有任何威胁的情况下，潜艇才会浮出水面。

一般来说，处于水下航行状态的潜艇观察海平面和空中目标的唯一手段便是借助潜望镜。早期潜艇大多装有两部潜望镜，即一部攻击潜望镜和一部观察潜望镜。观察潜望镜有一个可配合潜望镜升降杆运动的座位和踏板，主要用于潜艇上浮之前的海空观察和航向确认。而攻击潜望镜没有，主要用于敌情观察、目标测距和攻击方位角度计算。同时，观察望远镜在夜间观测能力上也更胜一筹。

随着科学技术的发展，现代潜望镜综合应用了微光夜视、红外热成像、激光测距、计算机、自动控制、隐身等光电技术的最新成果，性能有了显著提升。以德国研制的SERO 400型潜望镜为例，其主要技术性能包括：俯仰范围-15～60度，1.5倍、6倍和12倍三种放大倍率，高精度的瞄准线双轴稳定，潜望镜入瞳直径大于21毫米，潜望力约12米。它能配置多种摄像机和传感器，如数码摄像机、微光电视摄像机、彩色电视摄像机、热像仪、人眼安全型激光测距仪等，供潜艇指挥官根据实战需要选用；还能把视频信号实时提供给作战系统监视器，实现同步观察。潜望镜系统的串行接口可供不同的作战系统控制台实现遥控操作。该潜望镜系统在昼光和夜间条件下都有很好的观察效果，能有效监视海面和海空、收集导航数据、搜索和识别各种海上目标，观察到的图像可以录像供回放。

值得注意的是，现代光电潜望镜技术已经相当成熟，很难再有较大的提升。传统的穿透式潜望镜存在一些明显的弊端。首先，潜望镜必须穿透潜艇壳体，镜管直径越大对潜艇耐压性的影响就越大。其次，潜望镜目镜头的转动直径一般为0.6米，在原本就空间有限的艇内占据了较宽位置，对潜艇指挥舱的布置十分不利。最后，潜望镜只适合一人操作观察，无法实现多人同时观察，不利于作战信息资源的共享。尽管存在上述缺陷，但光电潜望镜仍是目前各国海军潜艇使用最广泛的成像观察装置。

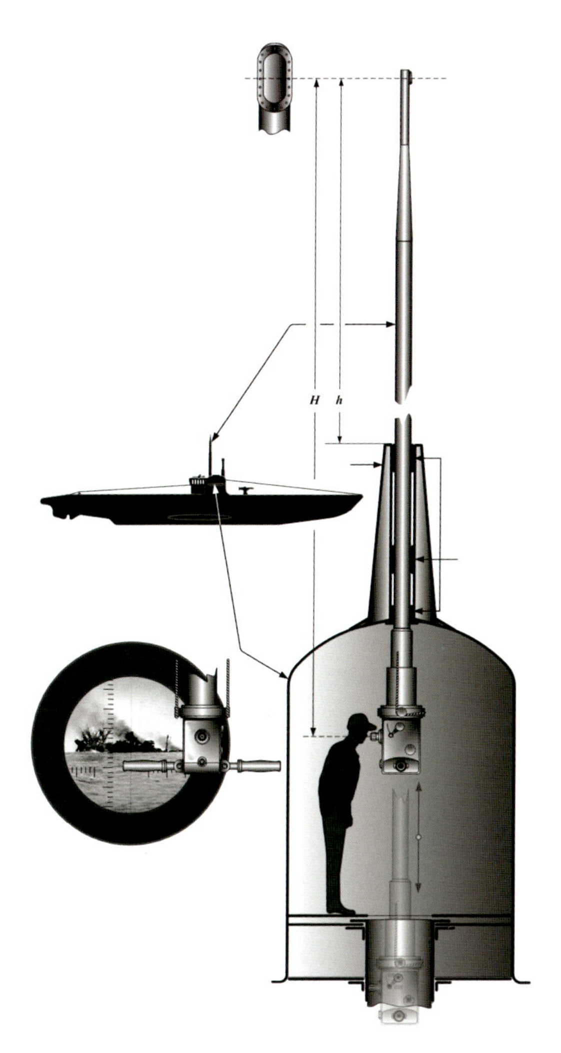

单眼攻击潜望镜使用示意

非穿透光电桅杆有何优点

由于传统的穿透式潜望镜存在占用艇内空间大、每次只能供一个人使用等缺点，所以各大海军强国一直在寻找合适的替代方案。

1976 年，美国科尔摩根公司正式提出最初的光电桅杆原理供海军评审。20 世纪 80 年代，非穿透光电桅杆的开发计划正式启动。如今，光电桅杆已从概念、原理样机发展成为正式型号。美、英、法三国海军的新型核潜艇都采用光电桅杆替换传统的穿透式潜望镜。这标志着潜艇光电桅杆技术已经达到相当成熟和可靠的水平。

以美国海军现役最新型“弗吉尼亚”级核潜艇为例，其装备了全新的非穿透复合式光电桅杆，从而改变了传统核潜艇对水面目标信息的搜集方式，它可获取光学、红外影像、微波信号等，能探测敌方雷达、无线电设备等电磁辐射信号；其光电探头摄下的图像，可在艇内大屏幕显示器上播放，便于艇长和众多艇员实时观察水面情况，而传统潜望镜只能供 1 ～ 2 人观察，极易导致观察疏漏；复合式光电桅杆侦测的目标诸元，可直接传输到艇载网络化数字式火控系统，大大提高了火力发射的效能、效率和接战速度；非穿透复合式光电桅杆的应用，还可增强艇体强度，降低工程难度，有效缩短建造周期。

一般来说，光电桅杆由观察头、非穿透桅杆和艇内操控台三部分组成。它与传统的穿透式潜望镜相比有诸多优点：光电桅杆不穿透耐压艇壳，直接布置在指挥舱的合适位置，不但提高了潜艇耐压强度，也方便了指挥舱的布置；光电桅杆的观察头装有多种光电探测传感器、电子战和通信天线等装置，功能较为全面；艇外所有目标可通过电视和红外摄像机摄取，然后传输到艇内，显示在操控台监视器及大屏幕上。

英国“机敏”级攻击型核潜艇前方视角

目前，光电桅杆正在逐步取代穿透式潜望镜，成为潜艇作战信息系统的重要组成部分。不过，由于技术复杂、价格昂贵等原因，目前只有美国“弗吉尼亚”级、英国“机敏”级和法国“凯旋”级潜艇安装了两根光电桅杆，其他新型潜艇大多采用一根光电桅杆和一台潜望镜配合使用的设计技术。

装有两根光电桅杆的美国“弗吉尼亚”级攻击型核潜艇

先进的现代潜艇为何多次相撞

2009 年 2 月，英国“前卫”号核潜艇与法国“凯旋”号核潜艇在大西洋发生碰撞事故。当时两艘潜艇均在水下航行，且艇上均带有核弹。碰撞发生时，两艘潜艇上共有约 250 名艇员。相撞导致“前卫”号核潜艇需要用拖船拖回苏格兰的基地，艇体上可见凹陷和擦痕。“凯旋”号核潜艇也驶回布雷斯特港海军基地，声呐外壳严重受损。

根据英国海军专业人士的说法，发生这样的碰撞事故的概率只有几百万分之一。那么，各自配备先进声呐系统的两艘核潜艇，为何在茫茫大西洋中，将“几百万分之一”的相撞概率变成现实了呢？这个问题的答案还得从声呐说起。

现代潜艇配备的声呐基本上可分为被动式声呐和主动式声呐两大类。以被动式声呐为例：当水中或水面目标运动时，会产生机械震动和噪声，并通过海水介质传播给声呐换能器，换能器将声波转换为电信号后传给接收机，经放大处理传送到显示控制台进行显示和提供测听定向。被动式声呐隐蔽性好，识别目标能力强，但不能侦察静止目标。主动式声呐可解决这一问题，它可主动向水中发射声波，接收水下物体的反射回波，从而发现目标并测量其参数。但主动式声呐易暴露自己，且探测距离有限。同时，海洋里有很多神秘而复杂的区域，都可能导致潜艇出现声呐盲区，在繁忙的航道、渔区，能让声呐失准的因素就更多。

有声呐技术，自然就有反声呐技术，而且先进的反声呐技术甚至已经超过了声呐技术。反声呐技术其实就是指潜艇的隐身技术，其中最重要的就是潜艇的降躁技术。英法核潜艇相撞，一个重要原因就是双方的反声呐技术都很先进，都采取了很多降噪措施。当时，两艘核潜艇都在以极低的速度移动，同时关闭主动声呐系统，以省电并减少自身发出的噪声，致使“它们发出的声响不超过一只虾”。由于核潜艇自身的噪声与海洋环境噪声混杂在一起，被动式声呐要从环境噪声里检测出潜艇噪声非常困难，双方离得很近，又都在使用被动式声呐，虽然自身得以隐蔽，但也无法发现对方。所以，“凯旋”号核潜艇的艇员都声称“既没看到也没听到任何信号”。

英国“前卫”号弹道导弹核潜艇

法国“凯旋”号弹道导弹核潜艇

另外，两艘核潜艇相撞时，可能处于相互垂直的位置，“凯旋”号核潜艇在上面，“前卫”号核潜艇在下面，结果英国潜艇在上浮的时候撞上法国潜艇。此时，即使两艘潜艇都打开了拖曳阵列声呐，法国潜艇也很难发现英国潜艇，因为垂直方向的英国潜艇正好处于法国潜艇拖曳阵列声呐的盲区。

事实上，因为声呐原因导致的潜艇相撞事故，远远不止这一起。美国和俄罗斯的潜艇就多次发生碰撞事故。例如，1970 年 6 月 18 日，苏联“回声”级核潜艇与美国“鲟鱼”级核潜艇在巴伦支海相撞，双方均负伤；1986 年在直布罗陀海峡，美苏潜艇再次相撞；1993 年在巴伦支海，美国潜艇与俄罗斯潜艇相撞。

一般来说，潜艇相撞主要原因是跟踪引起的，冷战时期美苏之间一直采用一艘跟踪一艘的策略。据不完全统计，在苏联、俄罗斯北方舰队和太平洋舰队过去几十年来在进行军事演习的海域就曾发生过 11 起潜艇与外国潜艇相撞事故，其中 10 起是与美国潜艇相撞。

潜艇有没有飞机一样的黑匣子

众所周知，现代飞机都安装了“黑匣子”。“黑匣子”是电子飞行记录仪的俗称，用于记录飞机飞行和性能参数。“黑匣子”记录的信息可用于飞行事故分析，人们可根据飞机坠毁前记录的数据和话音记录，经处理后送入一种飞行模拟器，重现事故的过程，形象地分析事故的原因。“黑匣子”的外壳具有很厚的钢板和许多层绝热防冲击抗压保护材料，通常安装在飞机尾部最安全的部位。记录介质为能承受巨大冲击的静态存储记录仪，类似于计算机里的存储芯片，防止“黑匣子”在空难中遭到损坏。

既然“黑匣子”的作用这么大，那么战舰尤其是危险性较高的潜艇有没有安装类似的装置呢？答案是有的。潜艇“黑匣子”是从俄罗斯海军“库尔斯克”号核潜艇沉没事故开始为世人所熟知的，它让扑朔迷离的“库尔斯克”号核潜艇沉没原因最终水落石出，事故原因最终被认定为人为操作失误。

潜艇“黑匣子”实际上就是在潜艇的失事浮标内及时放进一个小巧

的“黑匣子”。这样当潜艇遇难后，如果前部舱室损坏严重或失事浮标放不出来，可以立即放出后部失事浮标。如果后部舱室毁坏或失事浮标放不出来，则正好相反。

当海上搜救人员发现并打开失事浮标后，拿出“黑匣子”进行解读，就可清楚地掌握潜艇的失事原因和艇内的基本情况，以及艇内人员正在采取的各种措施等。外部救援人员便可据此使用各种救援工具和采取相应方法。

潜艇“黑匣子”的保密性能很好。它有一套特别的防护措施，即使失事浮标中的“黑匣子”被敌方捞走或抢去，其内经过加密并经特殊处理的信息，也很难被破解。只有使用与之配套的解密设备，才能破译出来。

虽然潜艇“黑匣子”的体积不大，但是结构非常复杂。它对材料、技术和工艺等诸多方面的要求十分严格，涉及海洋、通信、电子、材料等众多学科，其设计、制作难度丝毫不亚于飞机“黑匣子”，有些方面甚至难度更大。所以，目前世界上还没有几个国家拥有真正意义上的潜艇“黑匣子”。

俄罗斯海军“库尔斯克”号核潜艇的残骸

电子战浮标系统有何作用

对深海潜行的潜艇来说，遇上反潜平台布设的声呐浮标可不是什么好事。为精准定位潜艇位置，反潜巡逻机、反潜直升机等平台布设了不少声呐浮标。一旦这些声呐浮标被撒向潜艇所在海域，它们就会源源不断地将相关信息回传给反潜平台，让潜艇无所遁形。

不过，昔日用来发现和猎杀潜艇的声呐浮标，如今正在被潜艇创造性地运用。俄罗斯就研发了一种电子战浮标系统，被命名为“圆筒-M”，这意味着俄罗斯海军潜艇多了一种有效的隐身措施。

潜艇一般会通过消声、消磁等方式来隐蔽自己。而“圆筒-M”电子战浮标系统能通过“致盲”“致聋”敌方反潜平台所布设的声呐浮标，让这些声呐浮标无法将信息回传给反潜平台，从而保证己方潜艇的安全。

“圆筒-M”电子战浮标系统的“致聋”原理比较简单，就像把一款信号屏蔽器放在手机旁边，手机因发射不出无线电信号而与外界失联。只不过“圆筒-M”电子战浮标系统要对付的不是手机，而是敌方的声呐，阻断的是敌方声呐浮标的通信链路。

“圆筒-M”电子战浮标系统由潜艇发射至水面后，会自动激活，发出干扰电波，压制附近海域的无线电通信。由于目前反潜平台所使用的声呐浮标普遍功率较小，抗干扰能力偏弱，基本无法与“圆筒-M”电子战浮标系统对抗，所以大概率会被“致盲”“致聋”。反潜平台一旦成了“睁眼瞎”，潜艇就能从敌人眼皮子底下从容逃脱。

有专家认为，这种电子战浮标系统的应用，会在一定区域内造成大面积的信号盲区，反而更易暴露潜艇的出没行踪。不过俄罗斯海军“北风之神”级、“德尔塔Ⅳ”级潜艇都将配备“圆

俄罗斯“德尔塔Ⅳ”级潜艇

筒-M”电子战浮标系统。由此推测，相关问题或许已经得到一定程度的解决。

美国海军为何重拾六分仪

六分仪，是用来测量远方两个目标之间夹角的光学仪器。通常用它测量某一时刻太阳和其他天体与地（海）平线的夹角，以便迅速得知所处位置的经纬度，被广泛应用于航海和航空领域。

多年来，无线电导航系统特别是卫星导航系统的完善和发展，使定位导航变得更加便捷，天文导航技术逐渐被替代。美国海军学院于2006年停止了学员对天文导航知识的学习，但是在中断了10年之后，2015年却再次做出规定，要求学员必须学会如何使用航海六分仪，掌握通过日月星辰等进行定位的技能。

众所周知，美军拥有世界先进的全球定位系统（GPS），为什么却要重拾具有200多年历史的传统定位技能呢？据资料显示，美军在二战后几场信息化局部战争中发现，全球定位系统存在极易被电磁攻击和网络干扰的风险。重学传统技能的根本目的，是确保在太空卫星被击落、舰船上用作导航的计算机网络被入侵，现代导航技术完全失效的情况下，仍有备份方案。

任何事物都具有两面性。现代高技术在提高军队作战、指挥效能的同时，其复杂性也同样存在着致命的脆弱性，一旦被对方攻击和利用，将导致难以预料的后果。因此，在发展和使用高技术时，应该清醒认识并力争改变这一不利情况。

首先，应重视仍有应用价值的传统装备手段的传承使用和技能训练。高技术装备和手段的快捷性、高效性，很容易造成人类的过度依赖，进而可能导致作战常识的缺乏、作战本能的“钝化”和创造性决策力的降低。战时，在装备出现故障、损毁或技术失效时，可能会因传统技能的丧失而不知所措，导致指挥活动陷入停滞、作战行动失调失序甚至作战失利。因此，在发展和利用高技术装备手段的同时，不能忽视仍有应用价值的传统装备和技术的技能训练。例如，通信距离远、稳定性强的短波通信、流星余迹通信甚至是信号灯、旗语等简易通信手段。同时也要注意，有些高技术手段在对付非传统安全挑战时并不如传统手段奏效。

其次，应重视高技术装备的冗余备份和功能替代。随着侦察探测、精确打击和网络攻击技术的发展，高技术武器及其支撑系统面临的失能威胁急剧增大，而且网络化的结构和相互依赖的体系构成特点，也使得关键系统一旦被毁将可能造成局部瘫痪及相关武器系统降效。因此，高技术武器系统应该具有较高的冗余度，使体系结构具有一定的替代、补偿和自适应功能，并对关键系统中的关键功能设计备份系统，或在智能化、自动化操控中预置保留传统的操作方式和使用接口，以备战时应急。另外，对联合作战起关键支撑作用的保障系统还要发展可替代手段，做到有备无患。

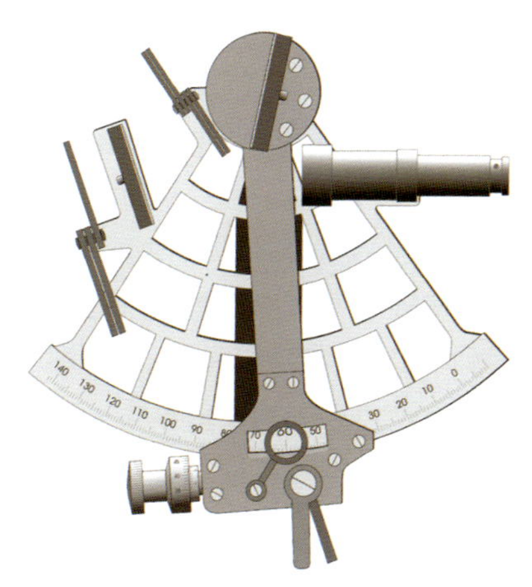

六分仪结构示意

正在使用六分仪的美国“黄蜂”级两栖攻击舰舰员

“海狼”级潜艇为何造价惊人

20世纪80年代，随着苏联海军“阿尔法”级、“塞拉”级、“阿库拉”级等先进攻击型核潜艇在大洋深处与美国海军核潜艇一较高下，美国海军认为，现役“洛杉矶”级攻击型核潜艇已很难对苏联潜艇形成优势，因此需要一种性能全面领先苏联现役和在研型号的攻击型核潜艇。这种核潜艇可在北冰洋下执行作战任务，将是美国海军的重要水下力量。为此，美国海军在打造这种核潜艇时，几乎用上当时全部先进技术，其结果就是“海狼”级潜艇。

“海狼”级潜艇水下排水量超过9000吨，其中三号艇“吉米·卡特”号水下排水量高达12 000吨。艇体采用新型钢建造，呈拉长水滴形，耐压性更好。作战潜深超过600米，接近苏联用钛合金打造的“阿尔法”级攻击型核潜艇的下潜深度。指挥塔围壳得到进一步强化，确保可突破北极冰层。艉部采用6叶控制舵，水下机动性更好，且更利于布置拖曳声呐。

“海狼”级潜艇将静音性置于设计首位。该级艇的指挥塔围壳采用弧形填角，以降低水下噪声，这一设计后来被各国广泛采用。艇上有一套静音核反应堆，一套二级水下推进电机，所有设备均安装在减震浮筏上，以保证隔声效果。“海狼”级潜艇还取消螺旋桨，采用泵式喷水推进器，进一步降低噪声。此外，全艇共设有26个噪声和震动侦测器，用以检查自身噪声和震源，并加以修正。美国海军宣称，“海狼”级潜艇能以20节航速在水下航行，静音水平低至100分贝以下，甚至低于背景噪声。最高航速35节，超过大多数水面战舰或潜艇。

“海狼”级潜艇配备先进水声探测与电子系统，不仅可以用于作战，还能承担情报搜集任务。该级潜艇可静默接近敌方海岸或基地，进行抵近侦察。在武器装备方面，与以往美国海军攻击型核潜艇相比，“海狼”级潜艇的鱼雷管数量、口径和其他武器搭载量均大幅增加，提高了在高威胁海域的持久作战能力。艇上安装8座660毫米大口径鱼雷发射管，可直接发射“战斧”巡航导弹。该级潜艇共可搭载50枚Mk 48重型鱼雷、“鱼叉”反舰导弹或“战斧”巡航导弹，几乎是“洛杉矶”级潜艇的两倍。

美国海军原计划建造29艘“海狼”级潜艇，以全面替换“洛杉矶”级潜艇。如果要完成这个计划，大概需要336亿美元资金。然而，随着苏联解体，失去作战目标的“海狼”级潜艇很快成为美国国会削减军费的牺牲品。1992年，美国政府决定在建造3艘“海狼”级潜艇后，转而建造吨位更小、造价更低的“弗吉尼亚”级潜艇。1997年，“海狼”级潜艇首艇“海狼”号建成服役，实际完工时造价高达24亿美元。三号艇“吉米·卡特”号于2005年建成服役，造价高达35亿美元，成为当时世界上造价最高的核潜艇，直到2013年这一纪录才被打破。

作为美国海军尖端的水下装备，“海狼”级潜艇长期部署在北方海域，时常出入北冰洋。其中，“吉米·卡特”号执行的任务最特殊。与前两艘“海狼”级潜艇相比，“吉米·卡特”号潜艇加装了一段长约30米的多任务舱段，以搭载特种部队和相关设施。为了开发这一舱段，美国耗资达9.23亿美元。多任务舱段出入口可与新一代“海豹”水下输送系统结合，搭载更多水下机器人和无线电侦听浮标等。据外媒猜测，“吉米·卡特”号潜艇拥有使用水下机器人窃听海底光缆的能力。在找到海底光缆后，水下机器人可进行信号窃听、破译、记录和传输，随后潜艇计算机对信号进行解码和破译，获得普通侦听手段无法获知的情报。

“吉米·卡特”号潜艇下水仪式

美国海军“斯坦尼斯”号航空母舰战斗群中的“海狼”级潜艇

第6章 作战篇

海上作战的主要任务有破坏敌方海上交通运输、保卫己方交通线、攻击敌方海上主战兵力为核心的集团目标、组织近岸防御作战、对敌濒海实施袭击作战、对敌水面目标实施攻击、实施反潜作战和防空作战，以及海军航空兵和舰载导弹对敌舰艇编队实施袭击等。本章主要就海军战术技术相关的问题进行解答。

概述

中国古籍记载的最早海战，是公元前485年春秋时期的吴齐海战。此后发生过多次海战，如隋唐时期进攻高丽的海战、宋金战争的陈家岛海战、宋元战争的崖山海战、清初郑成功收复台湾的海战等。

在西方，公元前480年希腊与波斯的萨拉米斯海战，是古代早期的海战。公元前31年罗马内战时期的亚克兴海战，1588年英国与西班牙的格拉沃利讷海战，以及一战中英国与德国的日德兰海战，二战中美国与日本的中途岛海战等，都是历史上著名的海战。这些海战的胜负对于转变海洋战区的战局，改变濒海陆战场的态势，解决海洋利益的冲突与争端，加速战争进程，影响战争的最终结局都产生了重要的作用。

关于18世纪海战的西方油画

海战的方式和内容在不同时代有不同表现。桨船时代的海战，双方主要采取战舰列阵、接舷跳帮的方式，使用冷兵器进行格斗，或用船艏相互撞击来决定胜负。帆船时代的后期，战舰开始装备枪炮，双方排成战列线，在一定距离内进行火力战。

16—18世纪，海战成为殖民主义国家保护海上贸易、争霸海洋空间、进行殖民扩张的主要手段。

19世纪70年代，进入蒸汽舰队时代，装甲战舰、速射火炮的装备，使海战发展成为使用舰炮、鱼雷等武器进行的交战。

一战中，巨舰大炮主宰海战场。同时，潜艇、飞机等作战兵器开始运用于海战，海战由水面交战发展到同时在水面、水下和空中进行交战，由海军单兵种作战发展到多兵种合同作战。

二战中，随着海军武器装备的发展，特别是航母的使用，海战样式进一步发展。海上保交战和破交战，海空配合的基地袭击战，航母编队的海上空战，大规模水面舰艇机动战，海上封锁和反封锁作战等方式相继出现。海军航空兵已取代战列舰成为海战的主力。通过大规模海战歼灭敌方的海军兵力，夺取制海权，协同陆上作战，对整个战争的进程和结局产生了重要影响。

20世纪50年代以来，随着制导武器、电磁（水声）手段的出现和完善，海战的范围和能力进一步扩大，出现了超视距海战的样式。同时，发达国家的潜艇和航母采用核动力，潜射导弹核武器成为现代战略核力量的重要组成部分，使海战进一步发展成为核威慑条件下的海上作战。

现代海战是在水面、水下、空中、电磁、信息等多维空间甚至包括濒海陆地、空域的广阔领域里，多层次、多方位同时展开。舰艇编队、航空兵机群在广阔的海域机动，导弹、水中武器和舰炮相结合，集中突击与连续突击贯穿于海战全过程，袭击与反袭击、封锁与反封锁、保交与破交、登陆与抗登陆、潜艇战与反潜战，以及电子（水声）对抗、信息对抗等密切结合，作战节奏加快，持续时间缩短，攻防转换迅速，组织指挥和后勤保障复杂，海战发展成为体系与体系的对抗较量。

随着科学技术的发展，海军武器装备将进一步发展更新，海军作战能力和海上指挥自动化水平将得到显著提高。海战的突然性和兵力的机动性更强，作战空间更广，作战持续时间将缩短，组织指挥和保障更加复杂。海军信息化网络和远程精确制导武器的大量应用，将使海战范围扩大到远洋、陆地纵深甚至深海。海上对陆作战将成为重要方式，海战与陆战、空战的联系将更加密切，海陆空一体化作战将广泛运用。

以“尼米兹”号航母为核心的美国海军航母战斗群

古往今来海战指挥方式有何变化

冷兵器时代的海战，将军亲自率领舰队，作战采用直接指挥方式。1786年，自从拿破仑的参谋长贝蒂埃首次在军队中设立参谋机构以后，这种编制形式便在普鲁士军队和其他国家甚至全世界的军队中推广开来。

随着海军武器装备越来越复杂，指挥员对海战的驾驭显得力不从心，只好扩大参谋机构分级指挥，致使中间层次逐渐膨胀。中间指挥员和参谋机构的不断扩大，使高级指挥员越来越远离前沿舰队、远离海上战场，人为地使海战指挥变得越来越复杂。多层次传递海战命令和树状化海战指挥模式已经沿用了上百年，这种指挥体制已无法适应信息时代海战实时指挥的要求。

现代海战要求舰队司令的命令直接传达到舰（艇）长，舰（艇）长可直接向舰队司令汇报战斗情况，舰队司令可在大屏幕前全面观察整个海战场的画面，并随时掌控海上战斗的进程，下达实时作战指令。

21 世纪信息技术的发展，将使海军指挥层次大大缩减，信息化海战就是打“海上网络”，使舰队传统的指挥机构由等级型变为扁平型。减少中间层次，精简指挥机构，采取宏观决策和委托式指挥将成为现代高技术海战的一大特色。所以，海军指挥层次将向横向一体化、扁平化、网络化发展。

现代海战是否依然讲究阵型

从古至今，海军作战都非常讲究阵型。一个优秀的阵型可以最大限度地发挥所有战舰火力，用更短的时间向敌人投射更多的弹药，对赢得战斗有决定性意义。

16 世纪，战舰装备了重型滑膛炮，配置在舰船两舷舷侧，称为舷炮。海战中，舰队以数艘战舰编为一组，排成纵列战斗队形，用舷炮轮流发射的方法实施舷炮战，以充分发挥火力，称为舷炮战战术。1588 年英西海战，英国舰队在英吉利海峡最先使用舷炮战战术攻击西班牙舰队。随着帆船吨位的增大、舷炮数量增多和射速提高，在 17 世纪中叶的几次英荷海战中，舷炮战战术发展成为比较稳定的战列线战术，一直到 18 世纪都是海战中的主要战术。

运用战列线战术的程序：舰队各舰编成单纵队航行，各舰严格保持队形，先抢占上风位置，再接敌至火炮射程内，采取与敌舰平行航向运动，各舰分别对指定的敌舰实施炮击，直至决出胜负或一方撤退为止。战列线战术可以最充分地发挥舷炮的威力，舰队能对各舰实施有效的指挥与控制。

由于风帆舰的舷炮射程较近，机动中受风的限制，有效射击线与战舰的前进方向成直角，不便集中火力逼敌进行决战，18 世纪后期，一些国家海军开始运用舰艇机动战术。1805 年，英国舰队在特拉法尔加角海战中，编成两路纵队，从法国、西班牙联合舰队纵列战斗队形的中部实施穿插分割，逐一歼灭敌舰，取得海战胜利。此后，舰艇机动战术逐渐取代战列线战术。

舰艇机动战术是风帆舰队末期和蒸汽舰时代主要的海战方法。美国和西欧一些国家称其为“打破敌方战列线的战术”。海战中，舰队编成数个能独立行动的战术群，以纵列战斗队形穿插分割敌方舰队的战斗队形，钳制其一部，包围其另一部，集中火力打击被包围和孤立的敌舰，并倾尽全力攻击敌方指挥舰，使敌方舰队指挥陷于瘫痪状态，再以优势炮火逐一歼灭敌方舰船。

19世纪下半叶，军舰装备蒸汽动力装置和炮塔式线膛炮后，舰艇的机动性和火炮威力大为提高，出现了“T”字形战术。海战时，双方舰艇编队均编成纵列队形，通过机动与火力相结合，使己方纵列编队横向敌方纵列编队航线前方形成最有利态势，以便集中全编队火力射击敌方先头舰船，钳制其后续舰船；迫使敌方编队只能发挥其先头舰船前炮的火力，其后炮受射界限制，后续舰船的火力也因受射程限制而不能使用。1905年，日本海军联合舰队在对马海战中使用“T”字形战术，歼灭了俄国远征舰队。

到了一战与二战早期，战列舰的“无畏化”革命使大口径舰炮成为了海战的主力输出手段，而现代化的火控系统又使其在较短的窗口时间内能够取得较高的射击精度，于是“T”字形战术的作用也随之凸显。到了二战后期，英美两国的火控革命使舰炮基本消除了火炮耳轴摆动而引起的射击误差，这又使“T”字形双方的火力差距被迅速拉近，“T”字形战术的意义也随之缩水。

在日德兰海战结束之后，由于舰队维持成本的急剧攀升和二战后开始的海军航空兵革命，大型战列线就已经罕见于战场。二战结束之后，导弹化浪潮席卷各国海军，这也最终将战列线战术与“T”字形战术抛在历史的车轮之后。不过，现代海战虽然已经告别“巨舰大炮”时代，但是阵型仍然不可忽视，合理的阵型能够最大限度地规避战舰被击沉的风险。如今，航母编队通常使用圆形阵型，外围的驱逐舰、护卫舰和巡洋舰组成多层防空、反潜网，将航母严密地保护起来。

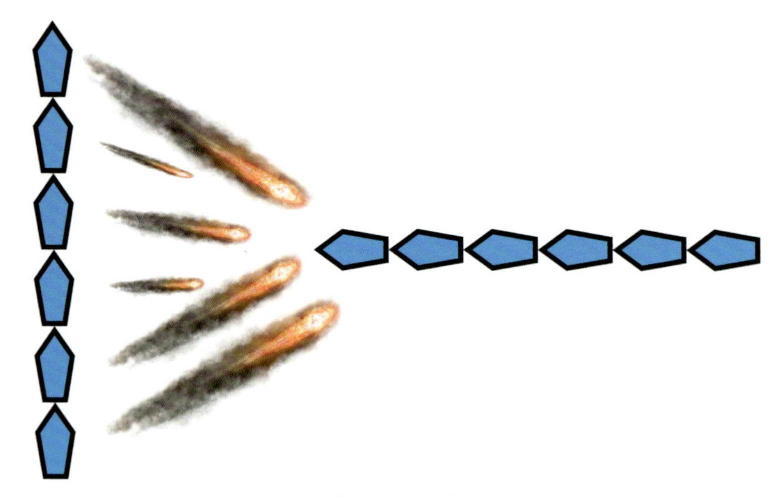

“T”字形战术示意

美国海军“里根”号航母战斗群

现代海军如何执行海上护航任务

海上护航是为己方舰船或舰船编队安全航渡而进行的护送和掩护行动。按护航方式，可分为伴随护航和区域护航；按涉及海域，可分为近岸海域护航、近海海域护航和远洋护航。护航方式由任务、敌情和海区及兵力情况确定。护航兵力通常使用水面舰艇和海军航空兵，必要时也可使用潜艇，在近岸海区还可使用海军岸防兵。

（1）近岸海域护航。护航兵力可以利用海区内阵地设施和自然地理条件，并可得到岸基航空兵、岸防兵和沿海基地快速兵力的支援，通常采取统一指挥下的分区、分段护航的方法实施。

（2）近海海域护航。通常采取伴随护航和区域护航的方法实施。组织伴随护航时，应明确舰船进出港的顺序、航行队形、警戒组织、舰艇之间的间隔和间距等，并随时准备抗击敌方的袭击，保障被保护舰船的安全。组织区域护航时，应周密组织侦察，掌握敌方活动情况，护航兵力在航行海区和受敌威胁的方向实施机动作战，阻止或消灭企图接近己方被保护舰船的敌人。

正在执行远洋护航任务的英国“勇敢”级驱逐舰

（3）远洋护航。需使用大量的具有远洋独立作战能力的护航兵力，通常按照盟国间的协议划分作战责任区，以反潜和防空作战为重点，综合运用伴随护航、区域护航、保护航线等方式，与敌方破袭兵力作斗争。组织伴随护航和区域护航与近海海域护航相同。保护航线是选择几条靠近岛屿并设置有固定声呐站网的航线，部署机动反潜兵力，并沿航线进行反潜巡逻，以阻止敌方潜艇袭击。

现代海军如何实施海上警戒

海上警戒是为防止敌方海上袭击和侦察而实施的警卫措施，目的是及时发现进入警戒区的敌方空中、水面、水下兵力，单独或协同其他兵力消灭来袭敌人或对其进行抗击和迟滞，以保障己方兵力驻泊和航行安全，掩护己方兵力展开和机动。

海上警戒有多种类型。按警戒任务，可分为战斗警戒、停泊警戒和航行警戒。按警戒距离，可分为远程警戒、近程警戒和直接警戒。按警戒目标，可分为对空警戒、对潜警戒、对水面舰艇警戒和综合警戒。按被警戒对象，可分为对海军基地和沿海要地警戒、对海上舰艇编队警戒和对战斗地域警戒。

早期的海上警戒，通常在海军基地或舰船编队停泊于无设防锚地时，派出海上巡逻兵力进行警戒。鱼雷艇出现后，海上警戒由停泊警戒扩大为航行警戒。随着潜艇和航空兵的出现，海上警戒空间从水面扩大到空中和水下。二战中，为满足海上运输和大规模登陆作战的需要，防备敌方潜艇和航空兵的袭击，海上警戒的组织有了很大发展，出现舰艇警戒幕和水面舰艇反潜搜索突击群等组织形式，警戒兵力规模增大，并实施海上巡逻搜索、水区警戒和伴随护航，战斗警戒成为海上防御的重要环节。二战后，新型技术观察设备、水下监视系统、预警机等能在远距离发现目标的技术手段与海军基地和海上编队的警戒手段相结合，形成对空中、水面和水下目标的大纵深综合警戒体系。

海上警戒的基本要求如下：建立大纵深的警戒配系，合理配置兵力，重点警戒受威胁较大的方向；根据不同任务，构成不同警戒配系；综合运用各种侦察、探测器材，建立警戒报知系统，及早发现和探明敌情；

实行统一指挥，快速、灵活地处置各种情况；周密组织警戒兵力之间、警戒兵力与被警戒兵力之间、警戒兵力与支援兵力之间的协同。

美国 SH-60 直升机在“卡尔·文森”号航母附近执行警戒任务

主要担负反潜任务的俄罗斯“无畏Ⅱ”级驱逐舰

海上警戒的组织与实施的方法：①对海军基地和沿海要地警戒，由反潜飞机、反潜直升机、反潜水面舰艇等兵力和固定式水声监视系统组成防潜警戒；由空中预警机、海岸雷达站、战斗机、防空导弹和防空火炮组成防空警戒；由防空、防潜兵力兼任或组织专门的突击兵力担任防敌方水面舰艇警戒。防水雷措施主要是及时发现和消灭敌方布雷兵力，并组织严密的防雷观察。②对海上舰艇编队警戒，由具有反潜、防空能力的水面舰艇组成纵深配置警戒幕，并视情以预警机、反潜直升机、反潜搜索突击群在编队前方和外侧进行巡逻。③对战斗地域警戒，由警戒兵力作纵深梯次配置，组成水区警戒。

现代海军如何实施海上封锁

海上封锁是指用武力切断敌方海岸或某一海区与外界海上联系的进攻性作战行动。通常以海军兵力为主，与其他军种联合实施。按规模，分为战略性海上封锁、战役性海上封锁和战术性海上封锁；按手段，分为水雷封锁、兵力（潜艇、航空兵和水面舰艇）封锁和水雷与兵力相结合的综合封锁；按范围，分为全面海上封锁和局部海上封锁。

实施海上封锁的目的是限制敌方舰船机动，切断敌方海上交通运输，孤立敌方某一海区或岛屿的兵力集团。实施海上封锁的一方通常处于优势地位，握有主动权。不过，海上封锁受海区地理、气象水文条件的影响大。封锁的持续时间较长，封锁与反封锁斗争异常激烈。此外，政策性强，受有关国际法、海战法规条款制约，并可能涉及第三方利益。

实施海上封锁的基本要求：①周密计划。根据封锁目的和主、客观条件，确定海上封锁的性质、范围、方式、程度、持续时间、主要方向、兵力编成与部署、实施时机与方法。②把握关键。主要封锁海区通常选择在敌方重要航道的咽喉部，如海峡、港口群共用出口、江河入海口等，以切断敌方出海通道，使之处于被动态势。③运用多种手段。根据封锁要求，选择相应的手段与强度。严密封锁时，要综合运用多种手段，封打结合，建立纵深立体的封锁配系。战略性海上封锁还须有政治、经济等其他手段的配合。④隐蔽突然。出敌不意，迅速建立海上封锁区，造成有利态势，给敌方以心理震撼。⑤增强韧性。立足长期作战，掌握封锁兵力兵器使用强度，协调各兵力之间的封锁行动，积极保护雷障和适时补充布雷，保持连续有效的封锁。⑥掌握政策。遵守国际条约、公约的有关规定，对敌方实施海上封锁应正式宣布，并指明封锁的地理空间、开始时间及中立国舰船离港时限。

组织实施海上封锁，应根据战争形势需要、双方海军兵力对比、拥有的封锁手段、海区自然条件等因素确定封锁方式，主要包括水雷封锁、兵力封锁和综合封锁。

（1）水雷封锁。使用不同性能和型号的水雷武器，按预定封锁方案、计划布设若干雷区，构成完整的水雷障碍配系。根据情况，可分别由海军航空兵、潜艇或水面舰艇进行布设。布设时，要求隐蔽进行，有时也可公开进行；可预先布设，也可临机布设。

（2）兵力封锁。使用海军机动兵力，在指定海区建立潜艇封锁、航空兵封锁和水面舰艇封锁，以及阵地封锁和机动封锁相结合的海上封锁配系。灵活采取伏击、拦截和奔袭等海上封锁方法，并组织可靠的掩护和保障。

（3）综合封锁。将水雷封锁和兵力封锁相结合，通常以水雷障碍为主，交替使用多种兵力和不同的封锁方式，构成动静结合、立体严密的封锁体系，并与其他进攻作战行动紧密配合，增强封锁的稳定性和灵活性。

第6章

正在执行海上封锁任务的法国“地平线”级驱逐舰

未来信息化战争中，随着科学技术的迅猛发展和武器装备的不断改进，海上封锁将成为单独或与其他作战行动协同，或配合政治、经济斗争的常用手段，并直接影响战争目的的达成。阻塞敌方进入海洋的通道和海峡、限制敌方海上行动自由，将成为海上封锁的重点；使用快速机动的海空兵力和远程精确打击兵器，迅速形成对预定海区的立体封锁，将成为海上封锁的新形式。

实施海上封锁的水雷

现代海军如何进行海上防御战

海上防御战是海军作战的基本类型之一，指在海上抗击敌方进攻的作战。海上防御战的目的是阻止敌方从海上突入己方控制的海峡、水道或海域，掩护己方兵力行动，粉碎敌方袭击，挫败敌方进攻企图，稳定海战区战局，为转入进攻创造条件。

海上防御战有不同类型，按作战规模，可分为海上战略防御战和海上战役、战斗防御战。按参战兵力，可分为海军独立进行的海上防御战和各军种、兵种联合进行的海上联合防御战。按作战任务，可分为海军基地防御作战、扼守海峡水道作战、保护海上交通线作战、抗登陆作战和海上反封锁作战等。

海上防御战的主要特点：在敌方具有主动进攻和兵力优势的条件下进行，通常处于被动地位。有时可以预先准备，以逸待劳。组织实施海上防御战的基本要求如下：①严密防护，积极抗击，慎重反击。②建立纵深、立体、宽正面的全时侦察、预警配系，及时查明敌方作战企图、作战部署和进攻行动，提高快速反应能力，力避被动，力争主动。③集中力量，重点防御。④综合运用各种力量、战法和手段，密切协调，充分发挥整体威力，利用有利条件，在整个海战区实施整体抗击，力争将敌方阻止或歼灭于来袭途中。⑤顽强防御与积极主动的反击相结合，以积极的攻势行动消灭敌方进攻力量，改变海战区双方力量对比，稳定战局。⑥持续地开展电子战，有效地组织作战保障，保持部队持续作战能力，掌握足够的预备兵力，应付意外情况的出现。

未来海上防御战将在水面、水下、空中、海洋和濒海陆地以及后方广阔的空间进行，防御的纵深性、立体性、整体性会进一步提高，机动防御、攻势作战在海上防御战中的作用日益重要，侦察与反侦察、信息斗争将更为激烈。

俄罗斯海军装备的卡 -31 预警直升机

美国“阿利·伯克”级驱逐舰发射防空导弹

现代海军如何进行海上搜索

海上搜索是为查明海上可疑目标、监视敌情、寻找失事和迷航舰船、搜救落水人员等进行的活动。按参加兵力，可分为水面舰艇搜索、航空兵搜索和舰机协同搜索。按搜索范围，可分为对空搜索、对潜搜索、对水面目标搜索和对水雷搜索等。

海上搜索的基本要求：充分运用搜索兵力和技术观察设备，以最有效的战术机动方法，在最短的时间内，及时发现目标，并查明其性质和活动情况。组织实施海上搜索，要根据敌情、搜索海区和方向，确定搜索兵力和搜索方法；快速行动，不使目标脱离搜索区；运用多种手段，辨明目标性质和运动要素；对已发现的目标分别进行定时观察、跟踪监视或予以截击消灭。

海上搜索的方法，可根据任务、目标性质、目标活动方式和隐蔽程度，以及己方搜索兵力的数量及技术观察设备的性能等确定。主要包括：①检查搜索，使用观察或听测设备，对指定海区实施全面搜索。观察和听测范围不能一次覆盖全部海区时，可分段分片进行，但要防止目标规避后逃脱。②应召搜索。搜索兵力应召对已被发现但未保持可靠接触的目标进一步加以查明。实施应召搜索，应尽量缩短搜索兵力到达搜索区的时间，防止目标逃离发现点过远。搜索兵力足够时，对搜索海区进行全面搜索。兵力不足时，可进行重点搜索。

美国海军 E-2C 舰载预警机编队

美国海军“阿利·伯克”级驱逐舰编队

在兵力运用上，对空搜索时，使用岸基对空雷达站、预警飞机、直升机和水面舰艇，以发现和报知对空警戒线以内来袭的敌机、巡航导弹及其他空中目标。对潜搜索时，使用反潜巡逻机、反潜直升机、反潜潜艇、反潜水面舰艇及水声监视系统。对水面目标搜索时，使用侦察飞机、侦察直升机、水面舰艇和海岸雷达站，特殊情况下还可使用潜艇。对水雷搜索时，使用低空侦察机、直升机、扫雷和猎雷舰艇，以发现水雷和查明雷区边界。

水面战舰如何应对鱼雷攻击

在现代海战中，水面战舰面对的来袭鱼雷主要是敌方潜艇在水下隐蔽发射的，虽然现代潜艇普遍装备了潜射反舰导弹，但是鱼雷攻击的隐蔽性和毁伤威力远非潜射反舰导弹所能比拟，特别是随着现代鱼雷技术的不断进步，重型反舰鱼雷仍然是潜艇最重要的反舰武器。所以，水面战舰的鱼雷防御与水面战舰的防潜警戒密不可分。

一般来说，现代水面战舰通常以海上编队的形式执行海上作战任务，海上编队中包括水面战舰、潜艇、固定翼反潜机和舰载反潜直升机等反潜兵力，可以通过多种手段获取敌方潜艇的情报或者来袭鱼雷的信息。因此，现代水面战舰最为有效的鱼雷防御手段就是建立多层次的防潜警戒圈，根据警戒距离的不同，现代水面战舰编队的防潜警戒圈通常可分为 3 个层次，即远程防潜警戒圈、中程防潜警戒圈和近程防潜反鱼雷警戒圈。

远程防潜警戒圈是在海上编队前方或者敌方潜艇可能攻击方向的较远距离上展开对潜搜索，及时发现和识别处于水面航行状态、通气管航行状态或者水下航行状态的敌方潜艇，阻止其向编队建立方位航路或者潜射中程反舰导弹的占位射击航路。远程反潜警戒圈兵力一般由岸基远程反潜巡逻机或者舰载固定翼反潜机、攻击型核潜艇来承担，构成半径 120 海里以上的防潜屏障。

中程防潜警戒圈的兵力一般是专门的反潜舰艇和水面战舰搭载的反潜直升机，其作用是阻止敌方潜艇建立对海上编队的接近航路或者进入鱼雷占位射击航路。例如，日本海上自卫队的“九·十”舰队就是由舰载反潜直升机配合水面战舰的拖曳战术声呐建立中程防潜警戒圈。

近程防潜反鱼雷警戒圈的兵力一般是海上编队内各型水面战舰和舰载反潜直升机，其作用是破坏敌方潜艇在其鱼雷有效射程和射击窗口内的攻击行动，或者采取软硬杀伤手段拦截来袭鱼雷，或者对已经发射鱼雷离开航路的敌方潜艇展开反击，阻止其再次展开攻击。

总体来说，水面战舰编队的鱼雷防御首先要基于编队的防潜警戒，依靠编队内各水面战舰、攻击型核潜艇、固定翼反潜机和反潜直升机对敌方潜艇进行多平台协同探测、识别、定位以及交战，发挥编队协同的整体防潜威力，从根本上消除鱼雷威胁。不过，任何水面战舰编队的对潜防御警戒行动都不会万无一失，一旦被敌方潜艇突破了防潜警戒屏障，水面战舰编队就要面对鱼雷攻击的可能性。

从世界范围内来看，目前仅有极少数国家的海军能够组织起相对完整的远中近多层次防潜警戒圈，其他国家海军的防潜警戒兵力都较为薄弱，只能维持较为简单的中程防潜警戒圈和近程防潜反鱼雷警戒圈，并且着重将兵力在近程防潜和反鱼雷方面展开。

美国海军 S-3B 舰载反潜机执行警戒任务

英国海军“公爵”级护卫舰在执行搜索任务

驱逐舰如何执行反潜任务

驱逐舰的续航力较强、耐波性较好，装备有大功率、高灵敏度的声呐和多种反潜武器，可搭载反潜直升机，能在较大范围海域，长时间实施对潜艇的搜索、跟踪和攻击。

在航母战斗群中，驱逐舰及其他护航舰艇通常呈环形配置在航母的周围，距离航母约10海里，使用主动式声呐进行探测，并与航母保持同向、同速航行；载有拖曳式线列阵声呐的驱逐舰，通常采用8～15节的搜索速度。当航母战斗群的航速超过15节时，它将采取“蛙跳”策略搜索，即在某点停航搜索一段时间，没有发现可疑目标后，高速航行至另一点再次减速搜索。为了验证拖曳式线列阵声呐探测到某方位和区域的可疑噪声，可以使用主动声呐进行再搜索。当距离较远时，也可召唤附近反潜飞机或派出舰载反潜直升机对目标进行搜索定位。

在发现敌方潜艇后，驱逐舰要迅速展开攻击。此时，驱逐舰通常会与反潜机协同作战。一般情况下，由先发现敌方潜艇的飞机或驱逐舰与目标保持接触，同时引导其他护航舰艇或飞机实施攻击。反潜飞机或直升机先发现敌方潜艇时，即投下浮标或标志弹，同时向驱逐舰通报敌方潜艇的位置和运动方向，引导驱逐舰驶向目标；驱逐舰在飞机引导下迅速接近目标，与目标建立声呐接触后实施攻击；在驱逐舰实施攻击过程中，反潜飞机或直升机通常会在目标上空继续进行监视。

驱逐舰先发现敌方潜艇而由反潜飞机或直升机先实施攻击时，驱逐舰将目标的位置和运动要素不断通报给反潜飞机或直升机，反潜飞机或直升机根据驱逐舰的通报对目标实施攻击；在攻击过程中，驱逐舰为保证对飞机的引导和本身的安全，必须位于敌方潜艇舷角180度附近、距离大于飞机攻击危险半径的位置。使用反潜导弹进行攻击时，驱逐舰需要进入反潜导弹的有效攻击距离范围内。

驱逐舰攻击敌方潜艇时使用的武器通常是反潜导弹、鱼雷和深水炸弹。其中，反潜导弹是一种导弹和鱼雷（或深水炸弹）相结合的反潜武器（或称火箭助飞鱼雷），其战斗部是声自导鱼雷或核深水炸弹。反潜导弹是一种技术密集、复杂的水中兵器，尤其是第二代反潜导弹采用了许多高新技术，战术技术性能有很大提高，成为当今最有效的远程反潜武器。

美国“阿利·伯克”级驱逐舰在执行侦查任务

俄罗斯“无畏Ⅱ”级驱逐舰在执行反潜任务

二战时海军防空作战如何测距

二战期间，战舰主要依靠舰炮对抗空中来袭目标，而当时的战舰还没有对空搜索雷达和火控雷达等装备，只能依靠简陋的光学测距仪器和炮手的经验，根据来袭目标的大小、外形靠目视判别来袭目标的飞行速度和飞行高度。有些防空炮配有一种类似蜘蛛网的瞄准装置，相当于步枪的机械瞄准具，根据飞机在“网”中的大小判定其距离，但要想用它瞄准并打下飞机，必须有足够的运气。

在实战中，炮手发明了打提前量和多门舰炮组成交叉火力网的战术，主要根据飞机对舰攻击时的飞行轨迹和速度，向预计飞机可能经过的地点发射炮弹，并依靠持续的射击拦截飞机。显然，这种战术也需要运气。

后来，出现了可调引信、无线电引信等，舰炮的命中概率有了较大提高。可调引信主要是预先设定引爆时间，炮弹发射后在预定时间爆炸，无须弹丸击中飞机，主要依靠爆炸后的碎片杀伤力。无线电引信的原理是当无线电波测量到炮弹和飞机的距离从缩短变成拉大的一瞬间，引爆弹丸。

美国“马萨诸塞”号战列舰装备的博福斯40毫米高射炮带有网状瞄准装置

美国“弗莱彻”级驱逐舰装备的博福斯40毫米高射炮

护卫舰如何进行防空作战

护卫舰是现代海军舰队中的重要防空兵力。装备远程防空导弹的护卫舰通常会承担舰队的区域防空任务，装备近程防空导弹的护卫舰只负责自身防御。根据不同的作战阶段，舰队通常派出1～2艘区域防空舰，前出一定距离，作为防空哨舰使用，其他防空舰将配置在舰队主力附近海域。舰队规模较大时，担负防空哨舰任务的护卫舰可增加至4～6艘。

舰队在海上航行时，防空哨舰要前出配置，以形成一定的火力纵深，增加对来袭空中目标的抗击层次，提高防空作战效果。确定防空哨舰的前出距离，通常以舰载对空武器的射程为依据，舰对空导弹射程越远，防空哨舰前出越远。以美国海军舰队为例，“标准Ⅱ”防空导弹射程为74千米，射程增大型射程达104千米，“标准Ⅰ”防空导弹射程为40千米，射程增大型射程为60千米。因此，装备“标准Ⅱ”射程增大型导弹的舰艇前出100～150海里，担负远程防空哨舰任务；装备“标准Ⅱ”或“标准Ⅰ”射程增大型导弹的舰艇前出60～100海里，担负中程防空哨舰任务；装备“标准Ⅰ”导弹的舰艇通常配置在内层掩护幕，距航母5～15海里。当然，防空哨舰的配置位置比较灵活，指挥官可根据敌情威胁等因素随时进行调整。

舰队进入综合作战区后，除了受到较大的空中威胁外，还会受到潜艇等兵力的威胁，因此，舰队为综合应对所有的威胁形式，防空哨舰前出的距离要求适当缩小，例如只设1艘防空哨舰时，通常前出60～80海里，设2艘防空哨舰时，其中一艘要进一步缩减前出距离。特殊情况下，如需要对敌方进行威慑或演习任务需要时，防空哨舰前出的距离也可适当扩大。

舰队的防空作战通常分为早期预警、跟踪识别、拦截交战和舰载机归航四个步骤，其中前三个步骤尤为关键。早期预警由预警机、防空哨舰以及舰队内其他装备对空搜索雷达的舰艇共同完成，一旦发现空中目标，应按识别标准进行跟踪识别，并向指挥官报告。

预警机和防空哨舰等发现空中来袭目标信息后，首先要将信息传送给跟踪雷达系统，以便对目标进行跟踪识别。在对目标的跟踪过程中，目标的实时位置等信息被传送到舰队防空作战指挥系统，目标数据被录取，建立了目标的航迹，并综合多方面信息进行目标威胁判断。根据发现目标的特性，可将发现目标划分为敌方目标、假定敌方目标、友方目标、假定友方目标和不明目标。一旦发现敌方目标或假定敌方目标，必须立即进行跟踪，对发现的不明目标要进行跟踪识别，直至识别清楚为止。

经过跟踪识别，判明发现目标为敌方目标或假定敌方目标，舰队内的防空兵力可启动火控雷达对目标进行跟踪，并力求在尽可能远的距离上实施拦截交战。来袭目标为单个目标时，需要按目标速度进一步区分。对于低速目标，拦截兵力必须经过多个识别步骤或经目力识别为敌方时才可进行攻击；对于高速目标，通常利用敌我识别器进行识别，目标不回答即可进行攻击。

确定可对目标实施攻击后，指挥官发出舰载机拦截命令。在航空指挥系统的引导下，舰载机从航母起飞或由待战空域转向，接近敌机实施格斗，将敌机击落，或者利用空对空导弹拦截来袭的反舰导弹。如果舰载机拦截后尚有少数来袭目标继续向航队接近，此时区域防空舰将发射中远程舰对空导弹进行拦截。如果拦截失败，则只能寄希望于作为最后一道防线的近程防空导弹和近程防御武器系统。

美国海军“佩里”级护卫舰编队

俄罗斯海军“守护”级护卫舰

德国海军“勃兰登堡”级护卫舰

猖狂一时的狼群战术为何失败

二战时期德国海军将领邓尼茨之所以被称为“狼头”，就是因为他首创了海战的“狼群战术”，使德国海军在二战初期猖狂一时。“狼群战术”与古德里安的“闪电战”并称为德国军队的海陆两大“法宝”。

“狼群战术”的实质是集中弱小舰艇的力量来摧毁大型舰队，行动中一般要派出数艘潜艇在海上进行巡逻和侦察，只要有一艘潜艇发现了盟军的护航舰队，就会发出无线电信号，将距离较近的潜艇全部召集起来，在夜间对敌人发动奇袭。通常的做法是，当发现目标后，各潜艇便从敌方护卫舰队的间隙或侧翼隐蔽地穿插过去，躲过其火力打击屏障，向目标靠近。白天，各潜艇在四面八方占领有利攻击阵位，隐蔽在水下，夜间突然升出水面，同时向目标发射鱼雷。“狼群战术”因此而得名。

德国占领法国后，将法国的西海岸和比斯开湾的各港口改造成德国的潜艇基地。开足马力的德国潜艇生产线也已经生产出一批新型潜艇交付部队使用。“狼群战术”此时步入了最辉煌的时期。德国也因此诞生了以单艇攻击作战为代表的普里恩、舍普克和奇默尔三位“王牌艇长”。“狼群战术”一时间所向披靡。德国潜艇最高攻击纪录是在两天内击沉盟国38艘商船。在1942年1年内，德国潜艇共击沉盟军的军舰471艘，总吨位近220万吨。其中，英国的损失最大。这一年，德国“狼群”也达到了击沉盟国商船的最高峰。全年共击沉商船1160艘，总吨位达630万吨，而自己的损失率却不到7%。英国首相丘吉尔不得不承认：“邓尼茨的‘狼群’是唯一使我感到害怕的部队。”

面对“狼群”的横行肆虐，盟军也有针对性地做了反击。1943年1月，盟国政府首脑与盟军参谋长联席会议成员决定：首先盟军要改进雷达，防止德军潜艇截听信号。其次要增加航母护航，用舰载飞机保证运输船队的安全。再次是运用新技术和新战术。4月28日，邓尼茨派出的3支“狼群”准备攻击英国的“ONS-5”船队，但由于运输船队及时得到了护航机群的保护，使德国潜艇无法协调行动，失去了攻击机会。自此，“狼群”普遍遭到护航舰艇和商船自卫武器的猛烈反击。1943年全年，德国“狼群”击沉商船的吨位仅为240万吨，自己却损失了245艘潜艇。1944年6月，盟军实施诺曼底登陆，德国海军士气一落千丈，“狼群战术”彻底失败。

现代海战理论仍然把潜艇视为对付航母等庞然大物的“撒手锏”。而现代潜艇作战的一些先进理论，例如深海封锁、机动攻击、联合攻击等都还或多或少地受到了“狼群战术”思想的影响。

首创“狼群战术”的邓尼茨

二战时期的德国 U-995 潜艇

潜艇如何实施阵地伏击

潜艇阵地伏击是潜艇部队在预先设置的伏击阵地上对通过的敌方水面战舰实施的袭击，是潜艇袭击敌方水面战舰的传统方法。

潜艇阵地伏击通常在准确掌握敌方战舰航路与航行规律时采用，目的是封锁敌方基地、港口、海峡、水道和袭击敌方战舰。潜艇阵地伏击的特点为：能充分发挥潜艇隐蔽性好的特长，弥补常规动力潜艇水下航速慢的弱点，并能较可靠地袭击通过伏击阵地的敌方战舰，组织指挥比较简便。但潜艇水下观察距离近，能控制的海域范围有限，阵地选择不当时，将影响伏击效果。选择伏击阵地的要求为：敌方战舰过往频繁，航路较固定，潜艇与敌方战舰遭遇概率较高；敌方对潜防御较弱；海区地理和水文条件有利于潜艇保持隐蔽；便于潜艇待机和攻击机动等。

潜艇阵地伏击时，通常设置基本阵地、预备阵地，以及常规动力潜艇进行充电的充电阵地。通常 1 个伏击阵地配置 1 艘潜艇，必要时也可配置 1 个潜艇战术群。基本阵地多为正方形或长方形，其宽度取决于设伏潜艇的性能、编组、要求的攻击概率和预定袭击目标的战术技术性能等。

当要求可靠地攻击通过阵地的战舰（攻击概率 90% 以上）时，伏击阵地宽度通常是：单艘攻击型核潜艇或巡航导弹潜艇取其水声观察设备作用距离的 2 倍；单艘常规动力潜艇取其鱼雷攻击半径的 2 倍；潜艇战术群为上述宽度加战术群队形宽度。当预定攻击目标为战舰编队时，则加上敌方被警戒战舰的队形宽度。如果设伏潜艇兵力不足或因对付敌方反潜而需增大潜艇活动范围时，单艇基本阵地宽度可扩大至不超过水声观察设备作用距离或鱼雷攻击半径的 4 倍。同一海域有多艘潜艇设伏时，根据敌方战舰可能的航路宽度、设伏潜艇数量和海区地理特点等，可采取横线配置、纵线配置、梯阶配置或扇面配置等样式配置基本阵地。

潜艇进入伏击阵地后，在有利于隐蔽和观察目标的深度，根据阵地宽度和观察设备作用距离，采取与目标可能航线平行、垂直或曲折等机动方法，慢速机动，测定准确舰位，严密观察搜索，按时收听指挥所通报。发现攻击目标后，迅速隐蔽接敌，占领有利攻击阵位，实施攻击。

深藏水下的美国“北卡罗来纳”号攻击型核潜艇

俄罗斯“基洛”级常规潜艇在地中海航行

以潜制潜战术是否有效

潜艇是现代化立体反潜体系的重要组成部分。冷战时期的美英攻击型核潜艇很大程度上围绕反潜任务进行设计与开展训练，以至于出现了核潜艇是最佳反潜武器的说法。

二战结束后，美国海军在总结二战期间潜艇作战经验的基础上，对潜艇战以及反潜战展开了深入研究。美国海军认为，二战期间反潜战的重要经验之一便是利用潜艇消灭敌人的潜艇。战争期间，潜艇在反潜战方面取得了令人瞩目的战果。二战期间日本总共损失了 127 艘潜艇，其中有 20 艘潜艇是被美国海军和英国海军的潜艇击沉的。

根据美国海军情报机构的预测，苏联到 20 世纪 60 年代时可能要建造 1200 艘甚至 2000 艘各种型号的潜艇。美国海军清楚地认识到，在未来可能发生的东西方军事冲突中，苏联庞大的潜艇兵力会对美国与欧洲战场之间的海上运输线造成极大的威胁。为了对付实力雄厚的苏联海军潜艇舰队，美国海军认为除了迅速发展战后高性能潜艇之外，还应该尽快建造一定数量的专用反潜潜艇。

基于这种思想，美国海军先后建造了多种专门用于反潜作战的潜艇，其中最具代表性的当属“海狼”级攻击型核潜艇。该级潜艇在设计上堪称潜艇进行反潜作战的极致产物，能长时间在大洋或靠近苏联的近海进行反潜巡逻，拥有绝佳的声呐探测能力，并配备比“洛杉矶”级核潜艇多一倍的鱼雷管和鱼雷，以长时间进行反潜作业。

事实证明，与其他反潜手段相比，使用潜艇进行反潜作战（尤其是远洋反潜作战）具有明显优势。一般情况下，岸基反潜机很难深入茫茫大洋进行长时间的反潜作战，而舰载反潜机的航程与载荷又很低。更糟糕的是，面对核潜艇时，反潜机的效率会大幅下降。至于水面战舰，由于平台所限，其声学性能远不如潜艇，不仅导致水面战舰的噪声传得更远，更影响了水面战舰本身的声呐探测能力。因此，相同情况下潜艇往往会先发现水面战舰。另外，水面战舰在明处，潜艇在暗处，潜艇更容易获知水面战舰的位置从而发动袭击，或者选择避开。

常规潜艇虽然在低速航行时噪声比核潜艇更低，但其体积太小、航速较低、续航力极差，所以反潜能力远不如核潜艇。常规潜艇较小的艇体无法装下大尺寸的声呐，也无法装备与核潜艇相当的拖拽声呐阵。过低的航速导致其无法跟上水面战舰编队的速度（尤其是航母编队），更使其在水下作战中机动力处于绝对劣势。常规潜艇的续航力也不足以支撑其在大洋上长时间作战。

核潜艇进行反潜作战时通常采用单艇阵地伏击、区域巡逻或跟踪追击等战术，保持最大限度的隐蔽性，在指定海域独立观察搜索目标，力争在最远距离发现敌方潜艇。当发现目标后，迅速、准确判断和识别目标，隐蔽接敌，占据最佳攻击阵位，实施攻击。在航母战斗群中，攻击型核潜艇通常在编队外围，与舰载反潜机或反潜直升机形成远距反潜网。

然而，“以潜制潜”也存在不少局限。在开阔海域执行猎潜任务时，攻击型核潜艇的航速需要高出目标 5 ～ 7 节方能维持接触，由于需要周期性地减速收听敌方潜艇噪声，很容易让敌方潜艇逃之夭夭。潜艇所需的推进功率与航速的三次方成正比，要想研制航速比敌方主力潜艇快 5 ～ 7 节的高性能攻击型核潜艇，即使对技术领先、财力雄厚的美国海军而言也极为困难。

“海狼”级攻击型核潜艇二号艇“康涅狄格”号与反潜直升机协同作战

“海狼”级攻击型核潜艇三号艇“吉米·卡特”号

潜艇兵在水下最长可以待多少时间

常规潜艇在水下潜伏的时间有限，一般需要在夜晚上浮，启动柴油机给蓄电池充电，不用考虑潜艇兵在水下最长可以待多少时间这个问题。当核潜艇出现以后，使潜艇几乎拥有了无限的续航能力。理论上，核潜艇在水下想待多久就待多久，但由于核潜艇的自动化程度不可能做到无人操作的水平，因此仍然需要大量潜艇兵来操作。所以从某种程度上说，潜艇兵的忍耐程度就决定了核潜艇的续航时间。

那么核潜艇在水下最长能待多久呢？美、法、俄等国都曾进行核潜艇水下航行最长时间试验，其中美国核潜艇的水下航行最长时间是84天，法国核潜艇是67天，俄罗斯核潜艇是45天。以上都是在极端测试条件下刻意创造的纪录。核潜艇在实际作战与巡逻中是不会潜航这么长时间的。

在狭窄封闭的潜艇中，潜艇兵不但要克服艇内高温高湿环境带来的不适，还要克服封闭环境给心理造成的影响。核潜艇潜航时间过长，会对潜艇兵的生理与心理健康造成损害，直接影响核潜艇的作战能力。因此核潜艇的潜航时间一般不超过 14 天。

随着技术的进步，有些常规潜艇由于采用 AIP 动力装置和锂电池等新技术，其最大潜航时间也可达到 14 天。所以现代常规潜艇最大潜航时间以 14 天为目标设计是合情合理的。这样既考虑到了蓄电池和斯特林发动机等技术设备的承受能力，也兼顾了潜艇兵的生理和心理承受能力。

美国“弗吉尼亚”级攻击型核潜艇狭窄的内部空间

美国“奥林匹亚”号攻击型核潜艇的艇员在休息期间通过游泳放松

核潜艇如何在北极海域破冰上浮

北极海域冬季约有 73% 的海面被平均厚度为 3 米的冰层覆盖，夏季冰层覆盖面积达到 57%。因此，潜艇要想在北极海域作战，就必须具备出色的长期冰下作战能力。而具有无限续航力的核潜艇无疑是最佳选择。

在实际的冰下作战中，核潜艇不仅要借助冰层的掩护来躲避卫星、反潜巡逻机和水面战舰的搜索，很多时候还需要从水下向上破冰浮出水面，以发射弹道导弹或巡航导弹、对外通信联络或接受救援补给。因此，要想胜任在北极地区的作战任务，核潜艇必须练就一身破冰的“硬功夫”。从潜艇的构造来看，破冰时主要受力部位是指挥台围壳、艇体的上部壳体、艉舵和艏部的声呐罩。因此，这些部位都用高强度钢进行了特别加固。

美国核潜艇执行破冰演练时，都会制订 A、B 两个计划。A 计划是借助美国国家冰雪中心提供的工具和数据寻找“有漏洞的冰层”。北极冰盖在洋流和风力作用下通常会出现“冰层裂隙”，是核潜艇上浮的理想地点。B 计划则是强行破冰。外壳经加固处理的核潜艇能冲破厚达 2.3 米的冰层。但强行破冰也不能蛮干，通常在发起冲击前，艇长会命令水兵收起潜望镜、雷达桅杆等突出物，减少与冰层接触的面积。收拾妥当后，核潜艇将估算冰层厚度，如果冰层较薄，核潜艇会以较大速度上浮，凭借坚硬外壳快速冲击突破。如果遇到厚冰层，核潜艇的破冰动作则要小心得多。在缓慢上浮，艇壳接触到冰层后，压缩空气要将压载水柜里的水一点点排出以增加浮力，直到这股力量将冰层挤裂，这一过程称作“静态加载”。

总而言之，核潜艇破冰是需要系统规划，齐头并进实施。不仅需要艇员之间的默契配合，还要依赖艇上先进的水声装备，同时配备可以在高纬度地区使用的电子海图、导航系统，再加上太空可探测冰层厚度的海洋监测卫星等配合，才能取得破冰的成功。

冷战时期，美苏核潜艇在北极地区曾轮番上演破冰上浮的大戏。1957 年 6 月至 1958 年 8 月，美国海军首艘核潜艇“鹦鹉螺”号先后 5 次进行北极探险，并成功破冰而出。苏联也不甘落后，1963 年，苏联 K-181 号核潜艇从北极点成功破冰而出，成为首艘在北极点完成这一“壮举”

的核潜艇，以至于当时有位苏联海军中尉因兴奋过度掉进了水里，成为第一位在北极“游泳”的海军军官。

美国“洛杉矶”级攻击型核潜艇在北极海域训练

美国“洛杉矶”级攻击型核潜艇破冰上浮

俄罗斯“德尔塔Ⅳ”级潜艇在北极海域航行

潜艇兵如何从失事潜艇中逃生

众所周知，潜艇兵是一种非常特殊的兵种，他们的工作性质也在所有兵种里最辛苦、最危险。一旦潜艇出了事，艇上人员很难安全逃生。因此，世界各国海军都非常重视失事潜艇的救助和艇员的逃生问题。

如果潜艇在发生事故后仍能移动，则应紧急上浮，因为水面相对于水下更加安全。如果损伤不影响航行，可以自航返回。如果损伤较严重，可以向指挥部求救，并等待救援；如果水面有敌情，则要听从艇长的临时决定或执行出海前事先计划的行动。

如果潜艇在水下发生故障后无法上浮，应弃艇组织自救逃生。美国海军规定，出现下述险情应考虑逃生：进水或起火且无法控制；二氧化碳的浓度接近6%，并仍在增高；氧气浓度接近或低于13%；失事潜艇内部的气压达到1.7个大气压力之前且救援不能有效进行时。200米是艇员能够自主逃生的最大深度，超过这一深度只能等待外援救生。另外，由于艇员在自救上浮过程中要承受海水压力由大到小的变化，所以在

200米以内的较大深度自行逃生，也只有经过严格逃生训练的艇员才有可能获得成功。

自主逃生时，艇员一般是从逃生舱口或鱼雷发射管钻出。逃生舱口和鱼雷发射管都有前后两个密封盖，艇员备好呼吸器和救生浮标等脱险装具后，首先打开后盖钻进，然后关上后盖，并注入海水和压缩空气使内外压力平衡，最后再打开前盖，艇员钻出，顺着拴在救生浮标上的浮标绳缓慢上浮。这种逃生技术必须经过反复演练，以防止海水倒灌进艇内，造成更大的事故。另外要精确掌握好上浮速度，若作用于人体的海水压力减压太快，则很有可能导致“减压病”。

现代潜艇一般在耐压指挥台围壳里带有可与潜艇脱离的漂浮救生舱，失事艇员可以在毫无外援的情况下使用该救生舱逃生。俄罗斯“台风”级核潜艇甚至装备了两个这样的漂浮救生舱，可以容纳全部艇员。

如果艇员不能自行逃生，则可等待外部救援。目前较为成熟的外援救生技术是深潜救生艇（DSRV）和救生钟（SRC）。DSRV的主要任务是为被困在海底的失事潜艇提供救援。平时，DSRV停放在机场，当接到呼救信号后，由运输机把DSRV及其附属设备空运到距失事潜艇最近的港口，再由水面战舰或者经过特别改装的潜艇运往失事现场实施营救。作业中，DSRV边下潜边以声呐定位，通过水下电话与被困潜艇内的人员取得语音联络。在确定了失事潜艇的救援逃生舱口位置后，即与其进行对接，并根据现场的水深、海流及失事潜艇角度自动调整，确保对接口的水密性，最后利用电磁线圈将DSRV牢牢固定在失事潜艇上。接着排干DSRV对接舱内的海水，失事潜艇的艇员也将救援逃生舱内的海水排干，当两侧的压力一致后，打开逃生舱盖转移到DSRV上，同时DSRV向失事潜艇内运送氧气瓶、锂氢电池（照明用）、水、食品、药物等。

SRC是一种价廉实用的救援装置，必须由水面战舰携带到失事潜艇的上方，利用绞索把SRC放到失事潜艇上，并与失事潜艇的逃生舱口对接，将连接通道调节到正常压力，然后打开SRC底盖和失事潜艇的逃生舱口盖，失事人员便可进入SRC内。当把SRC底盖重新关闭后，便可由停泊在水面的救援舰艇把SRC起吊到救援舰艇上。

携带两个漂浮救生舱的俄罗斯“台风”级弹道导弹核潜艇

失事潜艇救援方式示意

没有直升机如何完成两栖登陆作战

由海向陆永远是海军的重要话题，如何完成登陆作战，如何开辟登陆场、将士兵送上海岸，一直考验着各国海军和海军陆战队。

传统的登陆就是把部队从船上送到岸上，主要依靠登陆艇完成。老式的小型登陆艇在二战中起到了重要作用，其主要结构像是一个漂浮在海中的长方形碗。登陆艇可运输数十人，有一台发动机驱动登陆艇以较慢的速度前进，而且无法抵抗恶劣海况。这些登陆艇通常由船坞登陆舰或运输船运送至近海，然后再将人员转移到登陆艇。这些登陆艇的吃水较浅，仅有 1 米左右，可以直接冲上沙滩，然后打开前方的吊门让士兵下船。另有一些体积较大的两栖登陆艇，可以运送坦克和车辆上岸。不过，1 米的吃水深度足以让登陆艇在某些情况下搁浅，包括暗礁、岩石和反登陆障碍。这导致士兵在很多情况下不得不提前下船，暴露在敌人的火力下，造成部队的严重减员。

登陆艇并没有被淘汰，而是一直留存到现在，作为现代登陆体系的一环发挥着新的作用。而随着技术的进步，气垫登陆艇开始大量进入各国海军服役。与传统舰船不同的是，气垫登陆艇并不是用浮力承载重量，而是用空气承载重量。这一特性是因为气垫登陆艇在水面和艇体中间制造了一段高气压区域，这段高气压区域产生了升力，让气垫登陆艇漂浮在水面上。这样的特性使气垫登陆艇摆脱了水的阻力，速度大幅提升。另一方面，气垫登陆艇也摆脱了海岸地形限制，可以几乎在任何情况下把士兵送上滩头，甚至能在平坦的沙滩地面上深入内陆数百米再放出士兵。这样就提高了登陆部队的速度和暴露在敌人火力下的时间。

气垫登陆艇一般体积较大，可运送坦克登上滩头。目前世界上体积最大的气垫登陆艇当属俄罗斯“野牛”气垫登陆艇，可一次性运输 3 辆主战坦克或 10 辆步兵战车，并且拥有近防速射炮和多管火箭发射器。

不过，气垫登陆艇也有自己的问题，其航程短、抗风浪能力差，无法在中远距离的夺岛作战中使用，所以传统的大型登陆舰仍能派上用场。现代大型坦克登陆舰拥有吊桥结构，地形适应性比二战时期的同类舰船要好得多。它会在近海放下两栖坦克和冲锋舟，无法两栖登陆的重型车辆则停放在坞舱中，并在坦克登陆舰冲岸时登上陆地。大型坦克登陆舰在少量掩护下即可单独参与对离岸岛礁的登陆作战，排水量较气垫登陆艇更大，航程更远，运送的兵力也更多。

“野牛”级气垫登陆艇参加登陆训练

当需要进行更远距离的两栖作战时，船坞登陆舰就派上用场了，其排水量比坦克登陆舰更大。船坞登陆舰的重点在于“船坞”二字，其内部拥有一个坞舱，可自由驶出包括登陆艇、两栖坦克和气垫登陆艇在内的小型舰艇，可以说是小型两栖舰艇的“移动母港”。此外，船坞登陆舰还可作为两栖登陆的海上指挥中心和后勤基地，并拥有舰内医院，可为伤员提供紧急医疗救助。同时，船坞登陆舰还设计了宽大的飞行甲板，能搭载、起降多架运输直升机，这些运输直升机不仅可以进行垂直登陆，还可从前线抢运伤员。

以上介绍的几种两栖舰艇更常用于旧的登陆方式，随着直升机的出现，现代两栖作战越来越强调垂直打击，而专门为其设计的两栖攻击舰也成为现代海军的主流战舰之一。

法国“暴风”级船坞登陆舰

新加坡“坚韧”级船坞登陆舰

直升机如何颠覆传统两栖登陆作战

冷战时期，随着直升机的出现，两栖登陆作战出现了新的变化。直升机等平台代替登陆艇成为新的武装运输平台，将部队从空中而非海上送至登陆场。

传统上，两栖登陆作战中只能在固定的位置进行抢滩登陆，峭壁或礁石较多的区域是无法让登陆艇靠岸的。有鉴于此，防守方可以把自己的绝大部分兵力配置在少量滩头，在这种条件下进行两栖登陆作战的进攻方将蒙受巨大损失。而当现代运输机和直升机发展成熟后，现代两栖登陆作战可以将部队从空中投送至敌人后方，尤其是机场、指挥中心等重要地点。1983 年，美国入侵格林纳达时，就采用了垂直登陆的方式进行作战。美国海军陆战队的数百名士兵乘坐来自“关岛”号两栖攻击舰的直升机在格林纳达岛北部的珍珠机场跑道上垂直登陆，仅付出了微小的代价就控制了珍珠机场。

美国“关岛”号两栖攻击舰

时至今日，各军事强国已经发展了多种类、多型号的直升机来执行两栖登陆运载和支援任务。以美国海军为例，先后装备了数十种直升机并构成了完善的体系，包括可运载整个步兵排或吊挂155毫米榴弹炮的CH-53E“超级种马”重型运输直升机；可运载10余人，速度快、机动性好的“黑鹰”中型运输直升机；搭载火箭弹、反坦克导弹和机炮等武器，可摧毁地面坦克和敌方步兵的AH-1系列武装直升机。而这些直升机在垂直登陆作战中，往往从专门设计的两栖攻击舰起飞。

美国CH-53E“超级种马”重型运输直升机

两栖攻击舰是20世纪60年代开始发展的一种大型水面战舰，其排水量可达数万吨，拥有大型航空甲板，可供直升机甚至垂直起降战机使用。美国“硫磺岛”级两栖攻击舰就是典型代表，其满载排水量接近2万吨，可搭载20多架直升机和上千名海军陆战队员，甚至可以起降AV-8B“海鹞Ⅱ”垂直起降攻击机，为前线部队提供近距离空中打击支援，并在一定程度上提供制空支援。不过，“硫磺岛”级两栖攻击舰并没有设置坞舱，不能投放传统的登陆艇和气垫登陆艇，导致其在大规模两栖登陆作战中必须依靠其他两栖舰艇的辅助，效率较低。

20世纪70年代，美国吸取“硫磺岛”级两栖攻击舰的教训，研发了“塔拉瓦”级通用两栖攻击舰，并于80年代末推出了进一步改进的“黄蜂”级通用两栖攻击舰。通用两栖攻击舰是指同时配备航空甲板、机库和坞舱的两栖攻击舰。其中坞舱类似于船坞登陆舰的坞舱，处于半入水状态，可收放小型两栖舰艇。“黄蜂”级两栖攻击舰的坞舱可搭载3艘LCAC气垫登陆艇或12艘LCM-6机械登陆艇，同时，其拥有与坞舱相连的大型舰内车库甲板，可存放包括坦克、两栖登陆车和自行火炮在内的大型作战车辆。“黄蜂”级两栖攻击舰的排水量超过4万吨，与法国“戴高乐”号航母相近。更大的排水量意味着直升机的存放空间也更大，“黄蜂”

级及其后继的“美国”级两栖攻击舰可搭载30～40架不同型号的直升机，并可供MV-22“鱼鹰”倾转旋翼机起降。

除了垂直登陆作战能力外，两栖攻击舰的对地打击能力也较强。在正常打击配置时，“黄蜂”级两栖攻击舰搭载6～8架AV-8B“海鹞Ⅱ”垂直起降攻击机，可支持10～20架次的垂直起降攻击机出动。而当其不承担运输任务，只负责搭载垂直起降攻击机进行空中支援的两栖攻击舰可在一天起降30架次，相当于一艘中型航母的起降能力。

总体来说，同时拥有坞舱和航空甲板的通用型两栖攻击舰正在成为现代两栖登陆作战的指挥中心和投送核心。一些欧洲国家也在建造同时具备航母和两栖攻击舰功能的战略投送舰，可以说是异曲同工。而随着垂直登陆作战越发成熟，更多的通用型两栖攻击舰甚至无坞舱两栖攻击舰将会投入到各国海军中。

美国“硫磺岛”级两栖攻击舰

两栖攻击舰能否搭配反潜编组

两栖攻击舰搭配反潜编组是有可能的。由于潜艇技术的突飞猛进，尤其是攻击型核潜艇的出现，使海军反潜作战越来越依赖航空兵力。舰载直升机由于飞行速度快、搜索范围广，已经发展为比较理想的反潜平台。舰载直升机使用吊放声呐搜索潜艇，不会受到自身发动机产生的噪声的干扰。一旦发现敌方核潜艇，舰载直升机凭借自己的飞行速度也可以轻松追上。相比之下，水面战舰要吃力得多。此外，目前还没有成熟的类似于潜射对空导弹的潜艇自卫武器的出现，舰载直升机反潜暂时具有一边倒的优势。

两栖攻击舰本身就是一个庞大而稳定的直升机起降平台。普通水面战舰由于直升机甲板较小，还需要搭载专门的直升机回收装置。在两栖作战行动中，反潜也是必须考虑的因素之一。两栖攻击舰由于吨位较大、航速较低，比较容易遭受潜艇的攻击。因此两栖攻击舰搭配反潜编组也是理所当然的事情，而且两栖攻击舰一次可以搭载多架反潜直升机。

美国“黄蜂”级两栖攻击舰搭载了多架 SH-60B 反潜直升机

以美国海军“黄蜂”级两栖攻击舰为例，其有多种舰载机搭载模式，包括两种标准模式，一种突击模式和一种制海模式。其中，制海模式拟定搭载 20 架 AV-8B“海鹞Ⅱ”垂直起降攻击机和 4 ～ 6 架 SH-60B 反潜直升机。在这种舰载机搭载模式下，“黄蜂”级两栖攻击舰便可化身为轻型反潜航母。

韩国“独岛”级两栖攻击舰及其舰载反潜直升机

两栖指挥舰如何履行作战指挥职能

两栖指挥舰是对登陆编队实施统一指挥的登陆作战舰艇，装有多种探测、通信、导航设备和以电子计算机为中心构成的作战情报指挥中心，用于指挥登陆编队实施航渡、换乘、登陆、火力支援以及反潜、防空等任务。典型的两栖指挥舰是美国建造的“蓝岭”级两栖指挥舰。该级舰一共建造了 2 艘，首舰“蓝岭”号和二号舰“惠特尼山”号均于 20 世纪 70 年代初开始服役。该级舰是美国自二战以来建造的最大的指挥舰，也是美国海军海上综合作战指挥能力最强的军舰。“蓝岭”级两栖指挥舰的出现使美国海军第一次拥有了功能齐全、性能先进的大型海上指控中心，从而在技术上彻底解决了大规模海上联合作战的指挥问题。

作为专用舰队指挥舰，“蓝岭”级两栖指挥舰的优良性能突出表现在强大的指挥控制功能上。按照美国海军的指挥体制，海军指挥控制系统（NCCS）由舰队指挥中心（FCC）和旗舰指挥中心（TFCC）共同组成，FCC是设在岸上的陆基指挥所，TFCC就是像“蓝岭”级这种位于作战海域的海上指挥控制舰。在具体的作战指挥中，设在夏威夷的FCC将各种作战指令、作战海域的海洋监视情报、敌情威胁及作战海域的环境数据发送到TFCC，经过处理之后分送各个指挥位置和作战部队。与此同时，TFCC还会不断收到各部队关于自身状况、作战行动海域的海洋监视情报及作战任务的进展情况的报告，这些信息经过汇总处理之后，将报告发送给FCC。由此可见，在海上作战指挥中，“蓝岭”级两栖指挥舰处于中心环节，起着承上启下的重要作用。

“蓝岭”级两栖指挥舰上的TFCC是一个大型综合通信及信息处理系统，它同70多台发信机和100多台收信机连接在一起，同三组卫星通信装置相通，可以每秒3000个英文单词的速度同外界进行信息交流。接收的全部密码可自动进行翻译，通过舰内自动装置将译出的电文送到指挥人员手中，同时可将这些信息存储在综合情报中心的计算机中。“蓝岭”级的这种信息收发处理能力，在世界各国现有的指挥舰中非常少见。

“蓝岭”级两栖指挥舰设有登陆部队指挥舱、对海作战指挥中心、反潜战中心、登陆部队火控中心、作战情报中心、综合通信中心等重要部门。登陆部队指挥舱是登陆部队指挥员的指挥位置，舱内设有海军战术数据系统终端、两栖支援信息系统终端和海军情报处理系统终端。登陆部队指挥员使用这些设施可掌握登陆作战的进展情况，对先头部队的作战行动及后勤保障提供支援。

对海作战指挥中心主要用于指挥航母编队和其他作战编队实施对海作战，装备有战术数据系统终端和战术显示屏。反潜战中心同对海作战指挥中心设在同一舱室内，主要用于指挥舰队及潜艇实施反潜作战，传递反潜战信息。

登陆部队火控中心负责协调舰队内火力分配，为两栖作战提供支援，登陆作战初期对登陆地段进行航空火力和舰炮火力支援，部队抢滩作战时对敌滩头火力进行压制，登陆部队向纵深推进时实施延伸火力支援。

作战情报中心设有由各类显示屏、标图板、通信设备、终端机组成的 8 部显控台，包括空中拦截控制台、空中优劣形势控制台、战术系统显示台、威胁判断显控台、武器协调显控台等。而综合通信中心设有 200 多个控制台，协调控制 200 余种收发信装置，保障舰队与陆上指挥部及舰队下属各作战部队的通信联络。

“惠特尼山”号两栖指挥舰作战情报中心

“蓝岭”号两栖指挥舰左舷视角

“蓝岭”号两栖指挥舰右舷视角

潜水快艇如何影响两栖作战模式

在 2019 年 10 月举行的英国国际防务展上，一家英国快艇制造公司推出了一款名为“Victa”的潜水快艇，主要用于特种作战。这款潜水快艇全长约 11 米，由碳纤维制成，只有 9 吨重，其最大特点是同时具备快艇与潜艇的功能，既可以潜行，也可以在水面高速航行。Victa 潜水快艇的问世对于传统的两栖作战模式影响巨大。

潜水快艇是可以在水面和水下自由切换的载具，其军事用途逐渐得到重视。众所周知，抢滩登陆、背水攻坚是一项风险极高的任务。据统计，登陆部队从水面向滩头行进的过程是登陆作战中最危险的时刻，这个过程不但持续时间长，并且登陆部队完全暴露在敌军的炮火之下，登陆部队必须在枪林弹雨中冲锋，相当脆弱。美国海军陆战队就一直在研究如何更安全地从舰到岸部署部队，而潜水快艇就是可行手段之一。

以 Victa 潜水快艇为例，作为快艇在水面行驶时，由 2 台柴油发动机提供动力，最高速度可达 40 节，最大航程为 250 海里。潜水航行时，动力改由锂电池提供，最大下潜深度为 30 米，最高速度 8 节，可潜航 25 海里，自带氧气可供 8 名乘员在水下呼吸 4 小时。在作战中，Victa 潜水快艇可从水面高速接近作战区域，进入敌方射程后则潜入水下，可大大降低敌方火力威胁。除了用于传统的登陆作战外，Victa 潜水快艇还可通过 CH-47 直升机吊运，同时兼容空中、水面、水下三种渗透方式，所以也很适合搭载特战人员实施秘密侦察等任务。

Victa 潜水快艇模拟图

虽然现在面世的潜水快艇还不多，但已经开始崭露头角。2017 年 4 月 17 日，美国 HSP 技术公司就展示了自己研发的 Hyper-Sub 潜水快艇。该艇长 13.7 米，排水量约 13.6 吨。内部安装 2 台 353 千瓦的柴油发动机，驱动快艇在装载 2.7 吨载荷的情况下以 27 节的速度航行。潜入水下后，Hyper-Sub 潜水快艇在 2 台电动推进器的驱动下以 6 节的速度潜行。艇上的电池和生命支持系统能维持平均 12 小时的水下作业，电池耗尽后还能以半潜方式用柴油发动机继续航行，同时为电池充电。

美国 Hyper-Sub 潜水快艇在水面航行

在2019年兰卡威国际海事和航空航天展上，新加坡DK海军技术公司推出了一种名为“Seekrieger”的可潜水快速攻击艇概念模型。Seekrieger快速攻击艇采用可收放式的三体滑行结构，提高了耐波性和滑行时的稳定性，下潜时两侧的两具浮筒可收缩到艇体。Seekrieger快速攻击艇一旦变成潜艇状态，可以快速回收艇体外设备，进行下潜，水下最高航速可达30节，可以通过光电传感器桅杆探测水面信息。Seekrieger快速攻击艇还配备了3座小口径机关炮遥控武器站和2座鱼雷发射管。

综上所述，随着技术的不断成熟，潜水快艇很有可能在各国海军装备中占据一席之地，同时在水下探险、旅游观光、打猎、捕鱼、生态保护、执法等领域，潜水快艇的应用前景也会十分广阔。

隐身导弹艇为何能够以小博大

导弹艇是以反舰导弹为主要武器的小型高速战斗舰艇，根据满载排水量，可分为大型导弹艇、中型导弹艇和小型导弹艇。即便是大型导弹艇，满载排水量也只有200～600吨，与满载排水量动辄数万吨甚至10万吨的航母相比，可以说是毫不起眼。如此看来，航母不可能会害怕导弹艇的攻击。然而事实并非如此，导弹艇虽然个头很小，战斗作用却不小，堪称“海洋轻骑兵”。

航母虽然具有强大的综合作战能力，但并不是随时随地都能很好地发挥出来。航母的作战能力会随环境因素的变化而变化，当航母在地理水文环境复杂、岛礁众多的近岸海域活动时，机动能力会大幅下降，容易遭到快速小舰艇的攻击。这些快速小舰艇具有高航速、体积小、隐身能力强、攻击威力大的特点，一旦它们大量出动并分散攻击航母，后者将难以取得理想的作战效能。

在快速小舰艇中，对航母威胁最大的就是隐身导弹艇。隐身导弹艇的作战区域主要在近海的岛屿、航道和作业区，这些区域复杂的噪声环境为其提供了良好的隐蔽条件。只要航母靠近这些区域，隐身导弹艇就可以从隐蔽地点伺机突然出击，用其先进的反舰导弹发起攻击，让航母防不胜防。同时，另一支作战分队可以迂回到航母的侧后方，攻击其补给船。这样前后夹击，至少能使航母丧失继续作战的能力。小巧的隐身导弹艇之所以能对庞大的航母造成威胁，主要是因为它具有以下突出特点。

（1）隐身导弹艇具备很高的航速，最高航速可达到 50 节以上，并可保持较长时间，有利于实施快速接敌、快速攻击及高速撤离。凭借高航速，隐身导弹艇可在航渡中快速及时地赶赴作战海域，而在作战时又可快速接敌，占据有利的攻击阵位，缩短敌方的反应时间，对敌实施较为突然的导弹攻击。战斗结束后，可凭借高航速快速脱离战场，摆脱敌舰的反击，具有较高的战场生存力。

（2）隐身导弹艇的外形尺寸及吨位小，吃水也较浅，自身雷达反射面积不大，在采用一些隐身措施后，隐身能力可以达到很高的水平。隐身导弹艇的上层建筑往往采用低矮平滑、重心较低的设计，上层建筑两侧外壁向内倾斜一定角度，这样可有效地降低雷达的反射面积。舰桥及桅杆往往由多边形平面构成，艇上的导弹发射装置也会采取隐身措施，与艇身完美地融为一体。如果海况恶劣、气象条件复杂，加上隐身导弹艇使用电子干扰设备，其被发现距离将不会超过 15 千米，这对提高攻击的突然性及生存力是极为重要的。

（3）一般情况下，隐身导弹艇可携带 6 ～ 8 枚反舰导弹，几乎相当于一艘护卫舰装备的导弹数量。所以，隐身导弹艇完全具备与大中型水面战舰进行抗衡的实力，单艇一次 8 枚导弹的连续攻击完全可以摧毁由 1 ～ 2 艘现代化驱护舰组成的小规模舰艇编队。

芬兰“哈米纳”级导弹艇

挪威“盾牌”级导弹艇

现代海战如何进行海上布雷

海上布雷是指海军布雷兵力在指定海域布设水雷障碍的战斗行动，目的是使用水雷武器毁伤敌方舰船，限制其行动，为己方作战行动创造条件。按作战任务，可分为防御布雷、攻势布雷和机动布雷；按布雷兵力，可分为水面舰艇布雷、潜艇布雷和航空兵布雷，也可以使用民船实施布雷。

海上布雷包括水雷准备、航渡（飞行）、布雷和返航四个阶段，布雷行动要求隐蔽、准确、迅速、安全。布雷方式包括以下三种。

（1）防御布雷。通常布设在己方控制的重要海区，与岸防火力结合，构成雷炮阵地，用于加强海岸防御和保卫基地、港口、沿岸交通重要地段，或扼守海峡、水道。防御布雷多由装雷量大、布雷定位准确的水面舰艇布设，在一定条件下，也可由民船承担一定的布雷任务。在修补和加强防御水雷障碍且水面舰艇难以进入时，可由航空兵布设。实施布雷时，布雷兵力群按计划布设水雷，警戒兵力群实施海区警戒，掩护兵力群视情况进行海空掩护。

（2）攻势布雷。在敌方控制水域布设水雷，用于封锁敌方基地、港口，破击敌方海上交通，限制敌方舰船机动，给敌方造成水雷威胁。多由潜艇或航空兵担负，以布设沉底雷为主。潜艇一般由单艇实施，因受装雷数量限制，一次难以布设面积较大的水雷障碍。航空兵布雷能在短时间内布设较大数量的水雷，可集中在一个海区布雷，也可同时在几个海区布雷。通常布雷兵力群按计划进行布雷，由掩护、佯动、干扰兵力群实施保障。

（3）机动布雷。海战中，根据需要，使用高速舰艇或航空兵在敌方舰艇活动海区临时布设水雷障碍，用于削弱、扰乱、限制敌舰机动，掩护己方兵力展开或转移。

随着水雷武器的智能化和布雷平台的现代化，在未来信息化战争中，海上布雷仍将被广泛应用。

韩国“南浦”级布雷舰

芬兰“新地”号布雷舰

为何需要扫雷与猎雷结合使用

扫雷与猎雷是现代化水雷反制舰艇的两种主要作业方式。扫雷是最早出现的水雷反制方式，作业时不需要探测水域中是否存在水雷或者水雷的精确位置，扫雷舰艇仅需航行于需要清扫的水域，并在船身后方拖曳各式除雷用具，包括除雷索或音响磁性扫雷具等，将遇到的水雷予以摧毁。其中，除雷索上每隔一定距离便安装一具扫雷刀，如果遇上系留雷的雷索或雷链就能将其切断，使水雷浮至水面，再由火炮将其摧毁；而音响磁性扫雷具则多用来对付磁性或声噪感应水雷，除雷具模拟舰艇通过时产生的磁信号或声噪，以诱骗水雷上当。

扫雷舰艇在固定海域航道上进行过扫雷作业后，理论上就能开辟一条安全的航道，但也可能是此处原本就没有水雷，或者水雷的引信没有与扫雷具产生作用，还有可能是未达到作用条件的定时或定次（计算舰艇通过次数）水雷。因此，虽然航道的扫雷作业次数越多，安全性就越高，但仍不能保证此处的水雷已经被彻底清除。

猎雷是一种较晚出现的水雷清除方式，与扫雷的最大区别就是具有侦测水雷的能力，能以各种手段发现水雷，标定其精确位置并完成识别，之后以潜水人员或遥控载具在水雷附近放置炸药，逐个将其引爆。因此，猎雷作业是否成功，与水雷的引爆方式或定时定次条件无关，只要被猎雷舰艇侦测到的水雷都可被猎杀。相比之下，依靠扫雷作业清理航道就可能被水雷的种类所影响，即便经过多次清扫也不能保证有漏网的定时定次水雷。

为了发现体积小巧的水雷并完成精确定位，猎雷舰艇都拥有精密的导航定位系统、鉴别度高的侦雷声呐等设备。猎雷艇的另一大技术特征就是配备精良的遥控猎雷载具，其上装有高精度声呐、水下探照灯与电视摄影机等侦测设备，以搜获水雷并完成识别作业，另外还能携带灭雷炸药，将其投放在水雷附近，再以遥控方式引爆炸药将水雷摧毁。新一代水雷往往使用智能化、定时、定次以及调整灵敏度等技术，这些虽然会对扫雷作业构成障碍，却很难逃过猎雷舰艇的“法眼”。

由于猎雷舰艇通常以遥控载具进行远距离除雷，舰艇本身可在距离水雷数百米外将其引爆，安全性较高。而传统扫雷舰艇则需要亲自拖着扫雷载具在雷区航行，无论是误触或是在近距离引爆水雷，波及自身的概率都很大。由于猎雷舰艇具有精确海底地貌侦测与定位设备，因此也能执行搜寻沉船、海底探勘、敷设海底电缆等任务。

猎雷最大的缺点就是只能针对每一枚水雷进行个别的处理与爆破，故其除雷作业速度比扫雷慢。猎雷舰艇作业时只能以极缓慢的速度（通常为 7 节左右）前进，以便让声呐等侦搜设备发挥最大作用。此外，目前的猎雷技术很难有效对付埋藏在海底泥沙下或经过伪装掩蔽的水雷，而扫雷作业至少有可能符合其引爆条件而将之摧毁。

由于扫雷、猎雷各有特长与不足，现代化水雷反制舰艇往往会将两者结合起来，例如现代化扫雷舰艇均配备最初属于猎雷舰艇的水雷侦搜声呐（但无猎雷遥控载具），也有不少所谓的猎雷舰艇携带扫雷索或磁性音响除雷具。

美国“鱼鹰”级猎雷舰的灭雷具

俄罗斯“娜佳”级扫雷舰

英国“桑当”级猎雷艇

意大利“勒里希”级猎雷舰

电子战为何意义重大

电子战是指敌对双方争夺电磁频谱使用和控制权的军事斗争，电子战并不依靠巨大的爆炸或极大的动能直接打击敌方单位，而是通过侦察与反侦察、干扰与反干扰、欺骗与反欺骗、隐身与反隐身和电子摧毁与反摧毁等方式，令敌方通信、指挥、控制、情报系统完全失效（而非损毁），令敌方作战单位之间完全失去视距以外的联系方式。现代海军作为各种高精尖武器装备的集大成者，装备了各种功能强大的电子设备和信息网络，电子战的能力直接决定了舰载武器的作战能力。可以说，一旦战舰在电子战中落败，那么整支舰队距离被击垮也就不远了。

雷达作为定位、探测的主要设备，是现代武器系统的眼睛。在电子战中，电子对抗的首要目标就是敌方雷达。通过电子侦察设备，可以搜索、截获、识别敌方雷达发射的电磁信号，获取敌方雷达的技术性能。在掌握敌方信号的特征后，依靠电子干扰设备，发射出和敌方信号类似或频道覆盖的信号，对敌方雷达造成干扰。此外，还可利用能够反射或吸收无线电波的材料，使敌方雷达信号衰减或散射，从而阻止雷达对目标的探测或使其产生错误跟踪，令雷达失去用武之地。敌方雷达失灵，意味着敌方失去了对目标的探测能力，成为了战场上的“瞎子”。

无线电通信的干扰主要有瞄准式干扰、阻塞式干扰和欺骗性干扰三种方法，前两种又可并称为压制式干扰。压制式干扰的具体做法为在敌方的通信频段内，发射大功率的干扰信号，使敌方收到的通信信号模糊不清，从而不能正常工作，当干扰信号的频段覆盖面积很大，使敌方完全被干扰信号淹没时，即为阻塞式干扰。另外，由于压制干扰对无线电发送装置的功率和设备要求很高，在一般情况下，常采用模拟敌方信号或利用己方已被截获的信号发送假消息的方式，或者运用干扰设备，建立假阵地，实施干扰佯动，误导敌人使其出错。相应地，己方应采用多种通信技术并用、增大发射功率、提高天线方向性等方法提高反干扰能力。敌方的无线电受到严重干扰，则意味着敌方无法实现内部通信，成为了战场上的“聋哑人”。

现代海军装备的舰炮、导弹、水雷等无一不依赖于先进的通信、导航、雷达和声呐系统。未来的海军电子战设备则向着探测距离更远、复杂电磁环境中精确辨识、提高抗干扰和反侦察能力的方向发展。在海战中，如果己方的电子战实力可以完全压制敌方，令其雷达、通信系统完全瘫痪或性能大减，那么己方就能比敌方提前至少数十千米发现对手，且敌方完全无法在视距外发现己方发射的反舰导弹、炮弹、水雷等武器，而以现代武器动辄每秒数百米的速度，这样的优势已足以决定战争的胜败。

美国海军 EP-3“猎户座”电子战飞机

美国海军 EA-6B 电子战飞机编队

蛙人能否炸毁现代战舰

“蛙人”是潜水员的俗称，是一个古老的职业。据历史记载，我国早在2700多年前的周代，就已经有潜水捕捞的技术，这是人类历史上有关潜水和潜水技术的最早记录。只不过因为没有任何保护工具，潜水时间都特别短。

工业革命后，随着水下装备技术的提高，蛙人的潜水技能越来越厉害，也逐渐在军事上崭露头角。一些国家组建了蛙人部队，是能在水下长时间完成特殊任务的两栖部队，其成员头戴面罩，身穿橡皮制衣，脚穿脚蹼，后背带有氧气筒。蛙人部队主要在敌人后方海域、地区执行侦察任务，同时负责消灭其机动发射装置、防空设施、水利设施、指挥所等。其任务具有极强的隐蔽性和危险性。

20世纪，蛙人部队开始出现在战场上。1918年，奥匈帝国海军被协约国逼到亚得里亚海东岸的普拉港（今属克罗地亚），而协约国海军也无法冲进防范严密的港内。意大利海军外科医生拉斐尔·保卢奇上尉是个游泳健将，他向上司建议，不妨通过潜水进入港内，安装炸药。上司采纳了他的建议。于是，他和搭档穿上潜水服，骑上一枚改造过的鱼雷，趁着夜色，利用潮汐将鱼雷推入港内，并瞄上了灯光最明亮的一艘战舰。事后他们才知道，那是奥匈帝国海军的旗舰“乌尼提斯”号。两人把鱼雷密封桶中的炸药贴在这艘战舰的侧舷，将爆炸时间设定在早晨6时30分。但当他们准备溜走时，被奥匈帝国海军卫兵发现并抓获。随后，他们得知了一个惊人的消息：就在他们出发前，奥匈帝国海海军舰队发生了兵变，指挥官已经向协约国移交了权力。不过此时拆除炸弹已来不及，他们马上提醒舰员赶紧逃命。之后，炸弹爆炸，军舰被炸为两半。

二战期间，各方的蛙人作战更加频繁。1943年，德国著名战列舰“俾斯麦”号的姊妹舰“提尔皮茨”号俘获了3名被称为“水鬼”的英国蛙人，正当德国人审讯这些战俘时，“提尔皮茨”号战列舰底部传来了剧烈的爆炸声，舰体受到重创。原来，正是这些没来得及逃跑的蛙人利用小型突击潜艇摸进港口，在“提尔皮茨”号战列舰底部安装了炸药。吃一堑长一智的德国海军迅速组建了“特殊作战小组”（即战斗蛙人小组），投入作战。

随着军事科技的不断发展，如今蛙人想要炸毁水面战舰已非易事。毕竟现在水面战舰对付蛙人的方法很多，反蛙人声呐、反蛙人火箭炮、反蛙人自动榴弹发射器以及各种水下探测装置等，从搜索到打击，种类齐全、手段多样，目的就是对付执行渗透作战任务的特种潜艇、小型舰艇和携带水雷的战斗蛙人。

反蛙人火箭炮通常可对 500 ～ 1000 米距离内的海域实施监控，只需人工操控计算机，就可以自动对水下目标进行监测，一旦探测到水下小型运动目标，便可迅速瞄准目标发射，从而轻松消灭蛙人部队。面对此类反制手段，血肉之躯的蛙人连接近战舰的机会都没有。

二战德国“提尔皮茨”号战列舰

美国海军蛙人

第7章 勤务篇

兵马未动，粮草先行。自古以来，强有力的后勤保障是取得战争胜利的主要因素之一，这在海战中显得尤为重要。本章主要就海军后勤相关的问题进行解答。

概述

在现代海军的各类勤务舰艇中，补给舰船是至关重要的一类。由于海上航行和海上活动的舰船航程长或时间长，而舰船本身携带的燃料、淡水、食物、备件等有限，需要由专门的舰船即补给舰船对其进行补给。目的是延长舰船在海上的活动半径和逗留时间，保持舰船的战术性能，提高舰船的机动能力和持续作战能力。补给的物资分为干货（武器、弹药、给养、被装、药品器材和其他舰用物资）和液货（油料、淡水）两大类。

海上补给是适应舰船远航需要而出现的，并随着航海技术的发展而发展的。古代欧洲一些国家的舰队远征时，就有运输船队伴随，并在风平浪静的海面上进行停泊补给，偶尔也在慢速航行中两船并靠行进，用人力传递淡水、粮食、武器和弹药等物资。

一战前后，欧美一些海军强国进行过多次海上航行补给试验。1899年，美国战列舰“马萨诸塞”号和运煤船“马格鲁斯”号首次成功采用“米勒”架空索道法传送煤炭。1906年，英国用“彼特罗留”号油船为“维克托里斯”号战列舰成功地进行第一次航行纵向加油试验。1917年，美国油船第一次用舷侧索道法进行横向加油试验。此后，一些国家的海军逐步实现对水面舰艇实施航行补给。

二战期间，一些参战的海军强国大量改装和建造补给船，建立海上运输补给船队。自20世纪50年代起，开始研制、建造和使用新型补给舰船，海上航行补给进入一个新的发展阶段。之后，补给装置不断完善，开始应用液压和电子技术，出现了快速自动加油接头、快速自动传送系统（FAST）、两用标准横向补给系统（STREAM）等先进传送设备，实现了航行补给的现代化。不久之后，又出现了垂直补给法。自80年代起，各国开始研制功能齐全的补给舰船，其补给方式可分为航行横向补给、航行纵向补给、垂直补给、锚泊补给等。为缩短海上补给作业时间，提高补给效率，可同时采用航行横向补给法、航行纵向补给法、垂直补给法，使一艘综合补给舰船同时为几艘舰艇补给多种物资。

现代海军实施海上补给，通常由编队指挥所下达补给任务，并根据敌情、海况、补给装置的性能及补给物资的品种等制订海上补给实施计划，其内容包括指挥关系、补给海区、会合地点，补给的时间、方式、对象、顺序，航速、航向，补给物资的品种和数量等。该计划由补给舰船具体组织实施，一般利用战斗间隙或在航行途中进行补给。实施海上补给时，应以补给舰船为基准协同动作，由补给舰船统一指挥，按规定进行海上补给部署，根据操作程序进行补给。

海上航行补给是一项复杂的海上作业，需要高超的操船技术和经验。海上补给的操作程序大体分为准备、接近、对接、补给、扫线（液货）、解脱和撤离等主要步骤。

随着舰艇性能的提高和作战样式的改变，海上补给将日趋快速化，单功能补给船将向多功能补给舰方向发展。未来，各国将不断提高补给舰船的航速、补给能力和自卫能力，并广泛采用新技术，改进补给装置和传送系统，探索新的补给方式。

美国“供应”级快速战斗支援舰

德国“柏林”级综合补给舰

日本“摩周”级快速战斗支援舰（上）和美国“阿利·伯克”级驱逐舰（下）

美国海军如何划分种类繁杂的勤务舰艇

美国海军是目前世界上规模最大、舰艇吨位最高、装备最先进、总体实力最强的海军，其在勤务舰艇的发展方面也远远领先于其他国家海军。美国海军对辖下勤务舰艇进行了非常细致的分类，并赋予独特的代号。熟悉美国海军勤务舰艇的分类代号，有助于我们了解勤务舰艇的发展脉络。

下表中的分类代号，用于美国海军中不适合划归标准分类的舰船。绝大多数此类舰船都是未命名的驳船和浮动船坞，同时也包括退役的战列舰、训练和模拟设备、战利品和试验船。

舷号为 T-AOE-7 的美国“雷尼尔”号快速战斗支援舰

美国海军勤务舰艇代号表

舰艇种类	代号	舰艇种类	代号
快速战斗支援舰	AOE	开放式驳船	YC
综合补给舰	AOR	平底驳船	YCF
补给油船	AO	飞机运输驳船	YCV

续表

舰艇种类	代号	舰艇种类	代号
军火船	AE	顶棚驳船	YFN
弹药储运船	AKE	特种驳船	YFNX
军需品存储船	AFS	大型顶棚驳船	YFNB
潜艇供应舰	AS	轻质油驳船	YOGN
驱逐舰供应舰	AD	重油驳船	YON
货船	AK	储油驳船	YOS
滚装船	AKR	淡水驳船	YWN
汽油运输船	AOG	深潜救生艇	DSRV
运油船	AOT	深潜船	DSV
高速海运船	HSS	渡船	YFB
舰队远洋拖船	ATF	船舶驾驶训练船	YP
两栖拖船	LWT	水上飞机起吊船	YSD
侧绞式拖船	SLWT	浮动兵营船	APL
起重船	ACS	浮吊船	YD
救援打捞船	ARS	潜水供应船	YDT
海洋监视船	AGOS	干船坞伴随船	YFND
导弹射程测量船	AGM	浮力驳船	YFP
海洋科学考察船	AGOR	轻型打捞起重船	YLC
测量船	AGS	闸门船	YNG
医院船	AH	修理驳船	YR
电缆敷设维修船	ARC	修理宿泊浮船	YRB
航空后勤支援舰	AVB	修理食宿驳船	YRBM
小型浮动干船坞	AFDL	船体修理驳船	YRDH
中型浮动干船坞	AFDM	机械修理驳船	YRDM
中型修船坞	ARDM	放射性修理驳船	YRR
工厂用浮动干船坞	YFD	辅助试验潜艇	AGSS
大型拖船	YTB	核动力研究潜艇	NR
小型拖船	YTL	无类别船舶	IX

模拟训练舰如何实现沉浸式体验

巨轮远航需要经验丰富的舵手，同样，操控军舰也离不开训练有素的水兵。早在二战初期，英国就曾将其首艘航母“百眼巨人”号改装成训练舰，为英国海军培训了大批人才。

在武器装备逐步走向信息化时代的今天，战舰模拟训练系统更加先进。例如法国海军列装的舰桥模拟器由视觉系统、声呐显示、绘图平台和控制台等设备组成。俄罗斯的内湖舰船操作模拟器可进行多种作战任务的训练，教练员通过先进的视频监控系统全程指导。印度的舰艇管理模拟器能制造发电机噪声、舰船的汽笛声和海浪声，模拟真实战场氛围，受训者通过模拟器控制台实时处理系统设计的各种危机情况。

美国海军也有一艘长期泡在游泳池里的特殊战舰，即“特雷耶”号模拟训练舰。美国设计和建造“特雷耶”号的目的是为新兵提供全面的沉浸式体验。为此，美国海军专门组建了设计小组。该小组的成员不仅有海军的训练专家和咨询人员，还有娱乐公司的设计师和编剧。他们将12个基于真实事件的训练场景有序地组合到一起，共同构成一个连续的训练流程。随后，设计小组运用先进的仿真模拟技术，包括好莱坞电影道具特效、迪士尼主题公园的声光技术，以及烟雾、火焰等各种效果，提供全面的感官刺激。值得一提的是，所有舱内的装饰，包括门窗、灯和杂物，都来自3艘退役的战舰。这些措施都是为了打造逼真的战场环境。

因此，“特雷耶”号模拟训练舰一经建成，便在模拟真实作战环境上达到了以假乱真的效果。该舰停放在美国海军“21战斗港”训练基地，当新兵来到基地，穿过厚重的钢制大门时，各类特效设备就陆续登场了：头顶有海鸥飞过的声音，空气中充满了海水咸腥味。模拟海风吹来，似乎有水花飞溅到脸上。这一切都让新兵感觉到，这就是真正的军港。不过，码头上的特效仅仅是前奏，真正的好戏在登上“特雷耶”号模拟训练舰后才会上演。在接下来的12小时内，新兵要经历17个关卡的考核。这17个关卡的场景设置更加逼真，场面堪称真实惨烈。其中“群体伤亡舱室”“着火舱室”最为典型。

“群体伤亡舱室”主要用来模拟被反舰导弹击中后的混乱情况。“中弹”前，高音喇叭里会播放“导弹即将命中”的警报。“中弹”时，位于地板下方的大功率低音炮将模拟导弹爆炸的巨大冲击波和震动。爆炸过后，舱内会出现很多被扭曲的舰体残骸困住的“伤员”。这些“伤员”身上有红外传感器和音频播放器，有人靠近时就会发出各种呻吟和求救声。此时，整个舱室的灯光也闪烁不定，模拟电路受损情况。

“着火舱室”内，在计算机的控制下，天然气被点燃，形成真正的火焰。“进水舱室”位于受损的主炮弹药库里，大量“海水”会灌进船舱。很快，“海水”就会达到齐腰深。这会给新兵们堵漏和转移炮弹等行动带来极大困难。

“中控室”是“特雷耶”号模拟训练舰的控制中心，负责控制所有模拟场景。这里的控制人员可以监控各个舱室的训练进程，还能手动添加一些额外的训练特效。这些设置和举措让“特雷耶”号模拟训练舰成为美国海军新兵必须踏上的第一个“战场”。

与“特雷耶”号模拟训练舰合影的美国海军新兵

由于舱内空间有限，全长64米的“特雷耶”号模拟训练舰仅模拟了“阿利·伯克”级驱逐舰的前半部分。但是，“特雷耶”号模拟训练舰仍然能够容纳352名新兵同时登舰训练。从2007年投入使用起，每周有5天训练，每年训练3万多名新兵。

可以预见的是，随着科技的进步，将会有更多的国家和军队采用这种模拟真实作战环境的训练方式。特别是随着VR、AR技术的不断成熟和运用，新兵在训练场上的体验会与真实战场相差无几。

在“特雷耶”号模拟训练舰参加训练的美国海军新兵

电子侦察船如何实施侦察活动

电子侦察船是用于电子技术侦察的海军勤务舰船。在严密的陆、海、空、天侦察体系中，电子侦察船是其中重要的一环，能够在占全球总面积71%的水域活动，而且在对水下目标侦察方面具有其他侦察平台所不具备的优势，加之活动时间长、建造成本相对不高、运行费用相对较低等优点，得到了各国海军的重视。不过，由于同时对电子设备研发和舰船建造具有较高要求，目前有能力建造电子侦察船的国家非常少，仅美国、俄罗斯以及部分西欧国家能够完全依靠自身力量建造电子侦察船。

电子侦察船的最大特征是船上布满了大量不同形状的天线，有鞭状、网状、抛物面状、球状等，但随着先进电子技术和侦察设备的发展，电子侦察船上的天线开始部分缩减，而且进行综合集成，并加上了各种形状的天线罩。一般情况下，除了一些轻武器之外，电子侦察船很少配备火力较强的武器。

电子侦察船对满载排水量没有特别的要求，但多在1000～5000吨。排水量太小，就没有更多的空间布放天线，也没有足够的续航力来实现远海侦察。排水量太大，则容易被敌方发现，很难实现秘密侦察。多数电子侦察船航速在20节左右，不需要太高，但往往需要具有一定的续航力，能够连续在海上实现长达几十天甚至数月的侦察。电子侦察船大多装有稳定系统和减摇设备，适航性较好，具备在复杂海况条件下工作的能力。此外，电子侦察船通常有一批熟练的高级技术人员，而且为了方便收集通信情报，还带有部分精通侦察对象语言的专门人才。

电子侦察船能够对电子设备发出的无线电波进行记录、分析、识别，查明侦察对象各种雷达、通信和武器火控系统等电子设备的工作体制、技术参数和作战性能，为战时实施电子干扰对抗和研制电子设备提供依据。同时，电子侦察船还可以侦听、侦察对象的无线电通信并破译其密码，以获取军事情报，并可以查明相应无线电台的位置、配系和指挥关系。电子侦察船还可以通过目视、照相、录像等手段，获取侦察对象舰体、港口、基地和海岸设施等各种情报，也可用于监视、跟踪海上舰艇编队的活动。

俄罗斯“卡累利阿”号电子侦察船

作为现代侦察体系中不可缺少的一部分，电子侦察船没有平时与战时之分，只有平战结合，要求随时能够在全球各个海域全天候和全时域展开，侦察内容已不再局限于传统的军事情报，而是扩展到军事、政治、经济、科技甚至文化等方方面面。平时，电子侦察船均待机而动，一旦遇到合适的时机，就会将触角伸向全球海洋的各个角落。

德国“阿尔斯特”号电子侦察船

海洋监视船为何被称为海洋间谍

海洋监视船是在海洋上监视敌方潜艇配置和运动情况的勤务舰船，又称海洋侦听船、音响测定船。海洋监视船主要用于对战略导弹核潜艇的预警，并发现和掌握在海洋水下、水面和空中活动的目标，判明目标的型号、性质和企图，测定其运动要素，为己方兵力实施引导和攻击。

海洋监视船一般选用有良好稳定性和适航性的小水线面双体船，装有减摇鳍，可控制船体在波浪中的稳定运动和航行状态，适于长时间在海上执行监视任务。排水量为 2000 ～ 5000 吨，航速为 10 ～ 16 节，续航力为 4000 ～ 6000 海里。海洋监视船的主要探测设备有拖曳式线列阵声呐系统、雷达等，有的还配有 1 ～ 2 架直升机。

典型的海洋监视船有美国的“无暇”级、“胜利”级和日本的“响滩”级。其中，“胜利”级海洋监视船采用耐波性能极佳的小水线面双体船型，满载排水量约3400吨。船身拥有两个水线以下的角雷状平行对称船体，能够提供相当大的浮力，所以“胜利”级海洋监视船的适航性较好，船员操作该船巡航时能够获得很好的航行体验。“胜利”级海洋监视船采用柴电推进装置，噪声较大的柴油机布置在水线上，有利于减少水下辐射噪声。低速航行时（拖航3节），只使用部分柴油发电机组。航速为16节时，续航力为3000海里，自持力为60～90天。船上装备有AN/UQQ-2“索塔斯”声呐系统，可在150～3500米深度作业，探测距离达数百海里。

美国“胜利”级海洋监视船

“胜利”级海洋监视船的主要作用在于探测在水面以下活动的潜艇，它可以通过布置声呐设备等手段，获取潜艇的水文特征。这其实是一项很有针对性的工作，因为每一种潜艇都有自己的水声特点，掌握了一种潜艇的水声特点，就等于找到了判别潜艇性质的渠道。其探测系统与卫星通信系统相连，能将获得的信息实时传输到海军反潜信息处理中心。另外，“胜利”级海洋监视船也可以绘制海底地图，为己方的潜艇提供航行依据。海底地图的完善对于保障潜艇的安全极为关键，美国的“洛杉矶”级核潜艇就曾因为使用了错误的海底地图，导致潜艇撞上海底山脉。

“胜利”级海洋监视船往往会扮演间谍船的角色，它们会在特定地区出没，用于收集各种情报信息。2000 年 8 月 15 日，“胜利”级海洋监视船四号船“忠诚”号曾监测到俄罗斯失事的“库尔斯克”号核潜艇爆炸声信号。

日本“响滩”级海洋监视船

现代战舰有哪些救生设备

救生设备是救助落水人员或本舰艇遇险时舰员脱险自救用设备和器材的统称，分为水面舰艇救生设备和潜艇救生设备两类。水面舰艇救生设备通常有救生艇、救生筏、救生圈、救生衣、辅助救生用具，及其存放、收放等辅助设施。潜艇救生设备，通常有救生平台、应急信号浮标等待援救设施以及救生浮标和浮标索、救生闸套、救生球、出艇装具等自救设施。

救生艇是水面舰船的主要救生设备之一。按材料分类，有木质艇、钢质艇、玻璃钢艇等。玻璃钢艇重量轻、强度高、耐腐蚀，现已被广泛采用。按推动方式分类，可分为机动艇、非机动艇。机动艇装有柴油发动机，也有临时挂靠的艇艉机。按结构型式分类，可分为敞口式艇和封闭式艇。敞口式艇结构较简单，登艇方便，使用较广泛。封闭式艇可使遇难人员免遭风浪、寒冷侵袭。所有舰载救生艇，均须安放在吊艇架上处于随时备便状态，舰船航行中可紧急降落至水面。救生艇还须配置淡水、压缩干粮、药品以及照明、帆、桨、篙等物品。

救生筏由水面舰艇携带，一般采用尼龙橡胶布制成，主要由上浮胎、下浮胎、篷帐、篷柱、筏底构成。浮胎一侧装有二氧化碳钢瓶，打开充气阀即可充气，使救生筏充气成型。筏内配置有压缩干粮、淡水、药品、海水电池和求救信号等物品。

救生圈为环状浮圈，由软木或泡沫塑料制成，通常悬挂在上层建筑的外部围壁或舷侧栏杆的座架上。其外表涂以醒目的颜色，用于示位和支持落水人员救生。圈上配有自亮浮灯、烟雾信号和救生索。

救生衣采用帆布或尼龙布包裹软木、木棉、浮性玻璃纤维或闭孔泡沫塑料等制成，分为背心式、带领背心式。救生衣具有一定浮力，可使落水人员的身体呈安全漂浮状态。

救生平台是潜艇上的待援救设施，位于上层建筑逃生舱口区的甲板上，其中包括一个由不锈钢制作、表面光顺平整的钢环，供救援舰船施放的救生钟或深潜救生艇对口坐落密封连接，便于艇员在常压下逃生。

应急信号浮标可分为灯光信号浮标和无线电信号浮标两种。灯光信号浮标装有闪光灯、电话等，其下部有钢索和电缆与潜艇相连接，平时固定在上层建筑的浮标基座上，使用时放出浮标浮于水面，以灯光显示遇难潜艇位置，但在战时容易被敌方发现目标。无线电信号浮标装有短波无线电台、发射天线及电源等，与遇险潜艇不连接，可随海流漂移，以密码信号发出遇险潜艇的位置坐标，其保密性较前者好。

救生浮标和浮标索是潜艇上常用的自救设备。救生浮标是由铝合金制成、能承受一定水压力的圆球；浮标索是一根打有许多索结的麻绳，索结按一定间距排列。使用时浮标索一端与救生浮标圆球连接，另一端与艇体连接，从鱼雷发射管或逃生舱口放出救生浮标并上浮至水面。

救生闸套安装在潜艇升降口的围栏下端，平时呈折叠状并加以固定，使用时放下，用闸套下缘的拉索将其固定在舱室底板上，当舱室破损进水时可在闸套内造成较大的空气垫，便于艇员脱险救生操作。

救生球是耐压圆球形壳体，通常放置在潜艇耐压舱壁上端耐压船体圆环状凹窝内，用滑动连接装置与潜艇连接，其下端两侧装有耐压舱盖的舱口，便于失事潜艇相邻两舱的艇员都能进入球内；其上端连接独立的浮力舱，使用时，盖紧耐压舱盖，脱开与潜艇的滑动连接装置，向凹窝内注水直至与壳体外的水压力相等，救生球即可自动上浮至水面等待援救。救生球内装有空气再生装置、无线电呼救台、食品、淡水、药品等。

出艇装具包括单人呼吸器、潜水服和备用气瓶等，主要供艇员由水下脱险和进行水下作业时使用。

美国“阿梅莉亚·埃尔哈特”号弹药储运船正在吊放救生艇

美国“纳什维尔”号船坞登陆舰的舰员正在派发救生衣

防险救生船有哪些类型

防险救生船是现代各国海军普遍装备的一种勤务舰船，其主要任务有：为失事潜艇艇员提供生存保障，援救并使其脱险，打捞沉没潜艇；对失事水面舰艇实施脱浅离礁、堵漏、排水和拖带，打捞沉没水面舰艇；营救遇险舰艇、飞机的落水人员；进行水下施工，清除航道、港湾的水下障碍物及其他沉没物体等潜水勤务；担负海上科学试验的防险救生保障等。

按任务内容，防险救生船主要分为以下几类。

（1）打捞救生船。主要用于对失事潜艇的援救、沉没舰艇的打捞和对潜艇、水面舰艇、飞机落水人员的救生工作。

（2）援潜救生船。主要用于为失事潜艇进行通风换气，输送食物、备品、备件及工具，提供电源、高压空气等，协助艇员离艇脱险和其他潜水勤务等。

（3）潜水工作船。主要用于在港湾和近岸进行水下勘察、检查和修补破损船体，清除螺旋桨和舵叶上的绞缠物，搜索和打捞沉物，配合其他防救船只进行潜水作业及科学试验等。

（4）救助工作船。又称救助工作驳船。用于在沿岸海域援救触礁或搁浅的舰艇脱险和进行其他潜水勤务，主要包括：临时分装被救舰艇上的装载物品，减少其排水量；利用船上绞盘把触礁或搁浅的舰艇拖离险区；也可用于潜水员潜水打捞作业训练或单独实施打捞小型船只。特点：多为非自航式，有的安装小功率动力装置用于移动船位，或低速航行；吃水浅、干舷低，船上工作面积大；船上设有起吊设备、大功率电动绞盘、潜水装具及供气系统、高压空气排水设备、压水吹泥清舱和排泥设备、水下电焊和切割设备、加压舱等。

美国“守卫”级打捞救生船

（5）救援拖船。主要用于海上援救、拖带失去机动能力的舰艇，有的还可进行潜水作业和对起火的舰艇进行消防、堵漏等。按作业范围分为近岸、近海和远洋救援拖船。排水量数百吨至数千吨，主机功率几百千瓦至1万千瓦以上。其主要特点有：长宽比小于其他舰船，抗风性强，有良好的稳定性和耐波性，能在恶劣的海况下进行拖救作业；主机功率大，设有调距桨，兼有自航速度快和拖力大的能力；舵面积大，设有侧推装置，具有良好的操纵性；船体结构坚固，设有较强的护舷材和防撞设备，能适应拖救过程中的挤压和碰撞。船上装有自动拖缆机和弹簧拖钩，以及潜水、救生、消防、堵漏、排水和吊放等设备。

（6）快速救生艇。航行速度较快，专门执行搜索、营救海上遇险人员和运送伤病员，并可为执行援救、打捞任务的其他防险救生船进行探测和引导，保障其尽快就位实施援救。

防险救生船的未来发展趋势：利用现代化报警手段、导航手段和动力定位系统，提高救生船的就位速度和精度；进一步改进防险救生设备，装备各种先进的潜水装具，增大潜水作业深度；加大船只吨位，提高自持力和扩大援救活动海域。

俄罗斯 P-5757 型救援拖船

为何只有少数国家拥有深潜救生艇

深潜救生艇是指能潜入深海营救失事潜艇艇员的微型小艇，基本结构类似潜艇，由双层壳体及舱室、动力系统、操纵控制系统构成。排水量为十余吨至数十吨，艇长 9 ～ 15 米，艇宽 2.5 ～ 4 米，可载 9 ～ 24 人。采用电力推进装置，航速为 2 ～ 4 节，下潜深度为 600 ～ 1000 米。由于深潜救生艇的续航距离较短，通常由深潜救生母船或打捞救生船携载至潜艇失事海区作业。深潜救生艇的下部有连接装置，可与失事潜艇的救生平台相对接，形成通道，用于将失事潜艇内的人员营救到深潜救生艇内。

深潜救生艇执行营救任务时的程序是：深潜救生艇用飞机空运到距失事潜艇所处海域最近的机场，再转运装到深潜救生母船上驶往潜艇失事地点，由深潜救生艇自航前往寻找失事潜艇。利用艇上的机械手可清除杂物，剪除阻碍失事潜艇救生平台的缆索，使结合裙对口连接。与潜艇救生平台可靠对接后，排出结合裙内积水，打开舱口盖，失事潜艇内人员进入深潜救生艇内。关闭舱口盖，排除与被救人员相等重量的压载水，向深潜救生母船转送被救人员。

由于对失事潜艇的救援工作，必须在潜艇失事后 72 ～ 96 小时内进行。况且，有些潜艇在失事后维持幸存艇员生命的时间甚至还达不到 72 小时。所以，必须提高抢救速度，赢得时间，同时也要求深潜救生母船有良好的综合性能，以确保营救效率。由于研制深潜救生艇需要很高的综合技术水平，还要进行大量多学科试验，建立设计、建造规范，掌握成熟的制造工艺技术，所以世界上只有少数国家具有这种实力。

美国 DSRV-2 深潜救生艇

英国 LR5 深潜救生艇

如何使用救生钟援救失事潜艇艇员

救生钟是指用于援救失事潜艇艇员出艇的钟形救生设备，通常采用钢材制造，可承受内、外压力，高约 3 米，直径约 2 米，重约 10 吨。救生钟分上、下两个舱室，中间有隔板和水密门。上舱为工作（救护）舱，有上盖，供人员出入。上舱内设有座位、电话、照明、注水、排水、供气、深度仪以及压力表等设备。下舱为预备（过渡）舱，设有下盖，供脱险艇员进入。下舱内设绞盘、钢索等。下舱周围设有压载水柜，用以控制救生钟的沉浮。

救生钟一般具有两种援救功能：干救和湿救。干救主要用于集体脱险，它的用途就像一个往返于失事潜艇和水面援救船之间的水密升降机，艇员通过救生钟可在上升出水过程中避免暴露于高气压下和海水的浸泡，从而实现在常压下脱险，可提高脱险的安全性。湿救主要用于单人、集体相结合脱险，救生钟内保持水下压力，将失事潜艇艇员转移到水面救生船后，再进行相应的水面减压。

救生钟平时配置在救生船上。由于救生钟本身没有动力，所以在使用过程中需由救生船进行吊放回收。使用救生钟时，先确定沉没潜艇的方位，然后由潜水员携带钟内钢索，把它固定在沉没潜艇的救生舱口，然后再把救生钟放下，进行援救。救生钟一次可容纳 2 名操作员和 6 ~ 8 名被救艇员。

使用救生钟援救失事潜艇艇员，可使艇员不与海水接触，不受海水压力的影响，在援救过程中，能正常活动和休息，并且可以得到必要的食物、药物等。到达海面后，艇员不会浸泡海水，也不会遭到海洋动物的侵袭。此外，艇员也不必进行专门的逃生训练。

20 世纪 40 年代瑞典海军使用的救生钟

不过，救生钟也存在缺点。由于使用救生钟要有潜水员配合，其援救深度受到限制，不能超过潜水员潜水作业的最大深度。到目前为止，救生钟的最大下降深度只有250米左右，再深就无能为力了。在战时或气候条件恶劣时，也无法使用救生钟。此外，使用救生钟前的准备时间较长，且救生钟结构复杂，容易发生故障。当沉没潜艇倾斜度较大时，也不容易使用救生钟与其对接。

浮出水面的美国麦凯恩救生钟

现代补给舰如何分类

补给舰的种类有很多，从最古老的运煤船，到最先进的快速战斗支援舰，均属于补给舰的范畴。由于各国海军整体实力和作战需求不同，所配备的补给舰类型和数量也不相同。整体而言，现代补给舰主要可分为以下几类。

（1）补给油船。这是现代补给舰的基本型号。顾名思义，油船就是只提供液体燃料的补给舰，有部分型号会同时提供淡水。某些补给舰也会提供少量杂货，但补给物还是以燃油为主，因此还是只能归类为油船。随着现代环保意识的提升，为了避免燃油泄漏造成污染，各国海军正逐渐把既有油船按民用油船标准，从单壳体油船改为双壳体油船。

美国“亨利 · J. 凯泽”级补给油船

（2）综合补给舰。这种补给舰首先在二战前夕由德国发明，战后被美国发扬光大，以后被各国海军所采纳。综合补给舰综合了油船和军火船的功能，把多种补给物资集中在一艘船上，这样的好处是当舰队离开战斗阵位进行补给时，只需同综合补给舰对接一次，即可获得所有补给物资，无须同不同类型的补给舰进行多次对接，延长补给时间，从而增加暴露在敌人火力下的危险。

综合补给舰通常以柴油机作为动力装置，满载排水量在 15 000 ～ 30 000 吨，最大航速通常为 15 ～ 20 节，设有直升机平台甚至机库，可携带 1 ～ 3 架直升机。对于一般中小国家的海军而言，综合补给舰往往是该国最大型的军用舰艇。

（3）快速战斗支援舰。这是美国海军为了配合航母战斗编队的高航速以及大编队而设计的补给舰，可以说是综合补给舰的强化版本，排水量大幅增加（“萨克拉门托”级为 53 000 吨、“供应”级为 50 000 吨），各类补给物资的装载量也大幅提升，动力系统强劲（通常采用性能优异但价格昂贵的燃气轮机），航速远比一般的综合补给舰高（“萨克拉门托”级最大航速为 26 节，“供应”级最大航速为 25 节），能追上航母编队高速行进的步伐。

虽然快速战斗支援舰的补给能力远胜于综合补给舰，但其建造及使用成本较高，所以大多数国家的海军均选择建造排水量较小、航速较慢但使用成本较低廉的综合补给舰。真正意义上的快速战斗支援舰只有美国的“萨克拉门托”级、“供应”级以及日本的“摩周”级等。

英国“维多利亚堡”级综合补给舰

日本“摩周”级快速战斗支援舰

各类海上补给方式有何利弊

海上补给是现代海上作战，特别是中远海作战必须具备的后勤保障能力。借助海上补给，可以扩大舰艇的作战半径，延长舰艇在海上的逗留时间，减少舰艇对基地的直接依赖程度，提高远航舰船的生存能力，增强作战舰艇的战斗力。自海上补给技术诞生以来，已经实现了从单一补给到综合补给的多次重大改进。目前，世界各国海军采用的海上补给方式主要有以下四种。

（1）航行横向补给。这是海上补给中最主要的一种补给方式。航行横向补给时，补给舰和接收舰船编成横队，保持同向、同速航行，舰员利用抛缆枪打到对舰一条绳索，将钢缆牵引到本舰并进行固定，在两舰架起若干条钢缆，通过钢缆将干货物资、输油管等传递到接收舰船上，对接收舰船进行补给，输送所需要的各种补给品。

正在进行航行横向补给的美国“阿利·伯克”级驱逐舰（右）

航行横向补给是海上补给方式中应用最多、最广的海上补给方法。它有以下特点：补给品种多，可以补给燃料、淡水、食物、备件等多种补给品，以满足各种类型舰船的补给品需要；需要由专门的舰船，即补给舰进行航行横向补给。补给舰可在一舷向一艘或多艘船补给，也可在两舷同时进行多艘船补给；航行横向补给所需索具和输油软管较短，并且空悬于水面之上，可以在较高的航速下进行海上补给作业，而且对接和解脱方便，便于沟通联络。

航行横向补给的缺点是只能在有专用设备的舰船之间进行补给，补给时两舰距离较近，相对位置不能有大的变化，所以要求指挥员有较高的指挥水平。一旦操纵失误或机械发生故障，容易造成严重事故。

（2）航行纵向补给。这是应用较早的海上补给方法。航行纵向补给时，补给舰和接收舰船编成纵队，并保持同向、同速航行，通过跨接于两舰间的纵向补给装置，由补给舰向接收舰船实施液货补充。

航行纵向补给有以下特点：补给品种少，主要用于液货，即燃料、淡水、液体物品的补给；补给装置简单，补给时舰船之间不容易发生碰撞，操纵也不复杂，能在较恶劣的海况下进行作业。

航行纵向补给的缺点是只能补给液货，输油软管较长，而且浸于水中，这样就大大增加了舰船航行的阻力，递送和回收油管比较麻烦。因此，在现代海上补给中，航行纵向补给一般只作为辅助补给方式。

（3）锚泊补给。这是海上补给中应用最早的一种补给方式，即舰船在锚泊状态下，由补给舰向需要补给的接收舰船实施物资补充。

锚泊补给的特点是补给设备简单，补给舰上装备简单的装卸设备就可以进行海上补给作业。同时，通信与操作都比航行补给简便。不过，锚泊补给对海况有一定的要求，海况一般不大于 4 级风，否则不能进行锚泊补给。锚泊补给时，补给方法通常有两种，即并靠补给和停泊纵向补给，一般多采用并靠补给方式。

（4）垂直补给。这是一种立体补给方式，既能在航行状态下进行，又能在锚泊状态下进行，目前已成为海上补给的重要方式。

垂直补给是利用直升机向需要补给的接收舰船实施物资补充，垂直补给具有以下特点：补给速度快、效率高，直升机可以快速飞行到需要补给的接收舰船上方，实施物资补给，机动性好；补给距离远，补给设备简单，运用人力少，操作简单；受海况影响小，可以在大风大浪中分离。

垂直补给的缺点是对直升机驾驶员的驾驶技术要求较高，需要经过专门训练。同时，垂直补给只适用于干货物资吊运和伤病员快速转移，不适用于补给大量液货。

正在进行垂直补给的美国“阿利·伯克”级驱逐舰

美国新型补给油船有何特别

2018 年 9 月，美国通用动力公司下属的国家钢铁与造船公司开始建造“约翰·刘易斯”级补给油船，引起外界广泛关注。

“约翰·刘易斯”级补给油船最早来自 TAO(X) 项目，计划为美国海军建造 20 艘新的补给油船，用于提供美国海军全球活动所需的舰用燃料和舰载机航空燃料，同时具备一定的其他液货（如润滑油、饮用水）和少量干货补给能力。

为了减少风险，“约翰·刘易斯”级补给油船采用了很多与“亨利·J. 凯泽”级补给油船相同的设计，以及一些已经验证过的现有技术。为了减少漏油的风险，“约翰·刘易斯”级补给油船采用了与很多现代油轮一样的双层船壳结构，而“亨利·J. 凯泽”级补给油船早期是单层船壳结构，曾发生过搁浅后漏油的事件。

“约翰·刘易斯”级补给油船其他的改进设计还包括：能携带更多的干货，直升机甲板上的直升机加油能力得到提升，扩大冷库面积，减少自身油耗等。最重要的是换装了全新的E-STREAM电动重型补给系统，提升了海上补给能力和速度。该系统也叫“重型电动标准张力侧舷补给装置”，用伺服电机和电力控制，取代过去的液压补给系统。由于该系统采用新的变频电机、可编程逻辑控制器以及多种不同的传感器来取代人工控制，使得海上补给效率增加了1倍。“约翰·刘易斯”级补给油船装备5套液货补给系统（左舷3套、右舷2套）和2套干货补给系统（左舷、右舷各有1套）。此外，还有大型起重机。

虽然是补给舰船，但是“约翰·刘易斯”级补给油船也具备基本的自卫能力，自卫武器装备包括小口径机炮、消磁设备、“水精”反鱼雷诱饵以及船员使用的轻武器。另外，还保留了加装近防武器的空间和接口。

“约翰·刘易斯”级补给油船建成后，将与“克拉克”级弹药干货船一起成为美国海军全球海上补给点的驻点船，为航母编队和两栖攻击舰编队提供全面的后勤补给支持。另外，也可为“供应”级快速战斗支援舰提供补给，让后者去伴随航母编队/两栖攻击舰编队行动。

“约翰·刘易斯”级补给油船左舷前方视角

“约翰·刘易斯”级补给油船右舷前方视角

医院船如何工作

医院船作为海上伤病员救护治疗平台，是一个国家海上卫勤现代化的重要标志之一。早在公元前5世纪，医院船的雏形就已经出现了。当时的罗马和希腊舰队指定某些船只临时执行海战伤员抢救任务。18世纪，西方国家在对外掠夺的殖民战争中，其大型舰队几乎都编有卫生舰船。1856年，世界上第一艘严格意义上的医院船——英国“美女岛”号问世。至此，医院船受到许多国家的重视。特别是二战以来的战争，医院船的作用非常突出，一些国家也先后改装或建造了医院船。目前世界上最大的医院船是美国“仁慈”级，满载排水量近70 000吨，比著名的“萨克拉门托”级快速战斗支援舰还要大很多。

一般来说，现代医院船具有以下特点：船上设有以战场外科为主的医疗科室和多种专科救治设备；船上备有足够的床位和良好的生活设施；船上配有供运送伤病员的小型救护艇和直升机；船体尾部设有传染病隔离室及太平间，并设有独立的通风和污染处理系统；船的两舷和甲板标有深红十字（或红新月）标志，并挂有本国国旗，在桅杆高处还需悬挂白底红十字旗。

医院船的主要任务就是充当“一个机动、灵活、快速反应的海上医疗救护力量”，因此船上不配备进攻性武器，只有少量轻武器，用来实施内部警戒和击退强行登船的敌人。如果有更大威胁，医院船就只能寻求支援，或者紧急撤离。根据相关国际法规定，医院船有义务救助交战双方的伤员，交战各方均不得对其实施攻击或俘获，而应随时予以尊重和保护。同时，医院船不能用于任何军事目的且不得干扰或妨碍敌方作战行动。

处于战争状态时，医院船主要为作战部队提供医疗保障，尤其适合为两栖特混部队、海军陆战队、快速反应部队等提供应急医疗支援，其服务对象主要是海上战争的伤员。非战争状态时，医院船的服务对象则是因海上事故、自然灾害（舰船火灾、触礁、海啸等）造成的伤员，同时也可为舰艇编队提供卫勤支援、为边远地区驻岛守礁部队提供医疗服务。

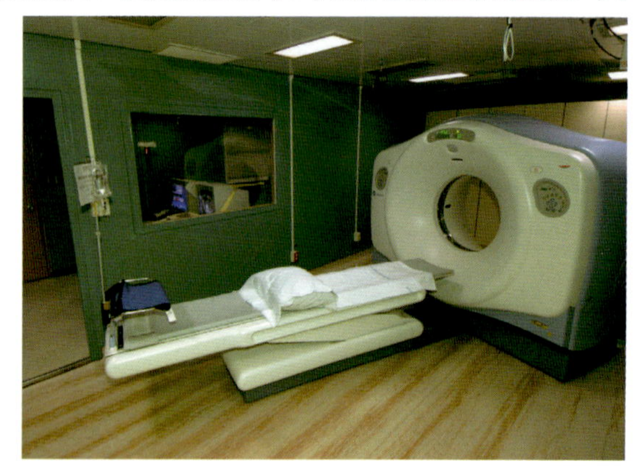

美国“仁慈”级医院船内部的医疗设备

美国“仁慈”级医院船左舷前方视角

破冰船如何开辟航道

破冰船是用于破碎水面冰层，开辟航道，保障舰船进出冰封港口、锚地，或引导舰船在冰区航行的勤务船。由于世界上很多海域在冬季都会出现结冰的现象，所以很多国家都装备有破冰船，一些靠近北极地区的国家还拥有专门的北极破冰船，用于开辟北极航道。目前，设计和建造破冰船能力较强的国家有俄罗斯、芬兰、瑞典、德国、美国、挪威、丹麦、日本、加拿大等。

破冰船的主要特点是船体宽（纵向短，横向宽，以便开辟较宽的航道）、船壳厚、马力大，且船体各区域设有不同的压水舱，动力多采用对称的多轴、多螺旋桨配置。破冰船的船头外壳采用至少 5 厘米厚的钢板制成，里面用密集的型钢构件支撑，船身吃水线部位用抗撞击的合金钢加固。

国际船舶界将破冰船分为三种技术级别：船舶主机功率约 11 000 千瓦的普通破冰船，船舶主机功率约 18 500 千瓦的中级破冰船，船舶主机功率约 55 000 千瓦的核动力破冰船。在大型化、大功率、续航久、多用途已成为现代破冰船发展趋势的背景下，核动力无疑是破冰船的最佳动力选择。

世界各国破冰船常用的破冰方法有两种，当冰层不超过 1.5 米厚时，多采用“连续式”破冰法，即依靠螺旋桨的力量和船头把冰层劈开撞碎，每小时能在冰区航行 9.2 千米。如果冰层较厚，则采用“冲撞式”破冰法。破冰船的船头部位吃水浅，会轻而易举地冲到冰面上去，船体就会把下面厚厚的冰层压为碎块。然后，破冰船倒退一段距离，再加速冲上前面的冰层，把船下的冰层压碎。如此反复，就能开辟出新的航道。

参加过 1932 年有名的“西伯利亚人”号极地航行的水手马尔科夫曾经这样描写过这艘破冰船的工作：在几百座冰山中间，在密实地覆盖着冰的地方，“西伯利亚人”号开始了战斗。连续 52 小时，信号机上的指针老是在从“全速度后退”跳到“全速度前进”。在 13 班每班 4 小时的海上工作时间里，“西伯利亚人”号疾驰着向冰块冲去，用船艏撞它们，爬到冰上把它们压碎，然后又退了回来。厚达 0.75 米的冰块慢慢地让出了一条路。每撞一次，船身就可以向前推进 1/3。

美国海岸警卫队破冰船正在进行“冲撞式”破冰

俄罗斯建造的大型破冰船

美国海军如何进行舰艇维修

美国海军是目前世界上规模最大、舰艇吨位最高、装备最先进的海军，其强大不仅直接体现在作战能力上，也间接体现在后勤保障体系上。美国海军的舰艇维修思想体现了全寿命、全系统的现代舰艇维修观念。这种观念贯穿了舰艇服役前到舰艇退出现役的全过程。美国海军每一艘军舰的服役寿命、服役期间进行的定期维修升级以及日常的维护保养，都会在军舰下水之前制订计划。在维修管理工作上，各级机关、舰艇的各部门及艇员都有明确分工。目前，美国海军拥有一套较为完善的三级维修保障体系，具体内容如下。

（1）舰员级维修。该级维修是由舰艇领导组织全体舰员完成的，为保障舰船设备运行而进行的日常保养性质的修复性和预防性维修工作。舰员级维修按照美国海军规定的内容、方法和步骤进行，在各舰艇种类、舰艇级别之间差别较大，维修设施和设备的配置也不尽相同。

（2）中继级维修。该级维修是由指定的海上或岸基维修机构，为舰船提供直接维修保障的所有维修。中继级维修机构可分为岸基维修机构和海上维修机构两个部分。岸基中继级维修机构主要指美国海军各舰队下属的10个岸基中继级维修机构、2个“三叉戟”潜艇修理机构，主要承担中、小型舰艇或单项装备的大修任务。海上中继级维修机构主要指修理舰、浮船坞、航母上飞机的中继级维修部等，是跟随作战舰艇在海上进行机动部署的维修机构，任务是负责部署区内舰船的器材供应和维修保障。

（3）基地级维修。该级维修是由指定的大修机构，完成超出舰员级和中继级维修能力的更高级别的工业维修。在基地级维修方面，美国海军采用的是以海军拥有的国有船厂为主，结合36个签署有《主要舰船修理协议》和116个签署有《船艇修理协议》的私营船厂的维修体制。原始建造船厂一般不直接介入海军舰艇的维修业务，但要为重要武器系统和装备提供技术保障。三家支持基地级维修的单位是：缅因州朴次茅斯的朴次茅斯海军造船厂、弗吉尼亚州诺福克的诺福克海军造船厂、华盛顿州布雷默顿的普吉特湾海军造船厂。

美国海军对基地级维修能力进行宏观管理的第一条措施就是要求军方必须维持基地级维修核心能力。所谓的核心能力包括维护、修理由助理国防部长在咨询参联会主席后确定下来的满足国防紧急事务所必需的武器系统和设备的能力。根据美国法典第十部第2464条，美军必须维持军队的核心后勤能力，反映在基地级维修工作上就是必须保持基地级维修核心能力。

引入竞争是美军维修领域一个重要的战略目标，美军甚至将该目标作为一条原则写进了装备维修管理指令，在国防部指令4151.18中，第五条就明确规定：“作为经济而高效地完成军事装备维修的一种手段，应当在国防部基地级维修机构和私营企业之间以及基地级维修机构之间展开‘竞争’，并通过竞争使劳动力发展成高度灵活的资源。”美国国防工业的主体是私营企业，国家不是军工企业的所有者。国防部一般不直接干预其经营，主要通过间接的方式进行引导和支持。

正在维修的美国“夏伊洛”号巡洋舰

发生撞击事故后等待维修的美国“菲茨杰拉德”号驱逐舰

参 考 文 献

[1] 罗杏春、韦强．水雷战舰艇 [M]．上海：上海科学技术出版社，2019．

[2] 江泓，殷超．美国海军 [M]．北京：人民邮电学出版社，2013．

[3] 陈艳．潜艇 [M]．北京：北京工业大学出版社，2013．

[4] 严必虎．航空母舰战斗群百问 [M]．北京：海潮出版社，2012．

[5] 查恩特．现代巡洋舰、驱逐舰和护卫舰 [M]．张国良，史强，汪宏海，译．北京：中国市场出版社，2010．

世界武器鉴赏系列

手枪与冲锋枪
鉴赏指南
（珍藏版）
（第2版）

步枪与机枪
鉴赏指南
（珍藏版）
（第2版）

海军陆战队武器
鉴赏指南
（第2版）

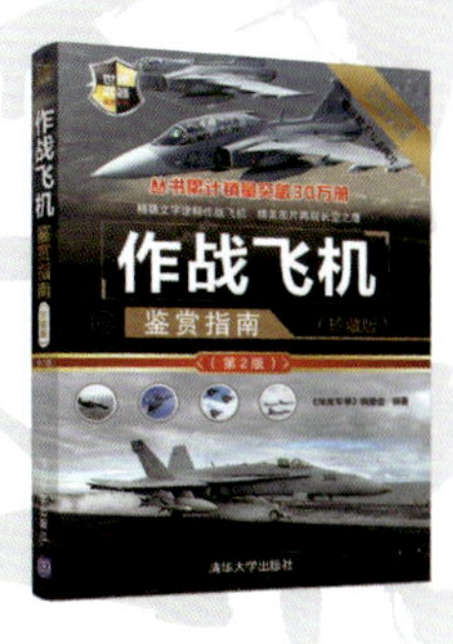
作战飞机
鉴赏指南
（珍藏版）
（第2版）

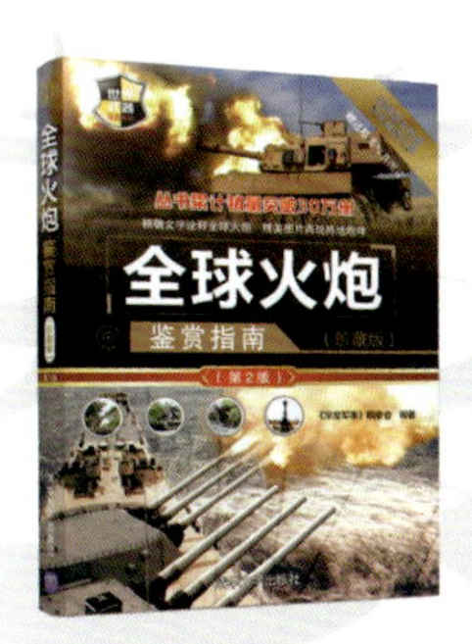
丛书累计销量突破30万册
全球火炮
鉴赏指南
（珍藏版）
（第2版）

全球导弹
鉴　赏
（珍藏版）

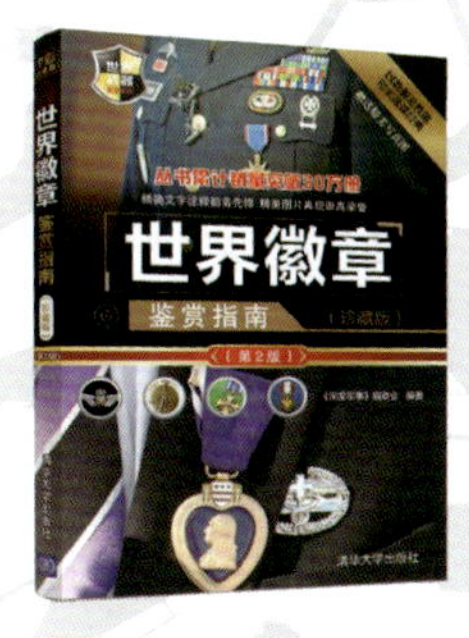
丛书累计销量突破30万册
世界徽章
鉴赏指南
（第2版）

世界军服
鉴赏指南
（珍藏版）
（第2版）

丛书累计销量突破30万册
军用辅助舰艇
鉴赏指南
（珍藏版）
（第2版）

丛书累计销量突破30万册
军用辅助飞机
鉴赏指南
（珍藏版）
（第2版）

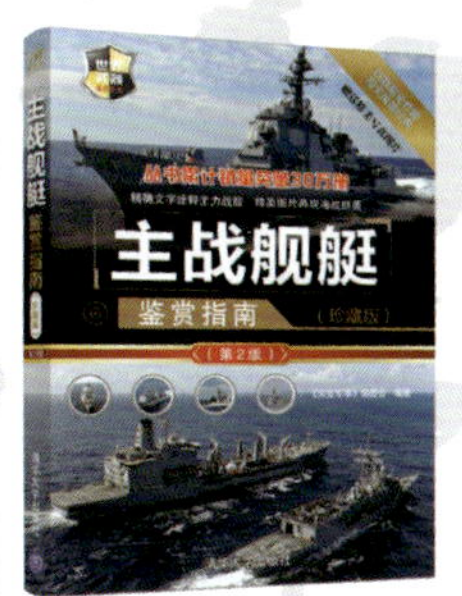
丛书累计销量突破30万册
主战舰艇
鉴赏指南
（第2版）

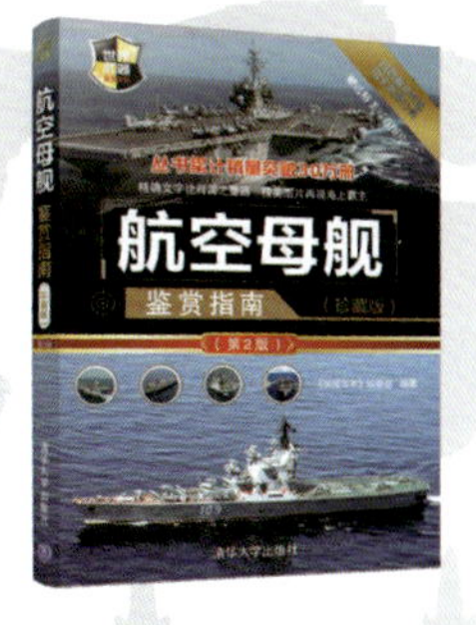
航空母舰
鉴赏指南
（珍藏版）
（第2版）

民用飞机
鉴　赏
（珍藏版）

军用车辆
鉴　赏
（珍藏版）

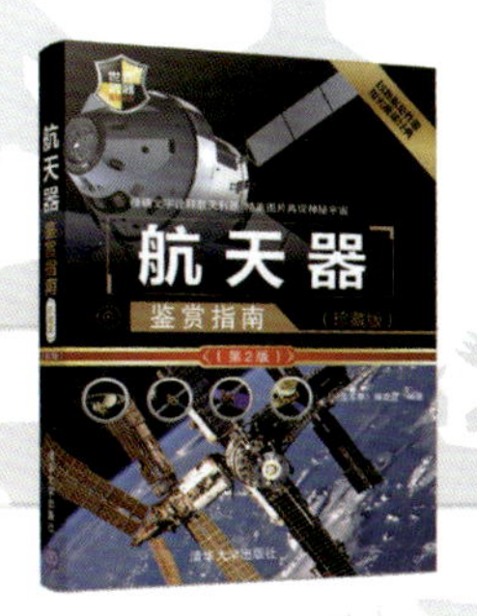
航 天 器
鉴赏指南
（第2版）
清华大学出版社

反恐装备
鉴赏指南
（珍藏版）
（第2版）

世界武器鉴赏系列

现代舰船
鉴赏指南
第3版
清华大学出版社

现代飞机
鉴赏指南
第3版

现代战机
鉴赏指南
第3版

单兵武器
鉴赏指南
第3版
清华大学出版社

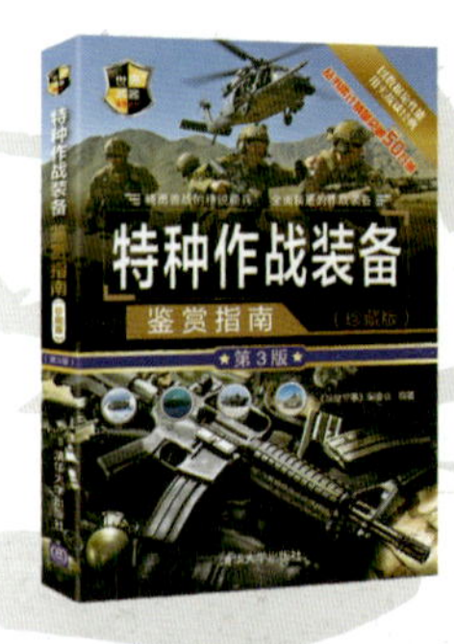
特种作战装备
鉴赏指南
第3版

世界名枪
鉴赏指南
第3版
清华大学出版社

坦克与装甲车
鉴　赏
第3版

二战尖端武器
鉴赏指南
清华大学出版社

世界手枪
鉴赏指南

早期经典战机
鉴赏指南
清华大学出版社

美国海军武器
鉴赏指南
清华大学出版社

空战武器
鉴　赏

陆战武器
鉴　赏

无人装备
鉴　赏

丛书累计销量突破30万册
特殊武器
鉴赏指南

海战武器
鉴　赏